método diario

ASSIMIL

inglés perfeccionamiento

(inglés e inglés americano)

texto original en inglés de

Anthony BULGER

Adaptado para el uso de los hispanófonos,
por el
Instituto Vikingo (Madrid)
Dibujos de J.L. Goussé

B.P. 25
13, rue Gay-Lussac, 94430 Chennevières-sur-Marne
FRANCE

ISBN : 2-7005-0154-2

Métodos 

Libros encuadernados con abundantes ilustraciones y grabaciones disponibles en CD audio y cassettes

"Sin Esfuerzo"
El nuevo inglés sin esfuerzo
El nuevo inglés americano sin esfuerzo*
El nuevo francés sin esfuerzo
El nuevo alemán sin esfuerzo
El nuevo italiano sin esfuerzo
El nuevo ruso sin esfuerzo
El portugués sin esfuerzo
El catalán sin esfuerzo
Iniciación al Euskara
El árabe sin esfuerzo
El Japonés Sin Esfuerzo 1
El Japonés Sin Esfuerzo 2*
La escritura kanji*

Colección "Negocios"
El inglés de los negocios

Colección "Perfeccionamiento"
Inglés perfeccionamiento
Francés perfeccionamiento

Col. "Lenguas y civilizaciones"
Los Americanos

Colección "De Bolsillo"
Inglés de bolsillo
Inglés sin complejos
Americano sin complejos
Francés de bolsillo
Alemán de bolsillo
Italiano de bolsillo
Holandés de bolsillo
Ruso de bolsillo
Portugués de bolsillo
Chino de bolsillo
Griego de bolsillo*
Árabe marroquí de bolsillo*

** Disponibles durante 2005*

INTRODUCCIÓN

Este *inglés perfeccionamiento* es completamente nuevo y parte de una idea original : presentar el idioma inglés (más bien inglés norteamericano) como una lengua internacional, flexible y moldeable, una herramienta de trabajo y de placer en el mundo de hoy en día.

En efecto, consideramos como punto de partida que el lector posee un buen nivel de conocimientos del inglés básico (la experiencia adquirida, por ejemplo, después del estudio de nuestro *nuevo inglés sin esfuerzo*), pero que le falta ciertos giros — a nivel de gramática o de vocabulario — para intentar realmente dominar todos los matices del idioma tal y como se practica alrededor de nosotros y para sentirse realmente « muy a gusto », en particular, en *USA*.

Los progresos considerables en materia de comunicación, de tecnología y de creación artística que hemos constatado en los últimos quince años hacen que nuestro bagaje « escolar » no sea suficiente. La aportación de los distintos países y comunidades que se sirven del inglés como una lengua de comunicación o de trabajo ha cambiado totalmente el paisaje lingüístico.

Es necesario aprender — o volver a aprender — muchas cosas, y nos ejercitaremos, en estas páginas, para « ponernos al día ». Sin duda alguna no tenemos la pretención de presentarles « el nuevo inglés » : le indicaremos un camino, apartaremos los escollos y trataremos que usted se aficione a esta evolución permanente.

El inglés no es un idioma puro, y es eso lo que le dá su fuerza. El autor americano Emerson hablaba de « the sea which receives tributaries from every region under heaven » (este mar que recibe los afluentes de cada región bajo el sol). En efecto, lo que un día se juzga incorrecto se incorporará al idioma después o por lo menos que exista la posibilidad de que se haga más tarde...

Existen muchas razones para esta actitud tolerante con respecto a lo nuevo, y principalmente la influencia de los Estados Unidos. De hecho, se trata, en nuestra obra ¿ del inglés británico o americano ? Nuestra preocupación está en presentar una visión general de los dos, las principales diferencias están subrayadas y reflejadas en los ejercicios. Además, las grabaciones en cinta están hechas por dos locutores de los dos países.

Comenzamos presentándoles el inglés de los británicos a través de la sociedad y la cultura que marca la expresión hablada. Después, a partir de la Lección 50, nos consagramos al inglés americano (indicando las diferencias ortográficas cuando tengan lugar).

Pero ante todo, mantendremos el espíritu de la idea de una lengua internacional, que no pertenece a un pueblo, sino que se modifica a cada instante para convertirse en el medio preferido como vehículo de comunicación.

A nivel de vocabulario, hemos hecho una selección : hemos seleccionado las palabras nuevas que han pasado a ser utilizadas en la práctica corriente, pero las otras, que son quizás más efímeras, han sido desechadas — con el riesgo acaso de que eventualmente sean desmentidas por los hechos ; se puede decir en efecto, si una palabra como « yuppie » *young urban professional* (joven ejecutivo dinámico) ¿ se empleará dentro de dos años ? Hemos preferido escoger las que nos han parecido más adecuadas.

En suma, el objetivo de este *inglés perfeccionamiento* es que usted pueda apreciar todo lo que se puede hacer con este idioma : la expresión cotidiana, la literatura, el juego de palabras, el estilo periodístico, la televisión, y sobre todo hacerles sentir el humor — ¡ un rasgo típico de los métodos *ASSIMIL*.

Hablemos del « modo de empleo » : como hábito, nosotros se lo exigiremos como práctica en este libro — y en las cintas grabadas — todos los días. Seamos sin embargo realistas : si usted no tiene tiempo de estudiar una lección completa cada día, no insista ; aproveche simplemente el tiempo para leer algunas líneas, revise una nota o escuche algunas frases en la grabación. Confíe en su capacidad natural de asimilación y no pretenda hacerlo todo de una sola vez.

Nosotros hemos tomado en cuenta su progreso futuro. Al principio, estaremos todos los días a su lado con las explicaciones, las traducciones y los consejos necesarios. Pero a medida que su estudio progrese, nosotros le abriremos el camino.

Entonces usted habrá alcanzado cierto nivel, y su creatividad personal será estimulada permanentemente. Usted desarrollará de este modo, poco a poco, su propio « idiolecto » — su manera de sacar provecho de una lengua maravillosamente rica.

Un último consejo : procúrese un diccionario inglés/inglés, pues los matices no pueden siempre traducirse y sólo un diccionario « auténtico » puede ofrecerle todos los secretos de tal palabra o expresión.

Y ahora, partamos juntos en este descubrimiento que será el perfeccionamiento de su inglés.

First lesson

Welcome, reader

(Las notas (N) remiten al lector a los capítulos de **Repaso y Explicaciones** que como resumen general se dan cada siete lecciones.)

1 Knowledge of English is vital in today's fast-moving world; (**1**)

2 it is spoken by some three hundred and sixty million people (**2**)

3 and is the tool of communication in so many fields that we will not even attempt to number them.

4 But the language we hear today is not the language of the people who live in the British Isles. (**3**)

5 Of course, that is where it all started, but, for several hundred years,

6 different peoples and ethnic groups have added their own particular contributions to English (**4**)

NOTAS

[*] Palabras o expresiones que no existen en la frase inglesa pero que son indispensables en español.

(**) Palabras o expresiones en inglés que no se dicen de la misma manera en español.

(**1**) Aunque sabemos que conoce bastante bien el idioma inglés, nos permitimos de vez en cuando, y sobre todo al comienzo de nuestra obra, recordarles algunos puntos que consideramos importantes. Así en esta primera frase escribimos *knowledge* (conocimiento) sin artículo definido porque consideramos que *knowledge* se utiliza en un sentido más amplio, por lo tanto no definido. Volveremos a tratar este punto con más detalle en las lecciónes 9 y 10. Recordemos también que *fast* (rápido) es al mismo tiempo adjetivo y adverbio.

(**2**) *Million* no toma la *s* sino en expresiones imprecisas, tales como *millions of people* (millones de personas).

Primera lección

Bienvenido, querido lector

1 [El]* conocimiento del inglés es vital (en)** [el] mundo agitado y en rápido movimiento de hoy día ;
2 Es hablado por alrededor [de] trescientos sesenta millones [de] personas
3 y sirve de vehículo de comunicación en tantos (muchos) campos que ni siquiera intentaremos enumerarlos.
4 Pero el idioma que escuchamos hoy no es la lengua de las personas que viven en las Islas Británicas.
5 Por supuesto, (que) fué allí donde todo comenzó, pero durante varios cientos de años,
6 distintos pueblos y grupos étnicos han añadido sus propias contribuciones particulares al inglés

KNOWLEDGE OF ENGLISH IS VITAL IN TODAY'S FAST-MOVING WORLD
EMERGENCY EXIT

NOTAS (continuación)

(**3**) *Isle* (isla) no se emplea sino en los nombres propios : *the Scilly Isles* en la costa de Cornualles, o *the Isle of Man*. Si no, se dice *Islands* (cuidado con la pronunciación : en las dos palabras la s intermedia es muda- <ailz>, <ail-end>). Los países al otro lado del Canal de la Mancha reciben varias denominaciones. *The United Kingdom* o *the UK* (Reino Unido), *Great Britain*, o simplemente *Britain*, *Great Britain* comprende Inglaterra, el País de Gales, Escocia y otras islas.

(**4**) Normalmente el plural de *person* es *people*, por lo tanto es invariable (se encuentra también como plural regular : *persons* en un uso más oficial). Por el contrario, *a people* significa un pueblo (la gente) por lo tanto el plural es *peoples*.

7 so that what we hear and speak now is truly a « United Nations » of languages.

8 But why is English so widespread ? Why not French or Spanish — both major languages —

9 or even Esperanto, the international language ?

10 Apart from the enormous influence of the United States (although some claim that American is a separate language),

11 and the extent of Britain's old colonial empire, which at one time spanned one-third of the surface of the globe, (**5**)

12 the real answer is that English is an extremely flexible language — it is structurally closer to Chinese than to its European cousins!

13 Words can be nouns or verbs : **a chair** becomes **to chair** with no complexes; (**N 1**)

14 up can be an adverb, a preposition, a noun, an adjective or even a verb.

15 Neologisms — made-up words — enter the language on tiptoe so that nobody notices, (**6**)

16 and different trades, crafts and sciences give us new expressions every week.

NOTAS (continuación)

(**5**) *Span* es una palabra muy útil, su significado propio es la distancia entre el pulgar y la punta del dedo meñique cuando se extiende la mano, pero se utiliza dentro de un contexto técnico para indicar la longitud o distancia entre algunas cosas (*wingspan*-envergadura, la distancia entre los dos extremos de las alas de un avión ; *the span of a bridge* — la longitud de un puente). El verbo tiene otro matiz : *The Golden*

7 de manera que [lo] que escuchamos y hablamos ahora es realmente unas « Naciones Unidas » de idiomas.
8 ¿ Pero por qué [el] inglés está tan [ampliamente] difundido ? ¿ por qué no [el] francés o el español — ambos idiomas importantes,
9 o incluso [el] esperanto, el idioma internacional ?
10 Aparte de la influencia enorme de los Estados Unidos (aunque algunos plantean que el [inglés] americano es un idioma diferente),
11 y la extensión del viejo imperio colonial británico, el cual en una época se extendía por un tercio de la superficie del globo,
12 la respuesta válida es que [el] inglés es un idioma extremadamente flexible — ¡ « cuya estructura se asemeja más a la del chino que a la sus primos [lingüísticos] europeos » !
13 Las palabras pueden ser nombres o verbos : *a chair* (una silla) se convierte en *to chair* (presidir) sin complejos ;
14 *up* puede ser un adverbio, una preposición, un nombre, un adjetivo, o aún un verbo.
15 [Los] neologismos — palabras creadas — entran en el idioma imperceptiblemente (de puntillas), de manera que nadie lo advierte,
16 y diferentes intercambios, gremios y ciencias nos aportan nuevas expresiones cada semana.

NOTAS (continuación)

Gate Bridge spans the Bay — El puente G.G. se extiende sobre la bahía. Cuando *to span* est utilizado en sentido figurado, dá la idea de extenderse o de hacer un puente : *This legend spans the centuries* : Esta leyenda se extiende durante siglos o se extiende a través de los siglos.

(6) *Tip* = la extremidad, la punta ; *fingertip* = la punta del dedo. *She has the information at her fingertip* = Ella conoce el asunto al dedillo (literalmente : tiene la información en la punta de los dedos). *On tiptoe* = en puntillas, en la punta de los pies. *He tiptoed into the children's room* = El entró en la habitación de los niños en puntillas (o en la punta de los pies). (Recordar que : *to tip* = dar una propina ; ¡ no se debe confundir !)

17 It is because of this wealth that we need a guide to help the speaker and the writer to use English,

18 so follow us now on our trip through the highways and byways of the English language. (**7**)

NOTAS (continuación)

(**7**) Todos los nombres que comienzan por *by* llevan en si mismos las ideas de « inferioridad de situación, de

***

EXERCISES 1. I hesitated for a week and he upped the price by twenty percent. **2.** Yes, and that's just the tip of the iceberg. **3.** The United Nations represents the peoples of the world. **4.** The Verrazano Narrows Bridge in New York harbor has a span of 4,260 feet, the longest in the world. **5.** Plastics are a by-product of oil refining. **6.** Since the Managing Director is absent, Mr Barney will chair today's meeting.

***

Fill in the missing words (Rellene los espacios en blanco con las palabras que faltan)

1. *Nuestra experiencia se extiende a toda la gama de competencias en materia de diseño y de producción.*

   Our experience ..... the whole range of designing and manufacturing skills.

2. *El conocimiento es primordial en el mundo de hoy, y el conocimiento que usted ha adquirido estudiando este método será de gran valor.*

   .... is vital in today's world and ... . you have acquired by studying this method will be of great value.

17 Es debido a esta riqueza [por lo] que necesitamos una guía para ayudar al que habla y escribe el inglés,

18 así que sigamos ahora en nuestro viaje a través de las avenidas, senderos [y desvíos] del idioma inglés.

NOTAS (continuación)

categoría », alguna cosa que está por debajo de (*by*) una cosa principal ; así los *bylaws* son las ordenanzas locales (al lado de las leyes principales), y un *by-product* es un sub-producto extraído de una materia principal. Un *byway* es un camino secundario o desvío del camino principal : el término se utiliza poco, pero forma parte de nuestras expresiones *highways and byways* (grandes y pequeños caminos), y significa : un poco por todos lados (de cabo a rabo).

Observación : N remite al lector a la lección de Repaso y Explicaciones, la primera nota N1 y las que aparecen posteriormente recibirán un orden consecutivo.

***

Ejercicios 1. Dudé durante una semana y él subió el precio en un 20 %. **2.** Sí, y eso sólo es la punta del « iceberg ». **3.** La ONU representa a los pueblos del mundo. **4.** El puente del Estrecho de Verrazano en el puerto de N.Y. tiene una longitud de 1 278 m. **5.** Los plásticos son un sub-producto de la refinación del petróleo. **6.** Puesto que el Director Gerente está ausente, el Sr. Barney presidirá la reunión de hoy.

***

3. *El banco ha perdido millones de dólares en el negocio, exactamente 52 millones.*

The bank lost . . . . of dollars in the deal, exactly fifty-two . . . .

4. *Ella pasó por delante del salón en la punta de los pies, y se coló por la puerta de entrada.*

She . . . . past the living room and slipped out of the front door.

5. *Hay tantos dialectos que lo que nosotros hablamos no es realmente inglés.*

There are so many dialects .... we speak is not really English.

Second lesson

Say, George, tell me another one... (N 2)
(Part one)

1 Everyone knows that the young George Washington said: — Father, I cannot tell a lie, but what did his father reply? (**1**)

2 Did he say — What honesty ! How can I punish you?, or did he tell George to go to bed with no supper?

3 The verbs to say and to tell are similar, but the difference between them is easy to recognize.

4 Just look at the following examples and you will soon understand.

5 — What did Roy say? — He told me he would be home late. He said he had a meeting.

6 — Did he tell you what time he'd be back? — No. He said he'd call me before he left the office (**2**)

NOTAS

(**1**) En efecto, la anécdota es conocida por todos los colegiales americanos (y también por algunos ingleses...) ; el joven George Washington (1732-1799, el primer presidente de E.U.) se divertía derribando un cerezo en el huerto de la granja familiar en Ferry Farm (Virginia). Su padre, muy enfadado le preguntó

The missing words

1. spans **2.** Knowledge ... the knowledge **3.** millions ... million **4.** tiptoed **5.** that what.

Segunda lección

Dime, George, cuéntame otro (uno)... (Primera parte)

1 Todo el mundo sabe que el joven George Washington dijo : — Padre, no puedo decir una mentira, ¿ pero qué respondió su padre ?

2 ¿ Dijo él ? — ¡ Qué honestidad ! ¿ Cómo puedo castigarte ?, o ¿ le dijo a George que se fuera a la cama sin cenar ?

3 Los verbos « to say » y « to tell » son similares, pero es fácil reconocer la diferencia entre ellos.

4 Basta con observar los ejemplos siguientes y comprenderá rápidamente.

5 — ¿ Qué dijo Roy ? — Me dijo que regresaría a casa tarde. Dijo que tenía una reunión.

6 — ¿ Te dijo a que hora regresaría ? — No. Dijo que me llamaría antes de salir de la oficina.

NOTAS (continuación)

si él sabía quien había cometido ese « crimen », y su respuesta se hizo célebre, demostrando así su honestidad desde su infancia. De hecho, sabemos muy pocas cosas de la infancia de Washington y esa leyenda, que nos llega a través de lo que escribió Mason Weems, quizás constituya un esfuerzo para adornar un poco su historia.

(2) Un Breve comentario acerca de la concordancia de los tiempos de los verbos. En este caso, *would* no figura como condicional sino tiene sentido « de futuro en el pasado ». *He says he will come back at ten* al convertirse en pasado se dice : *He said he would come back at ten.* Tenga en cuenta la contracción *he'd* en la oración 6 que equivale a *he would* y no a *he had.* Seguramente usted lo sabe, pero nosotros se lo recordamos por si acaso.

7 — Do you know how to say " bon appétit " in English? — It doesn't exist. We usually say " Good luck "! (**3**)

8 " Tell me what you eat and I will tell you who you are. "

9 The policeman asked me if I had seen anything suspicious. I told him that I had noticed nothing out of the ordinary.

10 She went to see a fortune teller, who said that she would meet a tall dark stranger.

11 — You can say what you want, but I still think we should have told the truth.

12 The instructor told us to read the instructions before trying to use the machine, but we didn't listen to what he said.

13 — Don't argue with me! Do as you're told! (**4**)

14 — What do the papers say about the incident?

15 — They say that the English are very reserved; do you think it's true?

NOTAS (continuación)

(**3**) Por razones no conocidas los anglo-sajones no tienen la costumbre de desearse buen apetido (¡ que aproveche !) Dejemos a un lado la actitud sospechosa sobre la calidad de su alimentación y digamos que dicha costumbre queda plasmada más o menos en la frase utilizada en E.U. — *Enjoy your meal*, (disfrute la comida) aunque es casi siempre utilizada por el camarero de un restaurante. ¿ Qué se acostumbra en este caso ? Se come simplemente...

7 — ¿Sabe cómo decir « bon appétit » en inglés ? — No, ¡ normalmente decimos « Buena suerte » !
8 « Dime lo que comes y te diré quien eres ».
9 El policía me preguntó si había visto algo sospechoso. Le dije que no había notado nada fuera de lo corriente.
10 Ella fué a ver a una persona que dice la buenaventura, quien le dijo que conocería a un desconocido alto y moreno.
11 — Puede decir lo que quiera, pero sigo pensando [que] deberíamos haber contado la verdad.
12 El instructor nos dijo que leyéramos las instrucciones antes de intentar utilizar la máquina, pero no escuchamos lo que dijo (no le hicimos caso).
13 — ¡ No me contradigas ! ¡ Haz lo que se te dice !
14 — ¿Qué cuentan los periódicos acerca del incidente ?
15 — Dicen que los ingleses son muy reservados ; ¿piensa que es verdad ?

NOTAS (continuación)

(4) No olvide que *an argument* tiene dos sentidos en inglés : una disputa y un argumento, y lo más frecuente es que se utilice en su primer significado. *To argue* es más bien argumentar, pero sobre todo discutir (reñir) mutuamente. *They had a terrible argument and she left, slamming the door* = Riñeron de forma terrible y ella se marchó dando un portazo. Una palabra más familiar pero también correcta, que encontramos frecuentemente para remplazar *an argument* (en el sentido de riña) es *a row* (pron : raou).

16 He worked hard for twenty years to become a millionaire, to say nothing of the fortune he inherited from his father. (**5**) (**6**)

17 — Have you eaten at the Apollo? They say it's really expensive. — You're telling me! Eighty pounds for two people! (**7**)

18 Do you get the idea? We will tell you more in the next lesson.

***

EXERCISES 1. Tell me the truth. Do you love me? — No. — I said: tell me the truth! **2.** — What time did she say she'd be back? — Around six. **3.** — Tell me, sir, did you notice anything unusual? — No, officer. **4.** Do you ever listen to that programme " What the Papers Say "? It's on Radio 4. **5.** —Here's your steak, sir. Enjoy your meal. **6.** He was working as a bank clerk when he inherited his grandfather's fortune.

***

Fill in the missing words (Rellene con las palabras que faltan)

1. *Ellos discutieron terriblemente por motivo de la nueva casa.*

They . . . a terrible . . . . about the new house

2. *El billete costó 400 libras, sin hablar de los impuestos del aeropuerto.*

The ticket costs four hundred pounds . . . . the airport taxes.

3. — *¡ Pero eso es escandaloso ! — ¡ Qué me cuentas !*

— But that's outrageous ! — . . . ' . . . .

4. *¿ Por qué cierra usted la puerta con llave ? No tengo ni idea*

Why are you locking the door ? I don't . . . .

16 El trabajó duro durante veinte años para convertirse en millonario, sin hablar de la fortuna que heredó de su padre.

17 — ¿Has comido en el « Apolo » ? Dicen que es verdaderamente caro. — ¡Qué me cuentas ! ¡Ochenta libras por dos personas !

18 ¿Comprende la idea ? Le contaremos más en la lección siguiente.

NOTAS (continuación)

(**5**) *To say nothing of* = sin hablar de. *He's got three cars and two houses, to say nothing of his own helicopter.* Se puede reemplazar esta expresión por *not to mention.*

(**6**) Atención al prefijo : *to inherit (from)* = heredar de. Se aplica lo mismo, aunque no de manera tan precisa, en el caso de : *to inhabit* = habitar. Deshabitado es por tanto *uninhabited* y un habitante *an inhabitant.* Atención también con la pronunciación de la palabra *heir* (eir) y la de su femenino *heiress* (eiress) (la h es muda).

(**7**) La exclamación *You are telling me !* = ¡Tu me lo dices ! o ¡Qué me cuentas ! es frecuentemente utilizada sólo como *Telling me* !

***

Ejercicios 1. Dime la verdad. ¿Me amas ? — No. — Te dije : ¡Dime la verdad ! **2.** — ¿A qué hora dijo que regresaría ? — Alrededor de la seis. **3.** — ¿Diga, señor, notó algo anormal ? — No, señor agente. **4.** — ¿Escucha alguna vez el programa de radio « Lo que dice la prensa » ? Se escucha en Radio 4. **5.** — Aquí tiene su filete, señor, ¡qué le aproveche ! **6.** El trabajaba como empleado bancario cuando heredó la fortuna de su abuelo.

***

5. *Pienso que usted debería de haber dicho la verdad.*

I think you .... the .....

The missing words

1. had ... argument **2.** not to mention **3.** You're telling me. **4.** get the idea. **5.** should have told ... truth.

Third lesson

" To say " or " to tell " (Part two)

1 Samuel Goldwyn, the great Hollywood film producer, was famous for speaking first and thinking afterwards. (**1**)
2 When shown a Roman sundial, he exclaimed: — What will they invent next for telling the time! (**2**)
3 — Tell me, Professor, is there anything you don't know? — I really couldn't say.
4 Eamon de Valera was the first president of the Irish republic. Before Ireland gained its independence,
5 he was arrested in the middle of a fiery speech and was sentenced to one year in prison. (**3**) (**4**)
6 On his release, his supporters asked him to speak again, so he began his oration with the words:
7 — As I was saying before I was so rudely interrupted... (**5**)

NOTAS

(**1**) *Afterwards*. Esta palabra presenta a veces dificultad, pero no es difícil de dominar. De entrada digamos que es un lujo pues *after* es suficiente, *afterwards* nos evita los giros en frases como : *We'll go to the cinema then, after that we'll have dinner* : *We'll go to the cinema then, afterwards we'll have dinner*. En efecto, ya que tenemos la costumbre de poner una palabra a continuación de *after*, no es eufónico terminar una frase con esta sola palabra, por lo tanto, en lugar de ... *and thinking after* preferimos... *and thinking afterwards*. ¡ Siempre que no tenga nada que poner después de *after*, ponga *afterwards* !

Tercera lección

« To say » o « to tell » (segunda parte)

1 Samuel Goldwyn, el gran productor cinematográfico de Hollywood, era famoso por hablar primero y pensar después.

2 Cuando se le mostró un reloj solar romano, exclamó : — ¡ Qué inventarán después para contar el tiempo !

3 — Dígame Profesor, ¿ existe algo que usted no sepa ?
— Realmente no podría decir.

4 Eamon de Valera fué el primer presidente de la República de Irlanda. Antes [de que] Irlanda conquistara su independencia,

5 fué arrestado en medio de un discurso ardiente y (fué) condenado a un año de prisión.

6 Cuando le liberaron, sus simpatizantes le pidieron que hablara de nuevo, así que comenzó su discurso con estas palabras :

7 — Como iba diciendo antes de que fuera interrumpido tan brutalmente...

NOTAS (continuación)

(2) *A dial* = una esfera ; *to dial* = marcar el número de teléfono. *In case of emergency, dial 999* = En caso de emergencia, marque el 999. *Lift the receiver and listen for the dialing tone* = Descuelgue el receptor y escuche el tono de discar.

(3) *fiery* <pron. fairi> viene de *fire* (el fuego) por lo tanto quiere decir ardiente, fogoso.

(4) *Ruth Ellis was the last woman to be sentenced to death in Britain* = R.E. fué la última mujer que fué condenada a muerte en Gran Bretaña. *To sentence someone to...* = condenar (a) alguien a... *a sentence* = una pena, una sentencia.

(5) Dicha anécdota es verídica y fué publicada por un periodista del Times que escribía diariamente una Sección política. El periódico no se editó durante un año después de una huelga en 1979 y cuando apareció, al año siguiente, el periodista reanudó su sección comenzando el artículo con la palabra *Moreover* (por otra parte).

8 — I hear that Dr. Coleman can speak eight languages. — That's right. But he can't say anything intelligent in any of them.
9 A lady was introduced to her husband's secretary, an attractive twenty-year-old redhead. (**6**)
10 — I'm so pleased to meet you, said the lady, my husband has told me so little about you. (**7**)
11 An opinion poll recently put the following question to a representative sample of two hundred people:
12 — Can a politician tell the difference between right and wrong?
13 The most interesting answer came from a young student who, after a moment's thought, replied:
14 — Yes. If he's given two guesses. (**8**)

NOTAS (continuación)

(**6**) *A redhead*: Aunque la palabra puede aplicarse a una persona, hombre o mujer, con cabellos rojos el término se emplea siempre en la forma femenina. Asimismo, tenemos *a blonde* y *a blond*, pero encontramos poco empleada la forma masculina y en cuanto *a brunet* = moreno « lo encontramos en los crucigramas mientras que el femenino *brunette* es de uso corriente » ¿ Se debe esto a una cierta discriminación sexual linguística debido a que no tenemos la costumbre de describir a un hombre por el color de su cabello ? Es por eso que hablamos de *sexy brunette* cuando nos referimos a una morena *sexy* pero de un *good looking brown haired man*... « caso de que nos interese el color de la cabellera de ese hombre ».

(**7**) Qué decimos cuando somos presentados a alguien (*introduced to someone* ?) En una situación formal, podríamos utilizar las frases siguientes : *May I introduce you to Simon Winchester ? Simon, this is Peter Halsley. — Delighted to meet you* o *— Pleased to*

8 — Oigo decir que [el] Dr. Coleman puede hablar ocho idiomas — (Eso es) exacto. Pero no puede decir nada inteligente en ninguno de ellos.
9 Una dama fué presentada a la secretaria de su esposo, una atractiva pelirroja de veinte años de edad.
10 — Estoy (tan) encantada de conocerla, dijo la dama, mi esposo me ha hablado tan poco de usted.
11 Una encuesta de opinión le formuló recientemente la pregunta siguiente a una muestra representativa de doscientas personas :
12 — ¿ Puede un político establecer la diferencia entre lo verdadero y lo falso ?
13 La respuesta más interesante la dió un estudiante joven quien, después de unos momentos de reflexión, contestó :
14 — « Sí si le permiten intentar acertar dos veces ».

NOTAS (continuación)

meet you. Más informalmente, digamos, entre amigos, sería suficiente con : *Simon this is Peter — Hello* o *Hi*. Solamente en el caso de recepciones oficiales o en las novelas de Agatha Christie es en donde encontramos frases como esta : *Delighted to make your acquaintance (acquaintance* = hecho de conocerse entre si). En este caso no existe la familiaridad en la presentación pues ella ha oído hablar de esa persona, pero demasiado poco.

(8) *To guess* = adivinar, hacer conjeturas. *I don't know the reason, I can only guess* o *guess at it*. Nosotros encontramos también, usado en el mismo sentido : *to have a guess, I don't know, tell me. Oh go on ! Have a guess* — ¡ Vamos ! ¡ Adivina ! *I'll give you three guesses* — te doy tres oportunidades para acertar. En el inglés americano, *to guess* reemplaza a *to think* en los anglicanismos como *I think so* (en los E.U. *I guess so o I guess*). El neologismo *a guesstimate* corresponde a : una evaluación un poco somera, superficial, es decir a la unión de dos términos *a guess* y de *an estimate. Forty percent increase ! Is that figure accurate ? — No, for the moment, it's a guestimate* (¡ 40 % de aumento ! ¿ Esa cifra es exacta ? No, por el momento es un porcentaje estimado a capricho).

15 You see? What did we tell you? We said it was easy. (**9**)

EXERCISES 1. What will they think of next? **2.** I hear that the company is going to employ another fifty workers. **3.** Peter, let me introduce an old friend: Dr. Webster. **4.** I'm delighted to meet you. I've heard so much about you. **5.** You see? I told you that parachuting was simple!* **6.** — How many people do you think came to his party? — I don't know. — Go on. Have a guess.

* Ponga atención al acento en *told* que refuerza el énfasis.

Fill in the missing words (Rellene con las palabras que faltan)

1. *Irlanda conquistó su independencia en 1921.*

   Ireland .... in nineteen twenty one (1921).

2. *Iremos al teatro, después encontraremos algo de comer.*

   We'll go to the theatre, then .... we'll get something to eat.

3. *¿ Puede usted distinguir entre la margarina y la mantequilla ?*

   Can you .... between margarine and butter ?

4. *Descuelgue el receptor y marque el indicativo regional de (E.U.) seguido del número.*

   Lift the ...., then .... the area code and the number.

5. *¿ Me presentarás a J. ? — Si quieres. Creo que sí (Me huelo que sí).*

   — Will you .... me to Janet ? — I ....

15 ¿ Ve usted ? [¡ Fíjese bien !] ¿ Qué le dijimos ? Le dijimos que era fácil.

NOTAS (continuación)

(**9**) Escuche con atención la entonación en esta última frase y oirá el acento sobre la palabra *said*, que corresponde con el reforzamiento de su sentido. En español, tenemos que decir ¡ Fíjese bien ! (*You see*) para añadir ese matiz de insistencia. *I told you it was dangerous* = Yo bien claro te dije que era peligroso. Cuando queremos dar ese particular énfasis sobre la frase escrita, es necesario subrayarlas o imprimirlas en itálica. Comprobaremos este particular con más detalle en la lección siguiente.

Ejercicios 1. ¿ Qué se inventarán después ? **2.** Dicen que la empresa va a emplear a otros cincuenta trabajadores. **3.** Pedro, permítame presentarle a un viejo amigo : el Doctor Webster. **4.** Estoy encantado de conocerle. **5.** ¡ Te dije bien claro que esto era un simple asunto de paracaidismo ! **6.** ¿ Cuántas personas piensas que asistieron a su fiesta ? — No lo sé — Inténtalo adivinar.

The missing words

1. gained its independence **2.** afterwards **3.** tell the difference. **4.** receiver ... dial **5.** introduce ... guess so.

Fourth lesson

A word about contractions

1 Contractions are not a gymnastic exercise; they are what we call the shortening of the auxiliaries (**1**)
2 *to be* and *to have.*
3 They're almost always used when we're speaking, but it's considered incorrect to write them;
4 or rather, it wasn't considered correct, but language evolves and, today, we find more and more contractions in written English.
5 However, as a general rule, don't use them unless you're writing an informal letter.
6 We've said that the auxiliary is normally contracted in the spoken language,
7 so when such words as *do*, *are*, and *will* are used in full, it is often because we wish to emphasize a particular point.
8 — I do smoke, but I'm trying to give up, or (**2**)

NOTAS

(**1**) Aquí podremos ver como se forman los verbos a partir de los adjetivos : *short + en = to shorten* (corto : acortar). Pongamos otros ejemplos : *deep + en = to deepen* (profundizar), *thick — to thicken* (espesar) y referido a los colores *black — to blacken* ; *red — to redden*, etc. Esto no siempre es posible y la regla parece un poco caprichosa cuando se quiere aplicar. Por ejemplo, lo contrario de *to shorten* es *to lenghten* — el verbo se forma en este caso a partir del nombre y no del adjetivo. Pero desgraciadamente es así. ¡ Sólo con la práctica se puede dominar !

Cuarta lección

Un comentario acerca [de las] contracciones

1 [Las] contracciones no son un ejercicio de gimnasia ; son lo que pudiéramos llamar el acortamiento de los auxiliares.
2 « *to be* » — (ser) y « *to have* » — (haber)
3 Casi siempre son utilizadas cuando hablamos, pero, se considera incorrecto escribirlas ;
4 o más bien, ello no era considerado como correcto, pero el idioma evoluciona y, hoy en día encontramos más y más contracciones en el inglés escrito.
5 Sin embargo, por regla general, no las utilice a menos que escriba una carta informal.
6 Hemos dicho que los auxiliares se contraen normalmente en el idioma hablado,
7 así (que) cuando tales palabras como « *do* », « *are* » y « *will* » son utilizadas sin contraerlas, ello se debe a menudo a que deseamos enfatizar un punto en particular,
8 — [En efecto] yo fumo, pero estoy intentando dejarlo, o

NOTAS (continuación)

(**2**) Como ya le hemos recomendado : escuche bien y ponga atención a la entonación y los ejemplos. Usted oirá el verbo en cuestión (aquí *to smoke* es casi imperceptible cuando se pronuncia). Pero atención, se trata de una frase para resaltar un ejemplo. En una conversación la frase 8 estaría precedida por una pregunta como : *Do you smoke* ? o *You don't smoke, do you ?*; en este caso el verbo se acentua cuando se pronuncia. Pero es un hecho que usted percibe mejor el auxiliar que el verbo principal. ¿ No es cierto ?

9 — I have been to the States but it was so long ago that I can hardly remember a thing. Listen to the stress on these words.
10 — May I use your phone? — Please do.
11 — You're Roger's elder brother, aren't you? — Indeed I am. (**3**)
12 — Will you call me when you arrive? — Of course I will. (**4**)
13 — The report is in German. You do speak German, don't you? (**5**)
14 — You didn't learn those irregular verbs! — I did! I've just forgotten them, that's all.
15 — You've been on the phone for the last half hour. — I have not!
16 You see? There is no need to reply using a complete sentence. Simply use the auxiliary in the correct form and with the correct stress.
17 A man convicted of embezzlement was asked by the judge whether he had anything to say before being sentenced. (**6**)

NOTAS (continuación)

(**3**) Aquí existe un matiz — que muchos ingleses y norteamericanos ignoran. Tenemos dos palabras que se parecen : *elder* y *older*. La primera se emplea solamente para los lazos de parentesco (*his elder sister*, *my elder cousin*) o para una persona de más edad cuando se compara la edad entre dos personas. También tomamos como ejemplos las frases : *Lord Stockton, the elder Statesman of British politics* (el decano de los hombres de Estado) o *He has no respect for his elders* (por sus mayores). *Older* quiere decir más viejo. *She's only forty, but she looks much older* = Ella sólo tiene cuarenta años, pero parece de más edad. Esa distinción tiende a desaparecer en favor de

9 — He visitado los Estados Unidos, pero hace tanto tiempo que casi no puedo recordar nada. Escucha el énfasis sobre estas palabras.
10 — ¿ Puedo utilizar su teléfono ? — Por favor sírvase.
11 — Usted es el hermano mayor de Roger ¿ no es cierto ? — En efecto.
12 — ¿ Me llamarás cuando llegues ? — Por supuesto
13 — El informe está en alemán ; usted habla alemán, ¿ no es cierto ?
14 — ¡ Usted no se aprendió esos verbos irregulares ! — Si, pero simplemente los he olvidado, eso es todo.
15 — Usted ha estado en el teléfono desde hace media hora — ¡ No es verdad !
16 ¿ Ve usted ? No hay necesitad de responder con una frase completa. Simplemente utilice el auxiliar en su forma correcta y con el énfasis apropiado.
17 El juez le preguntó a un hombre acusado de apropriación indebida si él tenía algo que declarar antes de ser condenado.

NOTAS (continuación)

la utilización generalizada de *older*, pero es mejor mantener este ligero matiz.

(**4**) Atención : después de las conjunciones de tiempo (*when, as soon as*, etc.) no empleamos nunca el futuro sino el presente o el presente perfecto. *I'll call you when I've finished* = Te llamaré cuando haya terminado. *I'll retire when I'm thirty* = Me retiraré cuando tenga treinta años.

(**5**) Existe una diferencia entre *You speak German, don't you* ? — cuando la persona cree saber que usted habla alemán — *You do speak German, don't you* ? o que está convencida de que usted habla bien dicho idioma y que su falta de dominio sería una cosa grave. El *do* juega el papel de poner en relieve este hecho, haciendo aun más fuerte la frase que ya había sido enfatizada.

(**6**) *To be convicted of a crime* = ser condenado por un crimen. Encontramos la misma palabra en una expresión como *Bradley, a convicted murderer, was employed as a sales clerk in a firearms store* = Bradley, que fué condenado por asesinato, estuvo empleado como vendedor en una armería. *To embezzle/embezzlement* = malversación o apropiación indebida de fondos (la palabra es un híbrido nacida de un verbo anglo-francés). Después de todo los ingleses y los franceses tienen mucho en común.

18 — Yes I do!, shouted the man, As God is my judge, I'm not guilty!
19 — You're wrong, replied the magistrate, He isn't. I am. You are. Two years. (**7**)
20 How about that for economical use of the language?

***

EXERCISES
(En esta serie de ejercicios, trate de reproducir los sonidos en voz alta ; sobre todo escuche bien las diferencias entre la frase 4 y la frase 5.)

1. — Don't come back to the office unless you've got the contract. — Don't worry. I won't. **2.** — You haven't sent off the cheque for the electricity, have you? — I have! **3.** Mr. Gilbert says you'll work overtime on Friday evening. — I will not! **4.** You don't smoke, do you? **5.** You don't smoke, do you? **6.** You're not the famous Marvin Handout, are you? — Indeed I am.

***

Fill in the missing words (Rellene con las palabras que faltan) (en forma de contracciones)

1. *No emplee las contracciones, a menos que usted escriba a alguien que conozca.*

. . . ' . use contractions . . . . ' . . writing to someone . . . know.

2. *Siempre es difícil saber cuándo él dice la verdad.*

. . ' . always difficult to know when . . ' . . . . the . . . . .

3. *Le hemos dicho a usted que puede quedarse a cenar.*

. . ' . . . . that . . . ' . . welcome to stay for dinner.

18 — ¡ En efecto !, gritó el hombre, ya que si Dios es mi juez, ¡ no soy culpable !
19 — Usted está equivocado, replicó el magistrado, El no lo es ; Yo [lo] soy. Usted es [culpable]. Dos años.
20 ¿ Qué le parece este empleo tan económico del idioma ?

NOTAS (continuación)

(7) Trate de visualizar las frases a las cuales corresponden estos auxiliares : *He isn't = He (God) isn't your judge. I am = I am (your judge). You are = You are (guilty).* Es muy fácil, ¿ no es así ?

***

Ejercicios 1. — No regreses a la oficina a menos que hayas conseguido el contrato. — No se preocupe. No tengo la más mínima intención de hacerlo. **2.** No has enviado el talón para la electricidad, ¿ lo has hecho ? — ¡ Sí, ya lo he enviado ! **3.** Mr. Gilbert dice que tu harás horas extras el viernes por la tarde — ¡ Ni hablar ! **4.** ¿ No me digas que tu fumas ? **5.** Tu no fumas, ¿ no es cierto ? **6.** ¿ No es usted el célebre Marvin Handou ? — En efecto, lo soy.

***

4. *¿ Es él mayor que usted ? — Naturalmente. Él es mi hermano mayor.*

Is he ..... than you ? — Naturally .. ' . my ..... brother.

5. *Añada el ketchup para darle color a la salsa y la harina para espesarla.*

Add tomato ketchup to ..... the sauce and flour to ..... it.

The missing words

1. Don't ... unless you're ... you **2.** It's ... he's telling ... truth **3.** We've told you ... you're **4.** older ... He's ... elder **5.** redden ... thicken

Fifth lesson

Politeness maketh man (N3)

1 Discretion and reserve are two of the traits that go into making up the English character.
2 The English are often polite to the point where other nations would accuse them of hypocrisy.
3 Consider the case of the man in the Underground during rush hour who says timidly to the person next to him: (**1**)
4 — Excuse me, sir, but I'm afraid that I've been stupid enough to put my foot underneath yours. Could you possibly move? (**2**)
5 Yes, it can sometimes be difficult to navigate through the shark-infested waters of politeness.
6 An American visitor was being shown around a seaside resort in the north of England. (**3**)
7 Having seen all the main attractions, he arrived at a « naturist » beach

NOTAS

(**1**) Gracias a los orígenes dobles de la lengua (ver lección 8) nos encontramos con frecuencia dos palabras cuando otras lenguas sólo tienen una. Así, el inglés posee *timid* y *shy*. Hay un ligero matiz — *timid* es más bien asustadizo, mientras que *shy* significa tímido — pero en la práctica el primero es menos sensible a las emociones que el segundo, por lo tanto menos utilizado y el sentido no cambia.

Quinta lección

Los buenos modales hacen al hombre

1 La discreción y la reserva son dos de los rasgos que entran a formar parte del carácter inglés.
2 Los ingleses son a menudo [tan] corteses hasta el punto que otras naciones les acusarían de hipocresía.
3 Considere el caso de un hombre en el metro durante las horas punta, que le dice tímidamente a la persona que está a su lado :
4 — Perdóneme, señor, pero me temo que he sido [lo] suficientemente estúpido [como] para meter el pie debajo del suyo. ¿ Podría usted moverse ?
5 Sí, puede ser a veces difícil navegar a través de las aguas peligrosas de la cortesía, infestadas de tiburones.
6 Se le mostraba a un visitante norteamericano una playa turística en la costa al norte de Inglaterra.
7 Cuando hubo visto todas las atracciones principales, llegó a una playa « naturista ».

NOTAS (continuación)

(**2**) *Under* o *underneath* (¿ bajo, debajo de ?) De entrada, hagamos la distinción entre la utilización preposiciónal — son intercambiables — y las utilizaciones adverbiales y nominales. *I slid the letter under the door or underneath the door.* Las dos formas son correctas, pero la primera es más utilizada (como preposición). A continuación, damos la forma adverbial : *I lifted the carpet and found the letter underneath.* O también : *He was wearing a bathrobe with nothing underneath* (*bathrobe* = albornoz). Aquí sólo puede emplearse *underneath.* Finalmente, el nombre *the underneath* (el fondo) : *The underneath of the boat was rotten (rotten* = podrido). Resumiendo, en el primer caso las dos formas pueden utilizarse, pero *under* se utiliza con más frecuencia, en el segundo caso solo *underneath* en el tercer caso *underneath* es a menudo sustituído por *the bottom.*

(**3**) *Show me the photographs* = Muestrame los fotografías. *She showed the photos to me* = Ella me mostró las fotos. *To show around* = mostrar (llevar a visitar). *Is this the first time you've been here ? Then let me show you around.*

8 where a dozen or so men and women were relaxing and swimming in the nude. (**4**) (**5**)

9 The American stopped and watched in amazement. He then turned to his host and asked: (**6**)

10 — Is it considered proper to swim naked in a public place?

11 His host seemed put out. — No, he replied, but it **is** considered improper to watch people bathing in a public place. (**7**)

12 A socialite once told Oscar Wilde about a gentleman who was so well dressed (**8**) (**9**)

13 that people would turn and look at him in the street. (**N4**)

14 — In that case, said Wilde disdainfully, he is not well dressed.

15 In such circumstances it is usually better to keep silent than to open one's mouth

16 and put one's foot in it! (**10**)

NOTAS (continuación)

(**4**) *A dozen* = una docena. *A dozen or so* = alrededor de una docena. *Twenty visitors* = veinte visitantes. *Twenty or so visitors* = una veintena de visitantes.

(**5**) A pesar de su reputación de pudorosos, los anglosajones tienen varias palabras para calificar el « desnudo ». *Nude* se aplica únicamente a los humanos y puede ser nombre o adjetivo ; se encuentra a menudo en el campo de las artes : *His paintings of nudes are rather unusual. A nude statue. Naked* y *bare* tienen también el sentido de « sin protección » : *A solar eclipse should never be observed with the naked eye* = (con los ojos desnudos, a ojo limpio, sin protección) o « desguarnecido » : *The cupboard is bare* = no hay nada en la alacena. A media que los utilice descubrirá sus diferentes aplicaciones.

8 [en] donde alrededor de una docena de hombres y mujeres estaban descansando y bañándose desnudos.
9 El norteamericano [se] detuvo y observó con sorpresa. Después, se dirigió a su anfitrión y [le] preguntó :
10 — ¿ Se considera apropiado bañarse desnudo en un lugar público ?
11 Su anfitrión pareció incomodarse. — No, replicó, pero en efecto se considera como impropio observar a las personas que se bañan en un lugar público.
12 Una persona muy conocida por la alta sociedad, una vez le contó a Oscar Wilde acerca de un caballero tan bien vestido
13 que las gentes se volvían y le miraban en la calle.
14 — En ese caso dijo Wilde desdeñosamente, él no está bien vestido.
15 En tales circunstancias, es mejor por lo general guardar silencio que abrir la boca
16 ¡ y de esa manera no meter la pata !

NOTAS (continuación)

(**6**) *A host* es aquél que recibe (fem : *hostess*), *a guest* (invar.) es aquél que visita.

(**7**) *To put someone out* = molestar a alguien — *You're welcome to stay the night — I'd hate to put you out* = Le invito a pasar la noche — Ante todo no me gustaría molestarle. *Don't let me put you out* = No quiero molestarte.

(**8**) *A socialite* = un hombre o mujer mundano (a). *To socialize* = mantener buenas relaciones con alguien. *He won't come to the party. He hates socializing* = No vendrá a la fiesta, él detesta las invitaciones.

(**9**) Oscar Wilde (1854-1900) es un ejemplo, entre tantos otros como Jonathan Swift y George Bernard Shaw, de la contribución irlandesa a la literatura anglo-sajona muy frecuentemente llamada « inglesa ». Es sobre todo célebre por sus historias ingeniosas y por sus « agudezas y ocurrencias ».

(**10**) *To put one's foot in it* = meter la pata (literalmente). Es un acortamiento de la frase *to put one's foot in one's mouth* — cada vez que abre la boca para decir algo mete la pata. *Don't say anything. You'll only put your foot in it* — No digas nada. Meterás la pata completamente. *She really put her foot in it* — ¡ Ella realmente se ha tirado una plancha !

EXERCISES 1. — I was showing my parents around the Metropolitan when a guide came up and said: **2.** — Excuse me, sir, I'm afraid it's impossible to visit this section of the museum today. **3.** The mechanic slid underneath the car to inspect the damage. **4.** — I told you to check the electricity! Look at those bare wires! **5.** Mrs de Vere was an amusing hostess. Her guests always ended up in the swimming pool...with their clothes on! **6.** They're a shy couple. They really don't like socializing.

Fill in the missing words (Rellene con las palabras que faltan)

1. *Levanté la tapa. ¡ No había nada debajo !*

   I lifted the cover. There was nothing .... !

2. *Estaba visitando el museo cuando encontré a Penny.*

   I ... . the museum when I met Penny.

3. *Ella metió la pata, y yo estaba horriblemente incómodo.*

   She ... her ...., and I was really ... ...

4. *— ¿ Cuántas personas respondieron el anuncio ? — Oh, una treintena.*

   How many people replied to the advertisement ? — Oh, ...

5. *Cuando éramos más jóvenes, mi madre nos llevaba al cine todas las semanas.*

   When we were ...., my mother ..... take us to the cinema every week.

Ejercicios 1. Yo hacía una visita al Metropolitan con mis padres (Yo llevé a mis padres a visitar el Metropolitan) cuando un guía se me acercó y dijo : **2.** — Perdóneme, señor, pero me temo que no es posible visitar esta sección del museo hoy. **3.** — El mecánico se deslizó debajo del coche para inspeccionar el daño. **4.** — ¡ Te dije que verificaras la electricidad ! ¡ Mira esos cables desnudos ! **5.** — La Sra. de Vere era una anfitriona divertida. Sus invitados siempre terminaban en la piscina... ¡ con las ropas puestas ! **6.** — Son una pareja muy tímida, a ellos no les gusta compartir en sociedad.

The missing words

1. underneath **2.** was being shown around **3.** put...foot in it...put out **4.** thirty or so. **5.** younger...would.

Sixth lesson

" If it's Tuesday it must be Belgium " (1)

1 Is there anything more frustrating than trudging down the High Street in the pouring rain (2)
2 and stopping to look in a travel agent's window? " Jet to the sun ", " Take a winter break ", " Sea, sun and sand ". (3)
3 Whether it is a day trip to the seaside or a package tour to a foreign resort, (4) (5)
4 people are travelling in greater numbers than ever before. Of course, there have always been jet setters and globe trotters (6)
5 but the average holidaymaker has such a choice of destinations and packages that he often ends up staying at home.

NOTAS

(1) Es el título de una película norteamericana rodada en 1969 que mostraba de forma humorística los « hambrientos » de cultura y de viajes que « visitan » un país por día. Los norteamericanos tienen una bonita expresión para aquellos que deben verlo todo a toda costa ; les llaman *culture vultures* : los bruitres de la cultura.

(2) *To trudge* — un verbo que indica movimiento y manera al mismo tiempo. Este verbo quiere decir : andar pesada y dificultosamente. *The car broke down and we had to trudge three miles across the fields in the pouring rain* = El coche se estropeó y tuvimos que andar penosamente durante 5 km a campo traviesa bajo un chaparrón.

(3) Preste atención a la forma del verbo que sigue a *to stop* : *She stopped to look at the window display* = Ella se detuvo PARA mirar el escaparate. Recuerde, que el infinitivo nos explica la intención (INfinitivo = INtención). Por el contrario, *He stopped smoking last week* = El dejó DE fumar la semana pasada. *Smoking*

Sexta lección

« Si es martes debe de ser Bélgica »

1 ¿ Existe algo más frustrante que andar penosamente calle abajo por High Street [calle Principal] bajo un chaparrón
2 y detenerse para mirar un escaparate de una agencia de viajes ? « Vuele hacia el sol », « Tómese una pausa invernal » « Mar, sol y arena ».
3 Ya sea un viaje de un día a la costa o un paquete turístico a lugar de veraneo en el extranjero,
4 [las] personas viajan en mayor número más que nunca antes. Por supuesto, siempre han existido los grandes viajeros (« jet-setters ») y los trotamundos (« globe-trotters »)
5 pero el turista promedio tiene tal número de destinos y paquetes donde elegir que a menudo termina permaneciendo en su casa.

NOTAS (continuación)

en este caso es un gerundio — un nombre verbal : es lo que ha dejado de hacer.

(4) *Package* es literalmente un paquete, pero su uso se ha extendido y significa un conjunto de servicios o ventajas casi siempre aplicado al turismo. *Our comprehensive insurance package ensures your peace of mind at all times* — Nuestra política de seguro de cobertura global ofrece un paquete que asegura su tranquilidad de espíritu en todo momento. *A package deal* = un contrato global. Por lo tanto, *a package tour/holiday* es un viaje contratado con un precio global. Finalmente, observe la diferencia en el lenguaje comercial entre *packaging* = acto de empaquetar o embalar y *packing* = el embalaje.

(5) *A resort* = es un lugar de vacaciones, *a ski resort*, *a seaside resort*, *a health resort* (balneario). Pronuncie bien la th = z en la palabra *health*.

(6) Estas dos expresiones no tienen términos exactamente equivalentes en español ; por lo que se utilizan a veces tal cual como es en inglés. *The jet set* = la buena sociedad que pasa su tiempo viajando a los lugares de moda para encontrarse con otros *jet setters*. La utilización de la frase puede ser irónica o llena de envidia... *A globe trotter* (*the globe* = globo terráqueo, y *to trot* = trotar) un trotamundo o un viajero que recorre el mundo.

6 The traveller intent on luxury may book a round-the-world cruise, stopping over in several countries, (**7**)

7 or buy a first-class return ticket on a scheduled airline to some exotic destination.

8 A more economical way of seeing the world is to take a charter flight and stay half-board in a hotel. (**8**)

9 Cheaper still is to hitch-hike and to thumb a ride overland to the Far East, (**9**)

10 living out of a suitcase and sleeping in the open — the dream of American youth in the 1950s. (**10**)

11 When you arrive at your destination, you can do the sights or laze on the beach and soak up the sun.

NOTAS (continuación)

(**7**) *On our way to Florida, we stopped at Baltimore. Does this train stop at Fratton ? To stop at* significa parar momentáneamente, y se emplea mucho para los transportes públicos. Por el contrario cuando se hace escala — es decir que nos quedamos un poco, se utiliza *to stop over in* (pues sí, dos preposiciones). *We stopped over in Los Angeles on our way to Hawaii.* El nombre es a *stop-over* (con el acento tónico sobre *stop* — repita la frase 1 de los Ejercicios). *We'll make a stop-over in Nairobi.* Un vuelo sin escala = *a non stop flight.* Nosotros examinaremos en la lección 32 el fenómeno del acento tónico que se desplaza de una parte a otra de una oración compuesta.

(**8**) Dos palabras que se pueden prestar a confusión. *Economic* = que tiene que ver con las ciencias económicas. *The Unions are protesting against the Government's economic policy* = Los sindicatos protestan contra la politica económica del gobierno. *Economical* = que no cuesta caro, que es económico. *Not only is the purchase price low, but the car is also very economical. It does 50 miles to the gallon* = No

6 El viajero [que] opta por el lujo debe reservar un crucero alrededor del mundo, haciendo escalas en los diferentes países,

7 o comprar un billete de ida y vuelta en primera clase en una línea aérea regular con destino a un país exótico cualquiera.

8 Una manera más económica de ver el mundo es tomar un vuelo « charter » y alojarse en un hotel de media pensión.

9 Todavía más barato es hacer « auto-stop » y viajar por tierra a través del continente hasta el Extremo Oriente,

10 viviendo con un mínimo de equipaje y durmiendo a la intemperie — el sueño de la juventud norteamericana de los años 50.

11 Cuando llegue a su destino, puede visitar lugares de interés turístico o holgazanear en la playa y tomar baños de sol.

NOTAS (continuación)

solamente el precio de compra es bajo, sino que el coche consume poco. Gasta 6 litros cada 100 km. Observe que en G.B. y en E.U.A., se mide el consumo de gasolina de un coche en km (millas) recorridas con un galón de gasolina que, además no es el mismo en los dos países (G.B. = 4,5 l ; E.U.A. = 3,7 l).

(9) *To hitch-hike* (puede escribirse sin el guión) = hacer « auto-stop ». Cuando se habla en tono familiar, se dice to hitch sencillamente : *He hitched from London to Manchester* o to thumb a ride. Observe la flexibilidad del idioma inglés, a la que ya hemos hecho referencia en la primera lección : se utiliza el pulgar para hacer *stop* por lo que se puede decir, *to thumb* ! Compárelo, por ejemplo, con *Hand me the dictionary* = Pásame el diccionario. ¡ Qué le parece !

(10) *To live out of the suitcase* = Estar continuamente de viaje con pocos objetos — que pueden meterse en una maleta. *Let's stay for a few days : I hate living out of a suitcase. To sleep in the open* es una forma elíptica de... *in the open air* = al aire libre. La expresión debe decirse : dormir a la luz de la luna. El sueño de los años 50 se expresa mejor en el libro de Jack Kerouac. *On the Road* (1957-Título en español : En el Camino).

12 Perhaps the most exotic holiday of the future would be a voyage to the moon, or perhaps another planet with a better atmosphere! (**11**)

13 The armchair traveller can visit the world without going further than the local library or bookshop. (**12**)

14 Borders are becoming easier to cross, with fewer customs formalities. (**13**)

15 In the US, you can drive thousands of miles west to east without changing countries,

16 but the Briton first has to cross the Channel — which often proves to be the biggest hurdle of all.

17 Some British people believe that foreigners begin at Calais — but others more parochial believe they start at Dover! (**14**)

18 Two Frenchmen, touring Britain by car, were driving through the Lake District and were moved by the beauty of the landscape. (**15**)

NOTAS (continuación)

(**11**) *Atmosphere* = atmósfera o ambiente, como en español.

(**12**) Aunque nuestro curso de inglés presupone un nivel de conocimiento tal como para no cometer simples errores, nos permitimos recordarles que *a library* es una biblioteca (de préstamo de libros cuando es pública) y *a book-shop* (en E.U.A. *bookstore*) una librería. Una librería (mueble doméstico) se dice *bookcase*.

12 ¡ Quizás las vacaciones más exóticas del futuro serán un viaje a la luna, o quizás a algún otro planeta con una mejor atmósfera !
13 El viajero desde su sillón puede visitar el mundo sin ir más allá de la biblioteca local o la librería.
14 [Las] fronteras se hacen más fáciles de cruzar, con menos formalidades aduaneras.
15 En los E.U., usted puede conducir miles de kilometros [de] este a oeste sin cambiar de país,
16 pero los británicos tienen que cruzar primero el Canal de la Mancha — lo cual a veces resulta ser el mayor obstáculo de todos.
17 Algunos británicos creen que los extranjeros comienzan en Calais — pero otros más retrasados ¡ creen que empiezan en Dover !
18 Dos franceses, que andaban haciendo un recorrido por G.B. en coche, conducían a través del Lake District y se conmovieron por la belleza del paisaje.

NOTAS (continuación)

(**13**) Tenemos dos palabras para frontera : *border* y *frontier*. La primera es geográfica. *We were searched at the German border*, la segunda es más metafórica : se refiere a *the frontiers of human knowledge* = las fronteras de los conocimientos humanos, o *the frontiers of science*. Ese desplazamiento de lo concreto a la metáfora viene quizás de utilizar la palabra a través de la historia de los Estados Unidos para denominar la línea de separación entre las regiones vírgenes (no exploradas) y las regiones ya explotadas por los *frontiersmen* (hombres de la frontera — el Oeste. En sus discurso de investidura, J.F. Kennedy hablaba del espacio como : *the last frontier* (la última frontera).

(**14**) *A parish* = una parroquia, *a parish priest*, *a parish church*. La palabra *parrochial* viene de *parish* (parroquia), pero designa más bien a alguien que tiene mentalidad provinciana. *A parochial outlook* = una actitud de una persona con mentalidad estrecha.

(**15**) *The Lake District* — La Región de los Lagos — es una de las regiones más seductoras de la Gran Bretaña. Situada al noroeste de Inglaterra, es una comarca ondulada con grandes y tranquilos lagos. En el siglo 19, tres grandes poetas eligieron para vivir esta comarca — Wordsworth, Coleridge y Southey quienes fueron bautizados como : *the Lake School*.

19 — You know, this really is a lovely country, said one. — I agree, replied his companion. Thank God they can't cook it!

20 Back in the Sixties, the US Army was using the lure of foreign travel to attract recruits. (**16**)

21 A group of students produced a spoof on the recruiting poster, which read:

22 — Join the Army. Travel to exotic countries. Meet exciting new people... and kill them.

23 The campaign was not very successful!

***

EXERCISES 1. — Do we stop over in New York? — No, our first stop-over is Chicago. **2.** There was such a choice of films that I ended up staying at home. **3.** He had to take an exam, and that was the biggest hurdle of all. **4.** Back in the Fifties, few people had television. **5.** They tried to hitch-hike to California, but they weren't very successful. **6.** I wanted to laze on the beach but he insisted on doing the sights.

***

Fill in the missing words

1. *Ya sea que usted visite Brighton o Baghdad usted no es sino un veraneante promedio.*

   . . . . ' . . visiting Brighton or Baghdad . . . ' . . just an . . . .

2. *Camino de Moscú, ellos querían pararse en Varsovia (atención al pronombre).*

   . . . . Moscow, they wanted to . . . . . . Warsaw.

3. *Ellos tuvieron problemas en la frontera polaca.*

   They had some problems at the Polish . . . . . .

19 — Sabe usted, éste es un país realmente maravilloso, dijo uno. — yo estoy de acuerdo, replicó su acompañante. ¡ Gracias a Dios que ellos no pueden cargárselo !

20 Durante los años sesenta, el ejército norteamericano utilizaba la tentación de los viajes al extranjero para atraer a los reclutas.

21 Un grupo de estudiantes realizaron una tomadura de pelo en un cartel de reclutamiento, en el que se leía :

22 — Enrólese en el ejército. Viaje a países exóticos. Conoczca a gentes apasionantes... y mátelos.

23 ¡ La campaña tuvo un éxito limitado !

NOTAS (continuación)

(**16**) *A/to lure* viene directamente del francés « leurrer ». Observe como se habla de un período que se considera lejano : *Back in the twenties*... o *Back in those days*... Se podría simplificar con in the 20's... *in those days*... pero *back* añade la noción del tiempo pasado.

***

Ejercicios 1. ¿ Hacemos escala en N. York ? — No, nuestra primera escala es Chicago. **2.** — Había tal cantidad de películas a elegir que finalmente me quedé en casa. **3.** — Él debía pasar un examen y eso era el obstáculo más grande de todos. **4.** — Durante los años cincuenta, pocas personas tenían televisión. **5.** — Trataron de hacer « auto-stop » hasta California, pero no tuvieron mucho éxito. **6.** — Quería holgazanear en la playa, pero él insistió en « hacer » los lugares de interés turístico.

SOME BRITISH PEOPLE BELIEVE THAT FOREIGNERS BEGIN AT CALAIS.
CALAIS

4. *Él se paró para encender su pipa.*

He stopped . . . . pipe.

5. *Pero yo creía que él había dejado de fumar.*

But I thought he . . . .

Seventh lesson

REVISION AND NOTES

El objetivo de estas explicaciones que vendrán a modo de repaso cada siete lecciones, es presentar algunos puntos de gramática o de vocabulario que nos parece oportuno afrontar. No se trata de « lecciones de gramática » sino de informaciones complementarias sobre distintos puntos que creemos importantes.

1 El inglés ha perdido muchas de sus inflexiones — las terminaciones de palabras que señalan las funciones gramaticales — y esto puede a veces conducir a una falta de precisión (lo que explica, entre otras razones, el porqué el francés sigue siendo el idioma diplomático por excelencia). Por el contrario, esa « imprecisión o vaguedad » gramatical del inglés genera una extraordinaria flexibilidad que el español no tiene. Fíjese en las frases siguientes :
Go down the road and turn left at the trafic light.
He was so thirsty he downed four pints of water.
She's been feeling down since she lost her job.
En la primera frase (Baje por la calle y doble a la izquierda en el semáforo), la palabra *down* desempeña el papel de preposición (aunque vaya detrás del verbo). Por el contrario, en nuestro segundo ejemplo (tenía tanta sed que bebió dos litros de agua), *down* se utilizó como verbo (*downed*). En la tercera frase (desde que ella perdió su trabajo se siente deprimida) aquí la palabra *down* juega el

The missing words

1. Whether you're...you're...average holidaymaker **2.** On their way to...stop at **3.** border **4.** to light his **5.** had stopped smoking

---

papel de adjetivo. Esa flexibilidad no se debe a que el idioma haya evolucionado en tiempos modernos : remontándonos al siglo dieciseis podemos encontrar este uso de las funciones gramaticales. En el siglo diecisiete, encontramos a un dramaturgo (Susanah Centlivre) quien utiliza una conjunción como un verbo, cuando uno de sus personajes no quiere seguir oyendo excusas y grita : ¡ *But me no buts* ! Hemos visto el caso de una letra... sí, ¡ una letra ! haciendo la función de verbo. En una novela de Raymond Chandler (el gran « guru » de la novela « negra »), Phillip Marlowe escribe una carta a máquina. Decide borrar una palabra utilizando la letra x de su máquina, en cuyo caso la frase queda — prepárese a recibir otra sorpresa — *He exed out the word !*
Lo más interesante del fenómeno (y lo más frustrante para el estudiante) es que las aplicaciones no tienen que existir de antemano : es el hecho que podamos utilizar una palabra como nombre, preposición o verbo lo que confiere a la lengua una plasticidad notable. (Encontramos muchos de estos fenómenos en el idioma chino.)
No trate de inventar rápidamente, porque ese es el momento en que el inglés o inglés americano se vuelven puristas (el extranjero no tiene el derecho a tomarse las mismas libertades que los nativos...) ; pero sepa que en su aplicación, el inglés se adapta muy fácilmente a las necesidades de sus usuarios.

2 Como usted verá en las dos lecciones siguientes, *to say* y *to tell* se confunden a menudo. La diferencia fundamental es sin embargo sencilla : *to say* tiene el sentido de las palabras utilizadas (en dos formas, la directa y la indirecta) y *to tell* se refiere al contenido de la frase. Ah, pero pudiera usted decir, las dos situaciones son a menudo parecidas, por no decir idénticas. Exactamente, sepa usted que tiene dos posibilidades de presentación en ese caso. *He says he comes from the same town as your father* o *He told me he came from the same town as your father.* El matiz : él dijo... él me dijo... se puede esquematizar diciendo que *to tell* está generalmente seguido de un pronombre dativo " *me, him, them,* etc.) y que *to say* está seguido de : « eso que dijo el otro ». ¡ Recuérdelo al abordar las lecciones siguientes !

3 Hemos dicho ya que el idioma inglés perdió la mayor parte de sus inflexiones. Puede ser divertido saber de qué se trata, y por eso nosotros le presentamos algunos ejemplos tomados del « viejo inglés », ¡ pero sepa que es para ampliar las bases de sus conocimientos más bien que para la aplicación directa ! (Encontramos todavía esas formas en la literatura antigua, las plegarias, y algunas veces las encontramos en el mundo de los negocios en tiendas con letreros e insignias destinados a vender con provecho antigüedades de una calidad y pasado dudosos). La antigua conjugación de los verbos comportaba una terminación específica para la 3ra. persona del singular, y una alternativa a *you*. Recuerde el ejemplo del verbo *to make* :

I make, thou makest, he/she/it maketh, we make, you make, they make

La ausencia de tuteo — o del tratamiento de usted — según su punto de vista — aparece como una suerte. Veremos más tarde que, en la práctica, el inglés recurre a gran número de formas para dar el sentido de familiaridad o formalidad sin cambiar el pronombre, que puede confundir al estudiante sin mucha experiencia. La forma *thou* (dativo y acusativo : *thee*) expresa una idea de acercamiento o de relación de parentesco (sin que sea el equivalente

exacto de nuestro tuteo) : encontramos esta forma en las plegarias antiguas, en ciertos dialectos antiguos (sobre todo en el norte de Inglaterra), y en el lenguaje de los *Cuáqueros* (o : *Friends*), una secta religiosa conservadora. El pronombre *you* tenía también una forma plural : *ye*.
Esa palabra era también la que utilizaban los impresores de libros en lugar de *th* para el artículo definido *the*. Es por esto que usted la verá en las tiendas (y a menudo en los salones de té...) de las ciudades turísticas, que quieren tener una solera y sabor antiguo que desgraciadamente les faltan. El nombre *Ye Olde Tea Shoppe* (o similar) les sirve para hacer el paripé.
Si nos permitimos darle algunas informaciones de carácter histórico en esta primera lección de repaso, es solamente con el fin de enriquecer sus conocimientos del idioma inglés. (Y, quien sabe, si sirvan para evitarles comprar algo que no vale la pena en una tienda sólo porque lea un letrero seductor...)

4 Hemos hablado de ciertas características que no existen en inglés y que sí las tenemos en español y en otras lenguas derivadas del latín. Un tiempo verbal, que es muy útil entre nosotros, es el imperfecto que no tiene equivalente exacto en el inglés. Conviene analizar su utilización en español antes de intentar traducir su sentido exacto. Cuando nuestro imperfecto describe una acción que se hacía frecuentemente en el pasado pero que ya hemos dejado de hacer (ejemplo : cuando yo era jóven, yo hacía ski) en inglés se utiliza corrientemente *I used to* — pronunciado <iustu>.
Así : *When I was young. I used to ski a lot* = cuando yo era jóven, esquiaba mucho. En otros tiempos ella tenía miedo a volar en avión = *A long time ago, she used to be scared of flying.*
Una forma más literaria pero sin embargo corriente, de expresar la misma idea consiste en sustituir *used to* por *would* delante del verbo. Así : *When we were very young, my father would wake us at the crack of dawn to go fishing* = Cuando nosotros éramos

muy jóvenes, mi padre nos despertaba al romper el alba para ir a pescar. Es necesario darse cuenta de que, aquí *would* no tiene ningún sentido condicional. Aquí termina su primera semana de estudio.
Como usted ha podido constatar, hemos combinado lo más serio y lo más informal, la información y la distracción, de forma que su trabajo (si es que se le puede llamar así) tenga un ritmo más natural, porque es necesario no caer en la rutina cuando uno aprende. Esperamos que sepa apreciarlo durante las próximas semanas : les reservamos agradables sorpresas.

Eighth lesson

« This happy breed of men, this little world... » (1)

1 — And here is the weather forecast. The Continent has been cut off from Britain by thick fog.... (2)
2 This sentence is more than just a slip of the tongue: the insular nature of the British (3)
3 has always played an important part in the development of their character — and of their language.
4 In the last thousand years — as every schoolboy knows — Britain has only once been invaded.

NOTAS

(1) Citando a Shakespeare en su obra *Richard II* ; existe un pasaje en que John of Gaunt elogia a Inglaterra y es uno de los más célebres de toda la obra. Este pasaje termina en : « *This blessed plot, this earth, this realm, this England* ». Nos equivocamos al considerar

Octava lección

« Estos hombres felices, este pequeño mundo... »

1 — Y aquí está la predicción metereológica. El Continente ha quedado aislado de la Gran Bretaña por una densa niebla...
2 Esta frase es más que un simple lapsus : la naturaleza insular de los británicos
3 ha jugado siempre un papel importante en el desarrollo de su carácter — y de su lengua.
4 Durante los ultimos mil años — dato conocido por todos los escolares — la Gran Bretaña ha sido invadida una sola vez.

NOTAS (continuación)

a Shakespeare como un autor clásico temible y árido... trate de leerlo un poco y lo comprobará.

(**2**) *To be cut off* = ser cortado, separado, aislado. *Did he hang up or were we cut off?* = ¿Él ha colgado el teléfono o nos han cortado? *Careful, if you don't pay the bill this time, they'll cut off the electricity* = Cuidado, si no pagas la cuenta esta vez, te cortarán la electricidad.

(**3**) *A slip of the tongue* = un lapsus mental, la lengua se traba. *To slip* = deslizar, por lo tanto podemos tener *a slip of the hand, a slip of the pen*, etc. Y si olvidamos algo, nos podemos excusar diciendo : *I'm sorry, it slipped my mind* (lo siento, se me fué de la cabeza).

5 When the Normans arrived in 1066, their language had a major impact on the language spoken by the inhabitants, (**4**)

6 and, for two centuries, French was the language of the nobility while English was spoken by the peasants. (**5**)

7 This influence can still be found today in a sort of « parallel » vocabulary. Here are some telling examples: (**6**)

8 The peasants tended their sheep, pigs and oxen, but when the animals were killed and served at the lords' tables (**7**)

9 the meats were called mutton, pork and beef.

10 The lord would sit in an elegant « chair » whereas the peasant made do with his humble « stool ». (**8**)

11 Today, words of Latin origin form the vocabulary of science, philosophy and government,

12 but the five thousand words of Old English that remain form the basic building blocks of everyday language.

13 No wonder the English vocabulary contains nearly a million words!

14 But don't worry! According to linguists, most of what we say is expressed with only three thousand words.

NOTAS (continuación)

(**4**) Sí, se trata de la batalla de Hastings (de hecho el encuentro entre los ejércitos de Guillermo el Conquistador y del rey Harold tuvo lugar a algunos kilómetros de allí ; el lugar se llama hoy Battle). Debe recordar que, para leer una fecha, se separa en dos, por lo tanto 1066 se leerá 10 y 66 — *ten sixty six*.

(**5**) Cuidado con la palabra *peasant*. Puede tener o bien un sentido peyorativo — gente paleta — o un sentido

5 Cuando los Normandos llegaron en 1066, su lengua causó un gran impacto en la lengua hablada por los habitantes,
6 y, durante dos siglos, el francés fué el idioma utilizado por la nobleza mientras que el inglés era hablado por los siervos.
7 Esta influencia puede encontrarse todavía hoy día en un tipo de vocabulario « paralelo ». Aquí damos algunos ejemplos que hablan por si solos :
8 Los siervos atendían a sus ovejas, cerdos y bueyes, pero cuando los animales era sacrificados y servidos en la mesa de sus señores,
9 las carnes recibían los nombres de mutton, pork y beef (palabras normardas).
10 El señor se sentaba en una « silla » elegante mientras que el siervo debía contentarse con su humilde « banqueta ».
11 Hoy día, las palabras de origen latino forman parte de la ciencia, la filosofía y el gobierno,
12 pero las cinco mil palabras del viejo inglés que quedan forman los elementos básicos del idioma cotidiano.
13 ¡ No es para sorprenderse que el vocabulario del inglés contenga alrededor de un millón de palabras !
14 ¡ Pero no se preocupe ! De acuerdo con los lingüistas, gran parte de lo que decimos se expresa solamente con tres mil palabras.

NOTAS (continuación)

histórico — *The Peasants' Revolt* en el siglo 14. No tiene el sentido de siervo o campesino como en las lenguas latinas. Es necesario por lo tanto emplear el término más usual de *farmer.*

(6) *A telling example* = un ejemplo elocuente. *A telling blow* = un golpe decisivo : *His articles are always well researched and his style is telling* = Sus artículos son siempre bien documentados y su estilo es elocuente.

(7) *An ox* pero *two oxen* (bueyes). Es uno de los raros vestigios de la lengua sajona, en la que los plurales terminan en — *en.* Conocemos, por ejemplo, *woman/women, brother/brethren* (sentido bíblico solamente).

(8) *To make do with* = contentarse con : *We've no butter. You'll have to make do with margarine* = Nosotros no tenemos mantequilla. Usted deberá contentarse con margarina. *That's all the money I can lend you.* —

15 Despite the Channel Tunnel, the British remain very attached to their island origins,

16 even though their language has borrowed and incorporated words from just about every other major language in the world.

17 A crusty old Peer of the House of Lords was explaining his attitude to a surprised member of the European Parliament: (**9**)

18 — So you see, I was born English, I've always lived in England and, by God, I intend to die English.

19 It's not nationalism, dear fellow, it's just insularity.

20 — I see, rejoined the other, but do you have no ambition? (**N1**)

***

EXERCISES 1. — Operator, I think we've been cut off. **2.** A large number of farmers turned up at the meeting to listen to the Minister of Agriculture. **3.** Don't worry! According to the weather forecast, it will be fine tomorrow. **4.** They didn't drink coffee so we had to make do with tea. **5.** — Where were you born? — In a tiny town in the north of Scotland. **6.** He said it was a slip of the tongue, but I'm sure he said it on purpose.

***

Fill in the missing words

1. *Estoy seguro que no ho hizo a propósito. Debe haber sido un olvido.*

   I'm sure it's not deliberate. It must have ....

15 A pesar del túnel del Canal de la Mancha, los británicos mantienen su apego a sus orígenes insulares,
16 aunque su lengua ha tomado prestado e incorporado palabras de casi todo los idiomas principales del mundo.
17 Un viejo y ceñudo Par de la Cámara de los Lores explicaba su actitud a un sorprendido miembro del Parlamento Europeo,
18 — Pues como ve, nací inglés, siempre he vivido en Inglaterra y, [si] Dios [quiere], mi intención es morir inglés.
19 Esto no es nacionalismo, mi querido amigo, es simplemente insularidad.
20 — Ya veo, respondió el otro, ¿ pero no tienen ustedes ninguna ambición ?

NOTAS (continuación)

Thanks, I'll make do = Eso es todo el dinero que puedo prestarte. — Gracias, me las arreglaré.

(**9**) *A crust*: una concha de pastel. Observe atentamente estas expresiones. *Lord Hinkley is definitely upper crust* = Lord Hinkley forma parte de la flor y nata. *There wasn't a crust to eat in the house* = No había nada que comer en la casa. *Crusty* = tosco, huraño, ceñudo.

***

Ejercicios 1. — Operadora, me parece que nos han cortado. **2.** — Un gran número de agricultores asistieron a la reunión para escuchar al Ministro de Agricultura. **3.** — ¡ No te preocupes ! De acuerdo con la predicción metereológica, mañana hará un buen tiempo. **4.** — No bebían café, así que tuvimos que contentarnos con té. **5.** — ¿ Donde nació usted ? —En un pueblo pequeño al norte de Escocia. **6.** — Él dijo que era un lapsus mental pero estoy seguro que lo dijo a propósito.

***

2. — *¿ Tienes una idea de dónde ellos viven ? — No, ¿ lo has olvidado también ?*

— .. .. any idea where they live ? — No . ... forgotten too ?

3. *A pesar del calor, tengo la intención de ir de paseo.*

.... the heat, I .... go ... a walk.

4. *Aunque hablan francés, prefiero hablar inglés.*

.... they speak French, I prefer to speak English.

Ninth lesson

To the or not to the (N 2) (Part one)

1 If you read that " the Queen Elizabeth arrived in Southampton yesterday ",
2 you may be surprised to learn that the Elizabeth in question is an ocean liner.
3 The monarch would be referred to as Queen Elizabeth or King Charles, with no " the " to get in the way. (**1**)
4 We will say that the United States and the Soviet Union are negotiating on arms control, (**2**)
5 but we may add that Britain and West Germany are also participating in the talks. (**3**)

NOTAS

(**1**) *Way* es una palabra muy útil. Esencialmente significa : camino, vía, pero sirve para todo. Por ejemplo, usted podrá ver los carteles anunciando *ENTRANCE (ENTRY)* y *EXIT*, o también verá *WAY IN* y *WAY OUT* para la misma entrada y salida. Aquí, *to be in the way* o *to get in the way* = molestar, estorbar el camino. *Be careful when you move the bookcase. The chair's in the way* — Ten cuidado cuando muevas la librería. La silla estorba (está en el camino). *I've got a lot of work to do so be quiet and don't get in my way* — Tengo

5. — *No ha pagado la factura desde hace un año. — ¡ No me extraña que le hayan cortado el gas !*

He hasn't paid the bill for a year. — . . . . they . . . . . . the gas !

The missing words

1. slipped her mind. **2.** Do you have...Have you **3.** Despite...intend to...for **4.** Even though **5.** No wonder...cut off.

Novena lección

To « the » or not to « the » (Primera parte)

1 Si usted lee que « la Reina Elizabeth (con artículo) ha llegado a Southampton ayer »,

2 puede sorprenderse al saber que la Reina Elizabeth en cuestión es un barco transatlántico.

3 Nos referiremos al monarca como Reina Elizabeth (sin artículo) o Rey Carlos, sin añadirle « the ».

4 Diremos que los Estados Unidos y la Unión Soviética negocian el control de armamento,

5 pero podemos añadir que la Gran Bretaña y la Alemania Federal participan también en las negociaciones.

NOTAS (continuación)

mucho que hacer, así que quédate tranquilo y no me molestes.

(**2**) Aunque se diga *The United States* y *The Soviet Union* porque hay un sentido de pluralidad... se utiliza siempre un verbo en singular porque se trata de un sólo país. Lógico ¿ no ? *The United States is on home ground and the Soviet Union doesn't like to be in a position of inferiority* = los Estados Unidos están en su propio terreno y la Unión Soviética no desea estar en un situación de inferioridad.

(**3**) La RFA y la RDA eran respectivamente *West Germany* (o *the Federal Republic of Germany* en los textos oficiales) y *East Germany* (o *the Democratic Republic*) para los anglófonos.

6 The Italians and the French have also sent delegations to the conference.
7 Using the definite article *the* is a delicate business. Look at the following examples and see how it works:
8 I don't like coffee much, but the coffee they served us after dinner was horrible. It tasted like dishwater. (**4**)
9 Dogs are usually a man's best friend but the Alsatian next door doesn't seem to have heard the news. (**5**)
10 According to the opinion polls, you read in the papers, most people are in favour of the Common Market, (**6**)

NOTAS (continuación)

(**4**) *To wash up* (G.B.) = fregar la vajilla. Encontramos también las expresiones : *To do* y *to wash the dishes*. En inglés americano (E.U.), se dice únicamente *to do the dishes*, y *to wash up* se utiliza para la higiene personal. *Do you want to wash up before dinner* ? = ¿ Quiere usted lavarse antes de la cena ? le parecería curioso a un inglés, ya que entendería que sería necesario fregar la vajilla antes de usarla. para fregar la vajilla, los ingleses utilizan *washing-up liquid* y los americanos dicen *dish soap*... o *the dish-washer*... el lavavajilla.

(**5**) Una buena ilustración de los extremos que se pueden alcanzar durante una guerra. Hasta 1914, el pastor alemán (el perro se entiende) se conocía con el nombre de *German Shepherd*, nombre que conserva por otra parte en los Estados Unidos. Pero como todo lo que era alemán por fuerza tenía que ser malo... ¡ los ingleses lo rebautizaron con el nombre de *Alsaciano* ! Ya en un tono más serio, ese mismo fanatismo lingüistico incitó a la familia real inglesa — que tiene profundas raíces teutonas — a cambiar por Windsor su nombre de familia que era hasta entonces Saxe-Coburg.

6 Los italianos y los franceses han enviado también delegaciones a la conferencia.
7 Utilizar el artículo definido *the* es un asunto delicado. Observe los ejemplos siguientes y compruebe como funcionan :
8 No me gusta mucho [el] café, pero el café que nos sirvieron después de la cena estaba horrible. Sabía a agua de fregar platos.
9 [Los] perros son normalmente los mejores amigos del hombre, pero el perro alsaciano del vecino no parece haberse enterado de la noticia.
10 De acuerdo con las encuestas de opinión [que] usted lee en los periódicos, la mayoría de los personas están a favor del Mercado Común.

NOTAS (continuación)

(6) *A poll* tiene dos usos principales : como sondeo de opinión = an opinión poll y como voto = *to go to the polls.* La palabra viene del holandés y significa « la cabeza » de ahí viene la idea de contar las cabezas. Para la acción de votar se dice *to vote*, los votos obtenidos son los votos, pero *poll* se utiliza en expresiones como *The country went to the polls* = El país acudió a las urnas, o también, *The MP for Birmingham North polled twenty percent fewer votes this year than the last* election = El diputado (miembro del parlamento) de B.N. obtuvo el 20 % de votos menos que en las últimas elecciones. *A straw poll* es un sondeo no oficial antes de las elecciones con el fin de conocer las intenciones de voto. *A pollster* : una persona que organiza los sondeos.

11 but most of the people we spoke to were extremely critical of the Community's agricultural policy and were suspicious of Europe. (**7**)

12 Look again at the examples and notice that the definite article is used when the people or things referred to are, well, definite...

13 If they are abstract, we cannot use *the*. For example, there is an old saying which runs:

14 Capitalism is the exploitation of people by people. Socialism is the opposite. (**8**)

15 However, we can represent a group of things or people by taking one to serve as an example:

16 " The horse is a noble animal " means that all horses are noble.

17 Woody Allen added a touch of cynicism to the Bible when he gave his own version of a famous quotation: (**9**) (**10**)

18 The lion and the lamb shall lay down together, he said, but doubting that the prophet was an animal-lover, he added: (**N 3**)

19 ...but the lamb won't get much sleep.

NOTAS (continuación)

(**7**) Hemos visto en la lección 4 lo que el inglés puede hacer con la entonación y que otros idiomas no podrían hacer sin una frase. Aquí, queremos demostrar que lo que se dice en los sondeos es diferente de lo que hemos encontrado. Escuche la frase y observe el acento en *we*. Repase la frase e imítela. Ese uso del acento es extremadamente corriente, y con toda se-

11 pero la mayor parte de las personas con quienes hablamos eran extremadamente críticas en cuanto a la política agrícola comunitaria y estaban recelosas de Europa.
12 Reconsidere los [nuevos] ejemplos y fíjese que el artículo definido es utilizado cuando las personas o cosas de las que se habla, están, muy bien definidas...
13 Si son abstractas, no podemos utilizar the. Por ejemplo, existe una vieja expresión que dice :
14 El capitalismo, es la explotación del hombre por el hombre. El socialismo, es lo contrario.
15 Sin embargo, podemos representar a un grupo de cosas o personas tomando uno [de ellos] para que [nos] sirva de ejemplo :
16 « El caballo es un animal noble » significa que todos los caballos son nobles.
17 Woody Allen añadió un toque de cinismo a la Biblia cuando dió su propia versión de una cita célebre :
18 El león y el cordero dormirán juntos, dijo él, pero dudando que el profeta fuera un amante de los animales, añadió :
19 ... pero el cordero no dormirá [por] mucho [tiempo].

NOTAS (continuación)

guridad, crea problemas al transcribirla. Se puede subrayar la palabra acentuada o imprimirla en itálica pero frecuentemente no se destaca y se deja a la entonación poner el énfasis en cada caso.

(**8**) *A person* en plural : *people*. El plural *persons* se emplea en los contextos oficiales (documentos, letreros, etc.). Ver lección 1, nota 4.

(**9**) La Biblia toma al artículo definido porque es única.

(**10**) *Woody Allen* — humorista y director de escena neoyorquino — célebre por su ironía, parodia al profeta Isaías que predecía una era de paz y también el milagro de que las fieras se convertirían en dóciles.

EXERCISES 1. You can't rush things! Getting divorced is a delicate business. **2.** Many people are highly suspicious of opinion polls. **3.** He doesn't seem to have heard the news that the war is over! **4.** Please move that stool out of the way. **5.** Apparently, one out of four people own a car, but most of the people I know don't even have a bike! **6.** Huh! What do you know about politics? You don't even vote!
Preste mucha atención al escuchar la grabación y fíjese cómo cuando la escuchamos percibimos el sentido de lo traducido arriba.

***

Fill in the missing words

Hemos dejado un espacio en blanco delante de los nombres en las frases siguientes. Coloque un artículo definido cuando lo juzgue apropiado.

1. *El vive en los Países Bajos y su primo vive en la RFA.*

He lives in . . . Netherlands and his cousin lives in . . . West Germany.

2. *Me encantó el vino [que] sirvieron con el pescado.*

I loved . . . wine they served with the fish course.

3. *Yo no confío en las encuestas de opinión, pero la encuesta que ellos publicaron ayer era verdaderamente significativa.*

I don't trust . . . opinion polls, but . . . poll they published yesterday was really telling.

Ejercicios 1. ¡ Tú no puedes precipitar las cosas ! Divorciarse es un asunto delicado. **2.** Muchas personas son muy recelosas de las encuestas de opinión. **3.** ¡ El no parece haber escuchado las noticias de que la guerra ha terminado ! **4.** Por favor, quita esa banqueta del medio. **5.** ¡ Aparentemente, una de cada cuatro personas posee un coche, pero la mayor parte de las personas que conozco ni siquiera tienen una bicicleta ! **6.** ¡ Bah ! ¿ Qué sabes tú de política ? ¡ Tu ni siquiera votas !

***

4. *Él tiene opiniones muy claras. Cree en el capitalismo y en la Biblia.*

He's got definite views. He believes in . . capitalism and . . Bible.

5. *¡ Los leones son generalmente difíciles de fotografiar, pero los leones en este parque-safari son muy complacientes !*

. . lions are generally difficult to photograph but . . lions in this safari park are very obliging !

The missing words

(Para refrescarle la memoria en los casos « con » y los casos « sin » le facilitamos a continuación el enunciado completo.)

1. The Netherlands...West Germany **2.** the wine **3.** opinion polls...the poll **4.** capitalism...The Bible **5.** Lions...the lions

Tenth lesson

To " the " or not to " the " (Part two)

1 Let's take a look at the following examples of the use of the definite article taken from the press.
2 The anthropologist William Harding is to lead an expedition to Easter Island and the Maldives. (**1**)
3 The Duke of Edinburgh and the Prince of Wales were presented to Queen Sophia of the Netherlands during a three-day official visit.
4 The salmon fishing in Scotland is famous — so famous that underwater fishing has been banned for fear of poachers. (**2**)

NOTAS

(**1**) *Lord Young is to head the enquiry* = L.Y. dirigirá la investigación. La utilización del infinitivo para indicar un futuro simple es ciertamente muy frequente en la prensa (ver lección 32 relativa a los títulos). *The President is to visit Moscow next year.* En una conversación normal se recomienda emplear el futuro : *The President will visit Moscow*, etc. Podemos encontrar el infinitivo para indicar una obligación : *You are to send me the report before Monday* — Usted debe enviarme el informe antes del lunes ; es más frecuente encontrar un giro semejante en la forma negativa : *You're not to open your present until Christmas Day* — Tu no debes abrir tu regalo antes del día de Navidad. Desde luego, podemos utilizar *must* en todos los casos.

(**2**) La lógica puede parecer un poco sorprendente en este caso. Les hemos dicho que el artículo definido sólo se emplea cuando el nombre es definido. Entonces,

Decima lección

To « the » or not to « the » (segunda parte)

1 Observemos los ejemplos siguientes para la utilización del artículo definido, extraídos de la prensa.
2 El antropólogo William Harding va a dirigir una expedición a la Isla de Pascua y a las Maldivas.
3 El Duke de Edimburgo y el Príncipe de Gales fueron presentados a la Reina Sofía de los Países Bajos en el transcurso de una visita oficial de tres días.
4 La pesca del salmón en Escocia es famosa — tan famosa que la pesca submarina ha sido prohibida por temor a los pescadores furtivos.

NOTAS (continuación)

usted nos dirá, que *underwater* es un término preciso para *fishing*. Pues no, querido estudiante, ¡ es un adjetivo ! Es necesario considerar las dos palabras que se utilizan como una sola (en alemán se escribirían juntas ; es lo que llamamos un idioma aglutinante). Como ejemplo daremos las primeras palabras de esta frase : *salmon fishing*, por lo tanto es un nombre compuesto pero tiene un carácter definido en el caso de *in Scotland* : se trata de una pesca de salmón muy particular, mientras que « *underwater fishing* » se toma en un sentido más general. Considere la frase : *I love pop music but the pop music they play on the radio station is too loud for me.* El ejemplo no es muy típico pero es necesario resaltar (así lo esperamos) ese sentido. ¡ animo adelante !

5 Eliot Seidelman was a child prodigy. By the age of five he could play chess like a Grand Master and the violin like a god.

6 Acid rain is largely responsible for environmental pollution, as water samples taken from Lake Constance and the Lake of Geneva clearly show.

7 The England of Charles Dickens can still be found in certain areas of London.

8 The English and the French finally decided to build a tunnel under the Channel — two hundred years after the original idea.

9 American wine — and especially the wines of California — have recently made inroads into the European market. (**3**)

10 Edgar Allan Poe's work is the best example of literary fascination with the supernatural.

11 Bill Hamilton, the Australian trade-union boss, was renowned as a tough negotiator. (**4**)

12 He also had a glass eye that was so realistic that few people were able to tell it apart from the real one. (**5**)

NOTAS (continuación)

(**3**) *To make inroads on/into* es, en principio, una frase más bien de uso militar — hicimos incursiones en territorio enemigo. Su sentido más habitual es el de usurpar ; *The new Law and Order Act makes further inroads on individual freedom* = La nueva legislación sobre orden público usurpa aún más las libertades individuales. *Gambling made huge inroads into his capital* = El juego ha disminuído con creces su capital.

5 Eliot Seidelman fué un niño prodigio. A la edad de cinco años podía jugar ajedrez como un Gran Maestro y tocar el violín como un dios.
6 La lluvia ácida es responsable en gran parte de la contaminación del medio-ambiente, como lo demuestran claramente las muestras de agua tomadas del Lago Constance y el Lago de Ginebra.
7 La Inglaterra de Charles Dickens puede todavía encontrarse en ciertas zonas de Londres.
8 Los ingleses y los franceses han decidido finalmente construir un túnel bajo el Canal de la Mancha — doscientos años después de la idea original.
9 El vino norteamericano — y sobre todo los vinos de California — han realizado recientemente incursiones dentro del mercado europeo.
10 La obra de Edgar Allan Poe es el mejor ejemplo de la fascinación literaria por lo sobrenatural.
11 Bill Hamilton, el sindicalista australiano, era conocido como un negociante tenaz.
12 También tenía un ojo de cristal que era tan realista que muy pocas personas eran capaces de distinguir el falso del verdadero.

NOTAS (continuación)

(**4**) Observe estos ejemplos de la palabra *tough*. Primero ponga atención a la pronunciación : taf. *This meat's too tough to cut* = Esta carne es muy dura (de cortar). *Tough luck*! = ¡ Qué mala suerte ! *My application was turned down.* — Mi solicitud fué rechazada — Es un rudo golpe. *He's tough customer* = Él no es fácil de manejar. Fíjese bien en las utilizaciones de frases idiomáticas.

(**5**) *They are identical twins. You can't tell the difference between them* = Son gemelos idénticos. No se pueden distinguir. Se puede tomar la frase en este sentido. *You can't tell them apart. Republican or Democrat — politicians are all the same. You can't tell them apart.*

13 During a particularly difficult set of talks with the Secretary of State for Industry, (**6**)

14 Hamilton agreed to give up a certain demand on one condition: that the Secretary should tell him which was the glass eye.

15 — The left one, replied the politician, without hesitation.

16 Hamilton was nonplussed. — Correct, he said, but how did you know? (**7**)

17 — Easy, replied his opponent, it's so much kinder than the other.

NOTAS (continuación)

(**6**) En Gran Bretaña, los ministros se llaman generalmente *Minister*, ejemplos : *The Minister of Transport*. Algunas excepciones son, *The Home Secretary* (Ministro del Interior), *The Foreign Secretary* (de Asuntos Exteriores) y *The Chancellor* (el de Economía y Finanzas). En los Estados Unidos y en Australia son *The Secretary*. Podemos decir : *Secretary of State for the Environment*, pero cuidado, en los E.U., la fórmula *the Secretary of State* equivale al Secretario de Asuntos Exteriores (*A ministry* = un ministerio).

***

EXERCISES 1. — He is highly intelligent, as the results of the tests clearly show. **2.** The cheese you are eating is one of the three cheeses produced in South Wales. — I've never eaten Welsh cheese. **3.** — I lost the bet. — Tough luck! **4.** The Foreign Secretary is to meet his American counterpart the Secretary of State. The Home Secretary will also attend the meeting. **5.** This lesson is so much easier than the other. **6.** We generally buy white wines, especially the white wines of the Rhone valley.

13 Durante una serie de negociaciones particularmente difíciles con el Secretario de Estado de Industria,

14 Hamilton aceptó renunciar a cierta demanda con una sola condición : que el Secretario debería decirle cuál era su ojo de cristal.

15 — El izquierdo, respondió el político, sin titubear.

16 Hamilton estaba confundido. — Exacto, dijo él, pero ¿ cómo lo ha sabido ?

17 — Facilmente, replicó su adversario, es mucho más bondadoso que el otro.

NOTAS (continuación)

(7) *The witness was nonplussed by the question* = El testigo se quedó perplejo ante la pregunta. Esa palabra, en la cual reconocemos el « non plus », es una forma bastante elegante de expresar la noción de estar sorprendido, perplejo, impresionado, etc. Es más utilizado en el lenguaje escrito. Normalmente se diría *to be put out by : He was put out by the question.*

***

Ejercicios 1. — Él es extremadamente inteligente, como lo han demostrado claramente los resultados de las pruebas. **2.** — El queso que usted está comiendo es uno de los tres quesos producidos en el sur del País de Gales. — Nunca he comido los quesos de Gales. **3.** — Perdí la apuesta — ¡ Mala suerte ! **4.** — El Ministro de Relaciones Exteriores (británico) se reunirá con su homólogo americano (el Secretario de Estado). El Ministro del Interior (británico) asistirá igualmente a la reunión. **5.** — Esta lección es de tal modo más fácil que la otra. **6.** — Habitualmente compramos vinos blancos, sobre todo los vinos blancos del valle del Rhone.

Fill in the missing words

1. *Poco antes de los diez años, ella había escrito su primera obra.*

   .. .., she had written her first play.

2. *Ellos son gemelos idénticos. Es imposible distinguirlos.*

   They're identical twins. It's impossible to ....

3. *¡ Por supuesto que no ! Él es mucho más generoso que su hermano.*

   No ! He's .. .... kinder .... his brother.

   (En las dos frases siguientes, coloque el artículo si usted lo considera necesario.)

Eleventh lesson

The " ins " and " outs " of cricket (N 4)

1 Let's continue our investigation of the British character by looking at the enigmatic national game of cricket.

2 This singular sporting activity continues to amaze anyone who has not had the good fortune — or misfortune — to be born British.

3 The rules of the game are, in fact, simple, but the very idea that a first-class match or a Test Match (**1**)

NOTAS

(**1**) *The Test Matches*, o simplemente *The Tests* son una serie de cinco partidos internacionales, disputados todos los años. Cada partido dura, en efecto, tres días

4. *La Escocia que usted describe no es la Escocia que yo conozco.*

... Scotland you describe is not ... Scotland that I know.

5. *Los ingleses tienen mucho que aprender de Escocia. Los escoceses son muy trabajadores.*

... English have much to learn from ... Scotland : ... Scottish people are very industrious.

The missing words

1. By the age of ten. **2.** tell them apart. **3.** so much... than **4.** The...the **5.** The (English).

Undecima lección

Los « pro » y los « contra » del cricket

1 Continuemos nuestra investigación del carácter británico considerando el enigmático juego nacional del cricket.
2 Esta actividad deportiva particular continúa sorprendiendo a todas las personas que no han tenido la buena — o la mala — fortuna de haber nacido británicos.
3 Las reglas del juego son de hecho muy sencillas, pero la idea en sí misma de que un partido de primera clase o un « test-match »

NOTAS (continuación)

durante los cuales cada equipo participa dos veces. Se les llama *first innings* y *second innings*, lo que divierte mucho a los americanos, porque el baseball, cuyo juego se deriva del cricket pero que es más sencillo, se divide también en *innings*, el primero se llama (lógicamente) *first inning*!

4 can last for three days with six hours' play each day is sufficient to convince the outsider that here truly (**2**)
5 is an impenetrable activity that can be looked on as an organized protest against simpler games. (**3**)
6 Yet in popular imagery, few things are more representative of England than a cricket match on a village green
7 on a long and drowsy summer's afternoon, where a score of men in white run around to defend the honour of their village, (**4**)

NOTAS (continuación)

(**2**) No olvide que la palabra « extraño » no se debe confundir con « extranjero » en inglés : *a stranger* = un extraño y *a foreigner* = un extranjero (ver frase 16). *A stranger* lo encontramos en expresiones como : *He's no stranger to poverty* = La pobreza no le es ajena. Pero tenemos también una tercera palabra (el inglés es muy sectario...) que designa a aquel que no forma parte de un grupo, de una actividad : es *an outsider. Guiness is not a club member. He is a nice man, but we can't let outsiders into the game. An outsider* es también un caballo que no está entre los favoritos — y es también la palabra escogida para la traducción del título de la novela de Albert Camus « El Extranjero ».

(**3**) *To look on* es el equivalente de *to consider*: *Cricket is looked on as a religion in Australia* o... *is considered (as) a religion.* ¡ Atención ! tenga en cuenta que puede tener el sentido de mirar sin hacer nada : *The ambulancemen tended to the injured child while the crowd looked on. An onlooker*: un expectador — o curioso, según el caso. Para este último término, el inglés americano posee una expresión muy gráfica (como es habitual) : *a rubber necker* = un curioso (cuyo cuello es de goma ¡ a fuerza de alargarlo para ver lo que sucede !).

4 pueden durar tres días con seis horas de juego por día es lo suficiente para convencer al extraño que es verdaderamente
5 una actividad impenetrable que se puede considerar como una protesta contra los juegos más sencillos.
6 No obstante, en la creencia popular, pocas cosas son tan representativas de Inglaterra como un partido de cricket en un campo de una aldea
7 en una larga y pesada tarde de verano, en donde una veintena de hombres vestidos de blanco, corren de aquí para allá para defender el honor de su aldea,

NOTAS (continuación)

(**4**) Preste atención al sentido de *a score* — poco utilizado —: una veintena. Una frase célebre, conocida por todos los americanos, se ha hecho inmortal : es la primera frase del *Gettysburgh Address*, el discurso de Abraham Lincoln durante la consagración del cementerio de Gettysburgh, después de una terrible batalla entre los del Norte y los del Sur durante la guerra de Secesión. El discurso, que rinde homenaje a los muertos en los dos campos y a la libertad, comienza así : *Fourscore and seven years ago, our fathers brought forth on this continent a new nation conceived in liberty and dedicated to the proposition that all men are equal...* y termina con la definición, célebre y muy repetida, de la democracia : *government of the people, by the people, and for the people.* Inspiradora, ¿ no le parece ? De hecho, *fourscore* = 4 veces 20.

8 surrounded by a patient group of spectators who occasionally doze off in the afternoon sun, (**5**)

9 only to be awakened by a frenzied " Owzat?! " from a hopeful bowler. (**6**)

10 The game has resisted any attempt to make it internationally popular: (**7**)

11 it is hard for the English to imagine the Brazilians, say, or the Norwegians wielding a bat.

12 It is played, however, and taken very seriously, by a number of countries with Commonwealth ties —

13 who usually prove the adage that the British invent games and teach them to other nations... who promptly beat them.

14 Today, cricket is losing popularity to football — which has the added advantage of only lasting ninety minutes per game;

15 yet headlines like " England collapses before lunch " or " Disaster in Australia "

16 can send Englishmen running for the news-stands while the puzzled foreigner considers the implications of such an economic castastrophe — (**8**)

17 only to discover that the national team has been dismissed in ignominious circumstances!

NOTAS (continuación)

(**5**) *To doze* = dormitar ; *to doze off* = adormitarse. *The lecture was so boring that I dozed off after ten minutes* (*lecture* = conferencia).

(**6**) « *Owzat* ? ! » es una tentativa de reproducir el grito de llamada del lanzador que se cree victorioso dirigido al árbitro. De hecho lo que él dice es : *How's that*? — ¿ Lo he logrado o no ?

8 rodeados por un grupo paciente de espectadores que dormitan ocasionalmente al sol de la tarde,

9 para despertarse solamente por un grito frenético de « ¡ ¿ Owsat ? ! » de un lanzador de pelota entusiasta.

10 El juego ha resistido toda tentativa de hacerse popular a nivel internacional :

11 es difícil, para los ingleses, imaginar, digamos a los brasileños, o a los noruegos moviendo un bate.

12 Lo juegan sin embargo, y tomándolo muy en serio, un número de países que forman parte de la Mancomunidad —

13 que en general confirma la frase que dice que los ingleses inventan los juegos y se los enseñan a otras naciones... que los derrotan inmediatamente.

14 Hoy en día, el cricket pierde popularidad en favor del « futbol », que tiene [además] la ventaja de durar sólo noventa minutos por partido ;

15 no obstante, los titulares como « Inglaterra se desploma antes de la comida » o « Desastre en Australia »

16 pueden hacer correr a los ingleses a los kioscos de revistas, mientras que el extraño, atónito, considera las implicaciones de dicha catástrofe económica —

17 para descubrir simplemente que el equipo nacional ¡ ha perdido en circunstancias ignominiosas !

NOTAS (continuación)

(7) Atención : *popular* se dice de alguien o alguna cosa que tiene éxito (es el *pop* de la música de ese nombre). Esa palabra no tiene el sentido de pueblo como en español. He aquí algunos ejemplos con este último sentido : *There was a mass demonstration in Hyde Park on Sunday* (manifestación popular). *It's one of the many folk traditions of the American Indians* (tradiciones populares). *Careful ! That's a slang expression* (expresión popular). Interprete cada situación antes de llevarla al inglés.

(8) Preste atención a la pronunciación de esta palabra = *ka-TASS-trofi*. Pronuncie bien la última sílaba. Pasa lo mismo para *apostrophe* <a-POS-tro-fi>. El acento tónico, en mayúscula, se desplaza con el adjetivo *catastrophic* : *<ka-ta-STRO-fik>*. Ponga mucha atención a los ejercicios.

18 Cricket also helps to preserve old rivalries. The War of the Roses is still fought each year, though in London this time. (**9**)

19 The traditional enemies, Yorkshire and Lancashire, take to the field to continue the fight.

20 At last year's match, a Yorkshire batsman hit the ball out of the ground for a brilliant six.

21 In the Lancashire stand, a small man in a bowler hat applauded wildly, shouting — Bravo, sir, well hit! (**10**)

22 He seemed not to notice that the spectators around him were chillingly silent.

23 Finally, a burly Lancashireman tapped him on the shoulder and said menacingly:

24 — You're from Lancashire, then? — Er, no, replied the enthusiast sheepishly. (**11**)

25 — Then you'll be from Yorkshire? — Not quite. Actually, I'm from London.

26 — In that case, came the reply, shut up and watch t'bloody game! (**12**) (**N 5**)

NOTAS (continuación)

(**9**) *The War of the Roses* fué el nombre que se le dió a la guerra civil en Inglaterra entre las dinastías de York, cuyo emblema era una rosa blanca, y la de Lancaster, la rosa roja. Aunque ya antigua (de 1455 a 1485), la guerra — o al menos la rivalidad — entre los dos condados existe todavía y cada año se reunen en Londres para disputar un partido de cricket que se llama *The Roses*. (Encontramos el mismo viejo antagonismo entre los Estados del Norte y del Sur de los Estados Unidos.)

(**10**) Con una malísima intención, muy británica, *the stands* ¡son los lugares donde uno se sienta en un estadio!

18 El cricket ayuda también a preservar las viejas rivalidades. La Guerra de las Rosas se disputa todavía cada año, pero en Londres en esta ocasión.

19 Los enemigos tradicionales, el Yorkshire y el Lancashire, descienden a la arena para continuar el combate.

20 En el partido del año anterior, un bateador del Yorkshire envió la pelota fuera del campo para marcar brillantemente seis puntos.

21 En las gradas del Lancashire, un pequeño hombre con un gorro de lanzador aplaudió con entusiasmo, gritando — ¡ Bravo, amigo mio, buen golpe !

22 Pareció no percatarse que los espectadores [que] le rodeaban guardaban un silencio glacial.

23 Finalmente, un fornido seguidor del Lancashire le dió unas palmaditas en el hombro y le dijo en tono amenazante :

24 — Luego, ¿ usted es de Lancashire ? — Ah, no, replicó el entusiasta, confundido.

25 — Entonces, ¿ será de Yorkshire ? — Ah, de ninguna manera. En realidad, soy de Londres.

26 — En ese caso, vino la respuesta, ¡ cierre el pico y conténtese con el maldito partido !

NOTAS (continuación)

(**11**) *Sheepish* viene de *sheep* = cordero(s), que tiene un comportamiento tímido, en forma de adjetivo significa : confuso, avergonzado. También puede usarse como adverbio *sheepishly* : — *What happened to the car ?, he asked. — I had a slight accident, she answered sheepishly.*

(**12**) Una característica del acento del Norte de Inglaterra es suprimir el artículo definido delante de los consonantes iniciales. *The* se convierte así en *t'*... (Recuerde que *the* se pronuncia <*ze*> delante de una consonante y <*zi*> delante de una vocal en inglés británico, y <*ze*> indiferentemente en el inglés norteamericano.) Preste atención al acento del Norte porque contiene ciertos elementos de la pronunciación « clásica » del viejo inglés que recobramos en el acento norteamericano, y sobre todo en las palabras en donde « a » se pronuncia larga en inglés británico y corta en inglés norteamericano. Así *bath* se pronuncia <*baaz*> al otro lado de la Mancha y <*baz*> al otro lado del Atlántico (salvo en Nueva Inglaterra, naturalmente...). ¡ Insistimos de nuevo, ponga atención a los ejercicios !

EXERCISES 1. They continue to amaze me! They've been playing for three hours! **2.** After ten minutes in the sun, he began to feel drowsy. **3.** He nodded off, only to be awakened by the telephone. **4.** I look on you as my right-hand man. **5.** If a politician falls into the water, it's a disaster. **6.** If someone rescues him, it's a catastrophe!

Fill in the missing words

1. *Es difícil de imaginar a los franceses jugando al cricket.*

   It is difficult .. .. the French .... cricket.

2. *¡ No lo tome tan seriamente ! No es más que un chiste.*

   Don't .... ! It's only a joke.

3. *Ellos no parecían darse cuenta que la puerta estaba abierta.*

   They .... that the door was open.

Twelfth lesson

Money Matters
(In the offices of Henson and Son Electronics PLC) (1)

1 — I've just been over the figures with the accountant and he says we'll have to be careful next year.

NOTAS

(1) *PLC* = *Public/Private Limited Company.* Debido a que las diferencias en materia legislativa entre G.B., los E.U. y España, las diversas formas de sociedades no tienen siempre un equivalente exacto. Le daremos algunos ejemplos que podrá encontrar leyendo la prensa. *Baker Ltd* (pron : *limited*) es una abreviatura de *limited liability company* y equivale a una empresa de

Ejercicios 1. ¡ Ellos continuan sorprendiéndome ! ¡ Siguen jugando desde hace tres horas ! **2.** Después de diez minutos al sol, él comenzó a dormitar. **3.** Él se adormiló, para ser despertado sólo por el teléfono. **4.** Le considero como mi brazo derecho. **5.** Si un político se cae al agua, es un desastre. **6.** Si alguien le salva, ¡ es una catástrofe !

***

4. *El chaparrón les hizo correr para refugiarse.*

The shower .... them .... for shelter.

5. *Pocas cosas son más hermosas que un largo atardecer de verano.*

... . are more beautiful than a long ......'s evening.

The missing words

1. to imagine...playing **2.** take it seriously **3.** seemed not to notice **4.** sent...running **5.** Few things...summer...

Duodecima lección

Las cuestiones de dinero
(En las oficinas de Henson and son Electronics PLC)

1 — Acabo de examinar las cifras con el contable y de acuerdo con lo que dice nosotros deberíamos tener mucho cuidado el año que viene.

NOTAS (continuación)

responsabilidad limitada. En los E.U., encontramos con frecuencia *Baker Inc*, o *incorporated* ; se trata de una sociedad registrada. Para las grandes sociedades encontramos *Baker Corp.* o *Corporation*. Esa denominación nos proporciona expresiones como *corporate image* = la imagen de marca de la sociedad, o *corporate profits* = beneficios de la sociedad ; pero atención, en G.B. *a Corporation* es generalmente el concejo municipal : *The Mayor and Corporation* = el alcalde y sus concejales.

2 Turnover is up three-and-a-half percent (3 1/2 %) and return on investment is steady, (**2**)

3 but our overheads are also up — by four point two percent (4.2 %). (**3**)

4 Our interest repayments on the bank loan come to two hundred and sixteen pounds (£216) a month (**4**)

5 and investment on R & D is constant at a thousand pounds (£ 1,000) per quarter.

6 — One thousand! Isn't that a little high?
— New products are the life-blood of the industry, my boy.

7 — Well, if we want to cut back, we can start by looking at bonuses. Look at this: two thousand four hundred and sixteen pounds (£2,416) productivity bonus to Miller. (**5**)

8 — Well, two thousand pounds is a lot of money, but Miller's the product manager for the RX 214 (**6**)

NOTAS (continuación)

(**2**) El sentido financiero de *turnover* es referido a volumen de negocio, pero lo encontramos algunas veces utilizado en este sentido : *Baker's has a high staff turnover* = La empresa Bakers tiene un fuerte movimiento de personal. El contexto le indicará el sentido apropiado. *Turnover rate* = rapidez de rotación de las mercancías. (*An apple turnover* = una especie de tarta de manzana...).

(**3**) *Overheads* (algunas veces sólo *overhead*) : es una contracción de los *overhead costs* — los costos que están siempre presentes, como los gastos generales. *We must reduce our overheads in the next quarter* (trimestre). *An overhead proyector* = es un retroproyector.

(**4**) En esta frase y la siguiente, veremos las dos maneras de decir : por (por día, por mes, etc.). En el lenguaje diario, decimos simplemente « a » — *three times a*

2 El volumen de negocio se eleva hasta el tres y medio porciento (3,5 %) y el beneficio sobre la inversión es estable

3 pero nuestros gastos generales son también altos y se elevan hasta 4,2 %.

4 Nuestros reembolsos de intereses sobre los préstamos bancarios alcanzan las doscientas dieciseis libras (216) al mes

5 y la inversión en R & D (Investigación y Desarrollo) es constante [y alcanza] las mil libras (1.000) por trimestre.

6 — ¡ Mil libras ! ¿ No es un poco alto ? — Los nuevos productos son la vida de la industria, muchacho.

7 — Bien, si queremos reducirla, pudiéramos comenzar considerando las primas. Fíjate en esto : dos mil cuatrocientas dieciseis libras (2.416) la prima de productividad de Miller.

8 — Pues bien, dos mil libras es mucho dinero, pero Miller es el jefe de producto de RX 214.

NOTAS (continuación)

day, four times a month, pero en un lenguaje más formal se utiliza *per* — esta palabra se utiliza mucho por la administración, la banca, etc. Los salarios en G.B. y E.U. se indican en términos anuales. *She makes twenty thousand in her new job* quiere decir que ella gana 20.000 por año. En los anuncios para buscar trabajo en los periódicos, sobre todo en el caso de los profesionales, el salario propuesto es seguido de las letras *pa* — *per annum* — 60.000 *pa* : *sixty thousand pounds a year.*

(**5**) *To cut back* = reducir. *We'll have to cut back on entertaining* (reducir los gastos generales de representación). *To cut down* tiene también este significado. Pero en el caso de una reducción, decimos *a cut back* solamente (ver la lección 32 para el cambio de acento tónico).

(**6**) Consideramos la cantitad (suma de dinero) y no el número de libras, con el verbo en singular : *Ten pounds is a lot to pay for repairs* (reparaciones). *Eighty thousand is not enough.* Veremos ahora lo que concierne a la pronunciación de las cifras de referencia, no existe una regla aplicable a todos los casos ; la tendencia es pronunciar cada una de las cifras (así se dice : *two-one-four*). También citaremos el caso de cifras de dos en dos. Por ejemplo TS 1427 se pronunciará *fourteen-twenty seven.* Para concluir, diremos que toda cifra que no sea una cantidad global se

9 and look how successful that's been. — You think so? Take a look at the figures: (**7**)

10 sales up by nought point three percent (0.3 %) for the year. Not exactly what you'd call record-breaking...

11 and look at these two : a thousand pounds to Cookson — and one thousand four hundred to Mathey.

12 — Yes, I suppose we'll have to cut back on generosity.

13 This used to be a family business, my boy, but now we're in a billion-dollar industry, and money's tight. (**8**)

14 — Well, if it comes to that, Dad, you're not exactly hard up. — I worked my way up from the bottom.

15 When I started, I didn't have two ha'pennies to rub together. — Yes, yes I know. When's your next meeting with the bank? (**9**)

16 — On the thirteenth. I'm going to ask the manager to reschedule the repayment of the last loan.

17 — Oh Lord! I hope you're not superstitious. Your meeting's on Friday the thirteenth!

18 — On the contrary. Hundreds of people choose Friday the thirteenth. It's a lucky day.

NOTAS (continuación)

deberá deletrear ya sea de una en una o de dos en dos.

(**7**) *To take a look at* = echar una mirada a. Se puede decir *to look* sólamente pero en la forma imperativa, la primera de estas dos formas tiene más fuerza. *Take a look at that !* = ¡ Mira eso !

9 y considera el éxisto que eso ha tenido. — Ah, ¿ te parece ? Observa las cifras :

10 las ventas han subido un cero punto tres por ciento (0.3 %) durante el año. No es lo que llamaríamos exactamente un nuevo record...

11 y observe estas dos : unas mil libras a Cookson — y mil cuatrocientas libras a Mathey.

12 — Sí, supongo [que] tendremos [que] reducir la generosidad.

13 Esto en otro tiempo era un negocio familiar, hijo, pero ahora somos una industria de un billón de dólares, y el dinero se hace escaso.

14 — Bien, con respecto a eso papá, tu no estas verdaderamente « pelado ». — Comencé a trabajar desde cero.

15 Cuando comencé, no tenía ni siquiera dos duros. — Sí, sí, lo sé. ¿ Cuándo es tu próxima reunión con el banco ?

16 — El día trece, voy a pedirle al director que me intente espaciar los pagos del último préstamo.

17 — ¡ Dios mio ! Espero que no seas supersticioso. ¡ Tu reunión es el viernes, trece !

18 — Por el contrario, cientos de personas escogen el viernes trece. ¡ Es un día que trae suerte !

NOTAS (continuación)

(**8**) Buen ejemplo de economía... de las palabras. *Money's tight* = el dinero escasea. *He's tight with money* = ¡ El es un tacaño ! El otro sentido es una forma contraída de *tight-fisted* — con el puño cerrado. *He's tight* = El está harto (tiene todo lo que quiere).

(**9**) En 1971, la Gran Bretaña adopta un sistema monetario decimal. Las denominaciones antiguas (*half-penny, penny, shilling, half-crown*, etc.) desaparecieron para dar lugar al *pence*. La nueva unidad fué primero llamada *new penny* (plural : *pence*) y después progresivamente el adjetivo (*new*) dejó de usarse y pasó al olvido definitivamente. Hoy la denominación oficial *pence* se ve mal por el gran público que, pronuncia mejor la letra p detrás de la cantidad : *10 p* se dice *ten pee*. Aunque el sistema se ha hecho universal muy rápidamente, algunas expresiones mantienen su forma anterior al año 71. *I don't have two ha'pennies to rub together* = Yo no tengo dos perras gordas. (*To rub together* literalmente es frotar juntas).

19 Oh, and I must call Maxwell at home — the warehouse switchboard shuts down at the weekend. Have you got his number to hand?

20 — Yes, it's seven-oh-six, three-one-seven two (706 3172). The dialling code's oh-two-one-two (0212).

21 — Thanks, son. Oh, by the way, could you lend me a couple of quid for a taxi? (**10**)

22 Rockefeller was asked how he became a millionaire. — One day, I found a dime on the ground. I used it to buy an apple. (**11**)

23 Then I sold the apple for a quarter. I bought two apples for that, and then sold them at a profit.

24 I would have continued like that, but my father died and I inherited his fortune.

***

EJERCICIOS (En nuestros primeros ejercicios, les hemos presentado cifras y números ; le pedimos que los diga correctamente. Ponga atención a la entonación. Compruebe sus resultados, de preferencia, con ayuda de las grabaciones.) **1.** (N° de teléfono) 0705.376556 **2.** 23,2 %. **3.** $ 216.000 **4.** Saturday 11 March 1989. **5.** TB 1645 **6.** 0,3°.

***

Puesto que la pronunciación de cifras es un problema de crear reflejos, practique con los números de las páginas de este libro, pasando las hojas

19 Oh, y debe llamar [a] Maxwell a [su] casa — el panel de control del almacén se cierra el fin de semana. ¿ Tienes su número a mano ?

20 — Sí, es el siete cero seis, tres uno siete dos (706 3172). El prefijo es el cero dos uno dos (0212).

21 — Gracias, hijo. Oh, a propósito, ¿ pudieras prestarme un par de libras para un taxi ?

22 Se pidió a Rockefeller comentar cómo se había convertido en millonario. — Un día, me encontré diez centavos en el suelo, los utilizé para comprar una manzana.

23 Luego vendí la manzana en venticinco centavos, compré dos manzanas con esta cantidad y luego las vendí con un beneficio.

24 Debiera haber continuado de esa manera, pero mi padre murió y heredé su fortuna.

NOTAS (continuación)

(**10**) *A quid*: expresión de jerga callejera para designar *a pound* cuyo plural es invariablemente *five quid* o *a fiver*. El dólar norteamericano se conoce familiarmente como *a buck*. Observe el plural : *Lend me ten bucks, will you ?* (Ver nuestra N-6 de la lección 14 sobre la utilización de las palabras del argot callejero).

(**11**) El dólar está dividido en *100 cents* (pronunciación : sents). Un cent equivale a *a penny*, cinco *a nickel*, diez *a dime* y veinticinco *a quarter*. *To use the pay-phone, you'll need nickels, dimes and quarters* = Para llamar por un teléfono de cabina, es necesario utilizar monedas de cinco, diez y veinticinco centavos.

***

Exercises **1.** Oh-seven-oh-five, three-seven-six-five-five-six (en inglés GB se puede decir también : double-five-six) **2.** twenty-three point two percent. **3.** two hundred and sixteen thousand dollars. **4.** Saturday the eleventh of March nineteen-eighty-nine. **5.** TB sixteen forty-five o one-six-four-five **6.** nought point three degrees.

***

rápidamente y pronunciandolas en alta voz. Comprobará al cabo de una o dos semanas, los muchos progresos que usted ha realizado.

Fill in the missing words

1. *Hubiera continuado, pero comenzó a llover.*

   I .... but it started to rain.

2. *Quince libras, es lo que él pagó por un par de zapatos.*

   .... pounds .. what he paid for a pair of shoes.

3. *Los beneficios están en alza, y los gastos sobre las inversiones están estabilizados.*

   Profits ... .., and return on investments .. ..

4. *Considere el éxito que ha tenido.*

   .... successful ....

Thirteenth lesson

Let's talk business...

1 Now that we have learned how to become rich, let's look at some expressions concerning money and business. (**1**)
2 Over the Christmas period, the major stores do a roaring trade in consumer goods. (**2**)

NOTAS

(Sería demasiado extenso e inútil comentar todas las expresiones, etc., que encontramos en esta lección. Aquellas que pueden comprenderse sin hacer ningún comentario son traducidas simplemente.)

5. *Reduzca los gastos. No fume más de un cigarrillo por día.*

. . . . on expenses. Smoke one cigarette . . . . !

The missing words

1. Would have continued **2.** Fifteen...is **3.** are up...is steady **4.** Look how...that has been **5.** Cut down...a day

---

Decimotercera lección

Hablemos de negocios

1 Ahora que hemos aprendido cómo hacernos ricos, observemos algunas expresiones relacionadas con el dinero y los negocios.

2 Durante el período de Navidad, los grandes almacenes hacen un gran negocio con los bienes de consumo.

NOTAS (continuación)

(**1**) Practique bien la pronunciación de la palabra *business* — (biz-nes). Viene del adjetivo *busy* (bi-zi). Es importante entenderlo para « conseguir » la buena pronunciación, decimos también que la expresión *pidgin English* viene de la deformación de la palabra *business*, en el inglés chapurreado por los comerciantes chinos.

(**2**) *Over* está utilizado aquí en el sentido de *during*: *over Easter, during Christmas*. No hay diferencia de sentido. *To roar* = rugir, *roaring* = inmenso, grande (uso familiar).

3 Despite a general business slump, electrical household goods are selling like hot cakes. (**3**)

4 Unfortunately, another booming industry at this time of year is shop-lifting...

5 Consumer trends are changing. More and more people are turning away from the High Street (**4**)

6 and doing their shopping in supermarkets, hypermarkets or huge cash-and-carry warehouses. (**5**)

7 — How ever did you afford the new car? — The never-never, old man. I didn't have the ready cash so I bought it on HP. (**6**)

8 A landscape in oils by Turner went under the hammer in New York last night. It fetched a record price of $30,720,000. (**7**)

NOTAS (continuación)

(**3**) *He slumped in his chair* = Él se dejó caer en su silla. *Inflation rose again last moth due to the slump in the dollar*: ... debido a la baja del dólar. *World trade is a slump at the moment* = El comercio mundial está en baja actualmente. Lo contrario de este sentido es : *a/ to boom* (ver frase 4). *Selling like hot cakes* = Se venden como rosquillas sería la frase equivalente en español.

(**4**) La mayor parte de las aldeas inglesas tienen su *High Street* (calle Principal), dedicada a los pequeños comercios. En el argot financiero y periodístico, empleamos *the High Street* como contraposición a las *large companies*, etc. *The Price rises in the High Street have in fact been lower than those in the mayor supermarket chains.* El equivalente norteamericano de la calle comercial es « *Main Street* » y allí se habla de *local stores*.

(**5**) Un buen ejemplo de asonancia (repetición de los mismos sonidos, sobre todo de las letras iniciales) en cuyo caso el inglés es tan rico en estas expresiones.

3 A pesar de un marasmo generalizado en los negocios, los electrodomésticos se venden como « rosquillas ».

4 Desgraciadamente, otra industria en alza en esta época del año es la de robar.

5 Las tendencias de los consumidores cambian. Más y más personas se marchan de los pequeños comercios de High Street

6 y hacen sus compras en los supermercados, hipermercados o en los enormes almacenes « cash-and-carry » de comercio intermediario.

7 — ¿ Como has podido adquirir el nuevo coche ? — [Con] el nunca-jamás, mi viejo [amigo], No tenía el dinero de contado así [que] lo compré utilizando el HP.

8 Un paisaje al óleo de Turner se vendió en una subasta en New York anoche. Alcanzó un precio record de 30.720.000 dólares.

NOTAS (continuación)

A cash-and-carry es un servicio libre (similar a nuestro auto-servicio) en donde se escoge el producto, se paga al contado *(cash)* y se lo lleva el cliente *(carry)*. Simple, ¿ No le parece ? *A warehouse* es un almacén, y viene de la palabra *ware* que quería decir producto. En la actualidad se la encuentra sólo como sufijo, es el caso de *glassware* = la cristalería o *leatherware* = la marroquinería ; y muy evidentemente en los términos famosos de *hardware* y *software*.

(**6**) *To buy something on hire purchase* o *on HP*, equivale a un tipo de compra a crédito donde se alquila el producto por una cantidad determinada con opción a compra para convertirse en propietario del artículo en cuestión. Por el contrario en el término *« leasing »*, el crédito es en arrendamiento, no se llega a ser propietario hasta el final del contrato. Los dos casos citados, se les conoce como *never-never* en el lenguaje familiar y pudieramos decir nunca-jamás significando que no se acaba nunca de pagar...

(**7**) Cuando nos damos cuenta que la expresión *to go under the hammer* quiere decir vender por medio de una pública subasta (*to come under the hammer* = estar vendido...), de repente visualizamos la imagen del martillo del tasador de subasta. El verbo es *to auction (to be auctioned)* y el tasador es the *auctioneer*. La venta en pública subasta = *auction (sale)*.

9 Now is the time to invest in blue chip stock. The market is still bullish but we are promised a bearish trend in the next few days. (**8**)

10 That new computer store in Market Street has just moved into new premises. They must be making a bomb! (**9**)

11 The saloon model is within your price-range but you'll pay through the nose if you want the sports version. (**10**)

12 — I got ripped off when I bought my compact disc player. He charged me well over the odds. (**11**)

13 — Well I wouldn't buy one just now. They cost an arm and a leg. (**12**)

14 There was a small dent in the casing, so the salesman knocked off 10 %.

NOTAS (continuación)

(**8**) El vocabulario del *Stock Exchange* (Bolsa) y de sus *brokers (corredores) es bastante gráfico. He aquí tres ejemplos : blue chip stock* = los valores preferenciales, es decir, que son seguros. (La utilización de *blue* para indicar alguna cosa con relación a la nobleza se encuentra en la expresión *blue blooded* : de sangre azul o perteneciente a la nobleza.) Los orígenes de los términos *bull market* que refleja la marcha optimista o compradora del mercado bursátil y de *bear market* para un mercado pesimista o vendedor se han perdido en el tiempo, pero para recordarlos más fácilmente piense en el fiero y pujante toro de lidia y en el oso, que normalmente duerme y descansa durante el invierno.

(**9**) Existe una diferencia importante entre el inglés de G.B. y el de E.U. en cuanto al significado de *a bomb* (cuidado no se pronuncia la b final). En inglés de G.B., el término se decanta como una actividad muy lucrativa : *He made a bomb on the stock market and retired* = ha hecho una fortuna en la Bolsa y se ha retirado.

9 Es ahora el momento de invertir en las acciones preferenciales. El mercado está todavía en alza y se augura una tendencia a la baja en los próximos días.
10 Esa nueva tienda de informática en Market Street se ha cambiado a nuevos locales. ¡ Deben estar haciendo una fortuna !
11 El modelo berlina está dentro de su gama de precio pero pagará un máximo si desea una versión deportiva.
12 — Me timaron cuando compré mi tocadiscos compacto. Él me cobró por encima de lo normal.
13 — Bien, yo no compraría uno justamente ahora. Cuestan un ojo de la cara.
14 Había un pequeño desperfecto en la cubierta y el vendedor [me] hizo una rebaja del 10 %.

NOTAS (continuación)

En inglés de E.U., la palabra se emplea para una cosa (normalmente una película o una obra) que no ha tenido éxito. *His latest film bombed* = Su última película ha sido un fracaso.

(**10**) *To pay through the nose* = pagar el precio más alto. *You can buy your clothes there if you want, but you'll pay through the nose.* No hay intención de ser deshonesto, sólo de exagerar un poco...

(**11**) *To rip off* es una expresión de jerga callejera, norteamericana en origen pero extendida por todo el mundo, que significa robar : *He ripped off a car* (El ha robado un coche), o más corrientemente se aplica en la forma reflexiva, « ser robado ». *The last time we ate there, we got ripped off* = Nos robaron, la última vez que comimos allí. Además de lo implicado en la expresión arriba mencionada (nota 10), tiene un sentido de estafa. En la forma sustantiva, se emplea *rip off. That new night-club's a real rip-off* = Ese nuevo pub es un verdadero robo. *Over the odds* : por encima de lo normal.

(**12**) *It costs an arm and a leg* ! = ¡ Eso cuesta un ojo de la cara ! es una expresión más bien norteamericana. Un inglés de G.B. diría : *it costs a fortune* (cuesta una fortuna).

15 — He's a lousy manager and yet his company's finances seem in good shape. — Yes, he's got an intelligent sleeping partner. (**13**)

16 That blender I bought from Marshall's broke down three times in a month. I got a real pig in a poke. (**14**)

17 That new bistrot in St. James' Square is fantastic — but don't go there unless you're well-heeled. It costs a mint. (**15**)

18 A company director was advised by his bank manager that he had an overdraft of £ 6,000

19 and that interest would be 22 % per annum. (**16**)

NOTAS (continuación)

(**13**) Aunque *a louse* es un piojo (el verdadero sentido de *lousy* es piojoso), se emplea muy corrientemente (más en los E.U.) para decir simplemente : muy malo. *God, What a lousy weather* ! = ¡ Dios mío, que tiempo más asqueroso ! *To be in good shape* = estar en buena forma.

(**14**) Esta bonita expresión que en nuestros días nos puede parecer un poco rebuscada : *to buy a pig in a poke*, nos recuerda las astucias de los comerciantes de otros tiempos. En el mercado, veíamos los cochinillos a la venta. Cuando se compraba uno, se lo entregaban en una bolsa (*a poke*, era la palabra antigua, emparentada con nuestro bolsillo « *pocket* » del presente). De regreso a casa, se abría la bolsa y aparecía dentro no un cochinillo, sino... un gato (tenemos una expresión parecida, pero muy nuestra que dice, « me dieron gato por liebre »). La frase significa que se ha hecho un mal negocio, que le dieron otra cosa distinta a la que compró. Existe una segunda frase mucho más corriente : *to let the cat out of the bag* = revelar el secreto. *We tried to organize a surprise party, but John let the cat out of the bag* = Hemos tratado de organizar una fiesta sorpresa, pero J. se ha ido de la lengua.

15 — Es un mal director y sin embargo las finanzas de su empresa parecen estar bien saneadas. — Sí, él tiene un socio inteligente.
16 Esa mezcladora que compré en Marshall se rompió tres veces en un mes. Es un verdadero engaño.
17 Esa nueva tasca en la Plaza St. James es fantástica — pero no vayas allí a menos que seas rico: dejarás hasta la camisa.
18 Un director de empresa fué notificado por su director de banco que tenía un descubierto de 6000
19 y que el interés sería del 22 % por año.

NOTAS (continuación)

(**15**) *The Royal Mint*: La Casa de la Moneda. *It costs a mint!* = ¡ Cuesta una pequeña fortuna ! Tenemos también la expresión *in mint condition* = como nuevo, como si hubiera acabado de salir del taller. *The second hand car he bought was really cheap and in mint condition* = El coche de ocasión que el compró era realmente barato y como nuevo.

(**16**) *Per annum* (en latín, por año) se emplea únicamente en los contextos oficiales y de la administración (prospectos, folletos y pequeños anuncios, etc.).

20 The client insisted that he should deposit his Rolls Royce as security. He drove it to the bank and left it in the car park.
21 When he returned to pick up the car a month later, the bank manager asked him why he had insisted on leaving the car as security.
22 — Well I was off on holiday, came the reply, and where else can you get a month's free parking in Central London?

***

EXERCISES 1. — Blue chip shares are selling like hot cakes at the moment. **2.** Yes, and investors are paying through the nose for them! **3.** — Somebody must be making a bomb. — Yes. The stockbrokers. **4.** I was sick for a month, but now I'm in good shape. **5.** He slumped into an armchair and picked up the paper. **6.** That old radio I bought is still in mint condition.

***

Fill in the missing words

1. *Mi suegra viene para quedarse durante las Navidades.*

   My mother-in-law is coming to stay . . . . Christmas.

2. *No compraría uno justamente ahora. Son demasiado caros.*

   I . . . . . . ' . . . . one . . . . They're too expensive.

3. *Traté de mantenerlo en secreto pero ella descubrió el pastel.*

   I tried to keep it a secret but she . . . .

20 El cliente insistió para dejar su Rolls en depósito como garantía. Lo condujo hasta el banco y lo dejó en el aparcamiento.

21 Cuando volvió a recogerlo un mes más tarde, el director del banco le preguntó por qué él había insistido en dejar el coche como garantía.

22 — Bien, estuve fuera de vacaciones, fué la respuesta, y dígame, ¿en qué otro lugar se puede aparcar gratis durante un mes en el centro de Londres?

***

Ejercicios 1. Las acciones preferenciales se venden como « rosquillas » en este momento. **2.** Sí, y los inversores pagan el máximo por ellas. **3.** — Alguien debe estar haciendo una fortuna — Sí, los agentes de bolsa. **4.** Estuve enfermo durante un mes, pero ahora estoy en buena forma. **5.** Él se desplomó en el sillón y cogió el periódico. **6.** Esa vieja radio que compré está todavía como nueva.

***

4. *Ellos no se pueden permitir unas vacaciones este año.*

They . . . ' . . . . . . a holiday this year.

5. *La berlina está dentro de su precio.*

The saloon is . . . . -. . . . .

The missing words

1. over. **2.** wouldn't buy...just now **3.** let the cat out of the bag **4.** can't afford **5.** within your price range.

Fourteenth lesson

REVISION AND NOTES

1 El verbo *to have* nos ofrece un excelente ejemplo de la práctica del inglés, así como la diferencia entre el inglés de G.B. y el que se habla en E.U. Se trata de lo que es « correcto » y lo que es usual : en realidad, existen dos verbos *to have* — como verbo propiamente dicho y como auxiliar. Observe como se utilizan en el caso de frases interrogativas y negativas :

He has a new car
He doesn't have a new car
Does he have a new car ?

She has a cold
She doesn't have a cold
Does she have a cold ?

Acabamos de ver *to have* como verbo principal ; ahora veamos su utilización como auxiliar :

He has bought a car
He hasn't bought a car
Has he bought a car ?

They have seen it
They haven't seen it
Have they seen it ?

Como usted puede constatar, no hay ninguna dificultad. Ahora bien, buen número de ingleses confunden las dos formas y tienen la tendencia a utilizarlo siempre como auxiliar, por lo que tendríamos : *He hasn't a new car*, o bien : *Has he a new car ?*
Entonces ahora, ponga atención... Como las formas *Has he a new car*, etc., son a veces difíciles de comprender, añadimos una palabra *(got)* : ¡ ESA PALABRA NO TIENE SENTIDO PROPIO ! Nos indica simplemente al escucharla que utilizamos el verbo y no el auxiliar.

Has he got a new car ? Has she got a cold ?

Si se analiza, el verbo es *has*; *got* no tiene sentido propio. Esto explica que los ingleses pueden confundir las dos formas, y creen a veces que la forma: *Has she a cold?* es más elegante que *Does she have a cold?*, cuando en realidad, ¡el primer ejemplo es falso y el segundo es correcto! (Antes de decir: ¡Vaya, vaya! piense que los españoles decimos: ¡He estado en París!, en cuyo caso, haber se utiliza como auxiliar.) Así, cuando *have* es un verbo, debe ser tratado como otro verbo (es decir, interrogativo y negativo con *do/does*); cuando es un auxiliar, se modifica con el pronombre. Curiosamente, el inglés de E.U. es más estricto gramaticalmente que el inglés de G.B., y confunde mucho menos las dos formas. Así, si un inglés pregunta a un norteamericano: *Have you got...* la respuesta será: *Yes, I do.* (Es decir, la pregunta debería haber sido: *Do you have...*)

¿Qué le parece? Muy complicado, no, es la diferencia entre el conocimiento teórico y el uso práctico.

2 La utilización del artículo definido es en efecto bastante complicada, y merece que se le preste una atención especial en el estudio de este libro. En esta nota, vamos a referirnos al problema principal: la distinción entre definido/no definido:

(1) *Most people take holidays in July.*

La mayor parte de las gentes (en general) toman vacaciones en julio.

(2) *Most of the people that we met were on holiday.*

La mayor parte de las gentes que nos hemos encontrado estaban de vacaciones.

Usted percibe la diferencia entre los dos ejemplos: en (1) se habla de las gentes en general, sin precisar, mientras que en (2) son las gentes que hemos encontrado. Una regla sencilla: si se puede contestar a la pregunta: el (los) cual (cuales), es necesario añadir el artículo definido. *Most of the people we met.*

Ahora usted dispone de la regla básica. Veamos su aplicación refiriéndonos a la Lección 10, nota 2.

3 *Shall* como auxiliar de la primera persona del singular para formar el futuro. He aquí un buen ejemplo (*I shall go, you will go*, etc.) que por cierto era utilizado antiguamente en la enseñanza del inglés. La distinción era válida en otros tiempos y se encuentra en ciertos libros antiguos, ¡pero las contracciones lo han cambiado todo! En efecto, ¿*I'll* es la contracción de *I shall* o de *I will*? Hoy en día, *I will* se ha hecho la norma. Se enseñaba hace años que *shall* se empleaba para el caso de un futuro « decisivo » o promesa formal y seria (usted lo hará, sin duda alguna). Esta forma no existe hoy en este sentido, sino en el caso de un lenguaje jurídico y oficial en cuyo caso *shall* conlleva una idea de obligación. En los aviones se puede leer *This curtain shall be closed before take off* = Esta cortina deberá cerrarse antes del despegue. En nuestro ejemplo (en la lección 9) el profeta nos dice que el león y el cordero deben dormir juntos.

4 Sí, ¡el cricket forma parte de la práctica! Existe la creencia que es imposible de explicar el reglamento, sin embargo, ¡no hay nada más simple! Dos equipos compuestos por once jugadores defienden, cada uno a su manera, unos espacios definidos por tres señales de madera en el terreno. Los puntos son marcados por los bateadores, que corren entre las dos marcas señaladas en el terreno; cuando un bateador envía la pelota hasta los límites del terreno de juego puede marcar entre cuatro y seis puntos. El bateador queda eliminado cuando la señal de madera es golpeada y se derrumba o cuando la pelota es atrapada en el aire por un jugador del equipo contrario. Normalmente cada equipo juega dos mangas en un partido; cuando se juega en defensa se dice que está *in*, y sus adversarios tratan de ponerle fuera de combate, es decir *out*. ! Fácil no le parece! « *the ins and outs of a problem* » son los pormenores, las ventajas y las desventajas o inconvenientes de un problema.

5 Cuando se comienza a conocer bien una lengua, nos interesa estudiar su parte familiar, su jerga callejera. Y es entonces cuando debemos prestar más atención, porque la utilización de estos términos y expresiones implica que se pertenece a cierto grupo o comunidad lingüística. Ahora bien, para un extranjero, esto puede ser muy delicado porque justamente, él no pertenece a dicha comunidad. Por lo tanto, a menos que se tenga un excelente dominio del idioma y la pronunciación, puede parecer ridículo o grosero. Así, si les presentamos en este libro un cierto número de palabras del argot popular que son más « usuales », es con el propósito de que las reconozcan y las comprendan y no para que las utilicen. La palabra *bloody* se utiliza a menudo en el inglés que se habla en G.B. en lugar del adjetivo para reforzar el sentido de un sentimiento, en lugar del *very* o simplemente para indicar dureza o grosería : *the bloody match* = el encarnizado partido. La palabra, como muchas otras, es considerada como vulgar a causa de su origen religioso (la sangre en cuestión era la sangre de Cristo). Ver también la lección 27.

NOTAS PERSONALES :

Fifteenth lesson

You Tarzan, Me Jane — I think... (1)

1 Is " doctor " masculine or feminine? Can a " chairman " be a woman? (**N 1**)
2 Gender — or dividing nouns into masculine, feminine and neuter —
3 used to exist in Old English but gradually the notion disappeared, making matters much simpler.
4 Life is so much easier when language is unisex!
5 Of course, there are still relics from the past — and some words have an automatic connotation of gender:
6 we tend to see a doctor as a man and a nurse as a woman — although the opposite is often true. (**2**)
7 Certain words automatically have the gender-ending " -man ".
8 Changes in society and wider sharing of jobs between the sexes have led to the restrictive use of " -man " words becoming outdated. (**3**)

NOTAS

(**1**) *Me Tarzan, you Jane* es una de las frases míticas que constituye un hito en la historia del cine y que forma parte de la cultura popular. La frase tiene su origen en la célebre película *Tarzan of the Apes*; se la cita a menudo para indicar la falta de conocimiento de un idioma.

(**2**) *Nurse* es un buen ejemplo del intercambio entre las lenguas inglesa — francesa. Originalmente viene de la palabra francesa nourrice (nodriza). El término atravesó el Canal de la Mancha y se convirtió en *nurse* tomando el sentido de enfermera. El francés

Decimo quinta lección

Tu Tarzan, yo Jane. — Me parece...

1 ¿ Es « doctor » masculino o femenino ? ¿ Un presidente (chairman) puede ser una mujer ?
2 El género — hacer la separación de los nombres en masculino, femenino y neutro —
3 existía tiempo atrás en el inglés antiguo, pero poco a poco la noción desapareció, haciendo las cosas mucho más simples.
4 La vida es mucho más fácil cuando el idioma es uni-sex...
5 Por supuesto, existen todavía reliquias del pasado — y algunas palabras tienen una connotación automática del généro :
6 tenemos la tendencia a ver a un doctor como un hombre y a una enfermera como una mujer — aunque lo contrario es algunas veces cierto.
7 Algunas palabras, automáticamente, tienen una terminación específica para el género « *-man* ».
8 Los cambios en la sociedad y un más amplio reparto de los empleos entre los sexos han influído en la utilización restrictiva de las palabras que terminan en « *-man* » convirtiéndolas en anticuadas.

ACTIVITY USUALLY SLOWS DOWN IN AUGUST

NOTAS (continuación)

la recuperó más tarde para aplicarla a la empleada del hogar que se ocupa del cuidado de los niños.

(3) *Outdated*: anticuado. *That style is very outdated.* Otro verbo compuesto formado con date es *to update*: poner al día, actualizar, modernizar. *The information is updated every three months* = La información es actualizada cada tres meses.

9 This sometimes gives us hilarious incongruities such as:

10 — His wife is a woman policeman, or,
— John is a nurse but he's a man!

11 The first tendency was to differentiate between the sexes — policewoman, male nurse, house-husband and so on.

12 But over the last decade, often due to the influence of feminist movements, (**4**)

13 many words have become all-embracing. Nurse and doctor exist without prefix or suffix,

14 even Prime Minister and President no longer have a strictly male connotation!

15 Some excesses were also committed — " man " became " person " in expressions like " fireperson " or " personhole ", (**5**)

16 but it got a little out of hand when words like " personager " began appearing in the place of " manager "! (**6**)

17 Today's movement is more balanced, tending towards words like " the chair " (instead of " chairman " or " chairperson ")

18 which is, I suppose, neuter... and takes us back to where we started!

19 A young man was filling in a job application form. (**7**)

NOTAS (continuación)

(**4**) *A decade* = una década (10 años) tiene el mismo significado en español.

(**5**) ¡ Es cierto ! Ha existido una tentativa demasiado exagerada de llevar la discriminación sexual hasta extremismos muy marcados pero afortunadamente la razón ha prevalecido y se siguen utilizando los

9 Esto provoca incongruencias hilarantes tales como :

10 — Su esposa es « una mujer » policía o — John es un enfermero « hombre ».

11 La primer tendencia era diferenciar los sexos — *policewoman* (mujer policía) *male nurse* (hombre enfermero), *house-husband*, « doméstico » (hombre) y así muchos más.

12 Pero en la última década, debido muy frecuentemente a la influencia de los movimientos feministas,

13 muchas palabras han dado origen a otras palabras que engloban todo. La enfermera y el doctor existen sin prefijos o sufijos,

14 sucede igual en el caso de Primer Ministro y Presidente ¡ no tienen ya una connotación estrictamente masculina !

15 También se cometieron algunos excesos — « *man* » se convirtió en « *person* » como es el caso de expresiones comunes como « *fireperson* » (bombero) o « *person-hole* » (registro),

16 pero las cosas se descontrolaron excesivamente cuando palabras como « *personager* » comenzaron a utilizarse en lugar de « *manager* ».

17 La tendencia de hoy es mucho más equilibrada, se utilizan palabras como : « *the chair* » (en lugar de « *chairman* » o « *chairperson* »)

18 la cual es, supongo, neutra,... ¡ y nos vuelve a llevar al punto de partida !

19 Un jóven (hombre) estaba rellenando un impreso de solicitud para un puesto de trabajo.

NOTAS (continuación)

términos *fireman* (bombero) y *man-hole* (registro = hueco en el suelo o en una pared por donde se puede llegar a una instalación oculta) así como otros del mismo estilo y que permanecen tal cual en el presente.

(**6**) *To get out of hand* : hacerse incontrolable/incontrolado. *When the rugby team arrived, the situation really got out of hand* = Cuando el equipo de rugby llegó, la situación se hizo incontrolable. *Things always get out of hand on Friday afternoons* = Las cosas siempre se hacen incontrolables los viernes por la tarde.

(**7**) *To fill in a form* = rellenar un impreso, se dice también *to fill out* sin que cambie para nada el sentido, constituyendo una incongruencia anglo-sajona, más.

20 He had no difficulty with headings like " Name " " Age " and " Address "
21 but when it came to " Sex ", he thought for a moment and wrote:
22 — Occasionally.

***

EXERCISES 1. The meeting started at ten o'clock with Mr Helprin as chair. **2.** The marketing director has asked for weekly updates of the sales reports. **3.** Activity usually slows down in August, although the opposite was true last year. **4.** How much simpler it is now that we all have computers on our desks! **5.** Kindly fill out the form and send it back with a photograph and a cheque for thirty pounds. **6.** More and more policewomen are being attacked in robberies in that area of London.

***

Fill in the missing words

1. *Ese modelo existía antaño, pero ahora está anticuado.*

That model .... but now it's ....

2. *El vendedor ha renunciado, haciendo así las cosas más simples.*

The salesman has resigned, thus .... much ....

3. *Las gentes bebieron mucho y la fiesta se descontroló.*

People had too much to drink and the party ... ...

20 Él no tuvo ninguna dificultad en las secciones con títulos como « Nombre » « Edad » y « Dirección »,
21 pero cuando llegó a « sexo », reflexionó por un momento y escribió :
22 Ocasionalmente.

***

Ejercicios 1. La reunión comenzó a las diez en punto con el Sr. Helprin como presidente. **2.** El director de « marketing » solicitó los informes de ventas en resúmenes semanales. **3.** La actividad normalmente desciende en Agosto, aunque el año pasado sucedió lo contrario. **4.** Es mucho más simple ahora que todos tenemos ordenadores en nuestras mesas de trabajo. **5.** Sírvase rellenar el impreso y devolverlo con una fotografía y un talón bancario por treinta libras. **6.** Más y más agentes de policía femeninos están siendo atacados en robos ocurridos en esa zona de Londres.

***

4. *En la última década, las mujeres han obtenido una mayor igualdad.*

...., women have gained greater equality.

5. *Los cambios en la sociedad han conducido a una mayor movilidad.*

Changes in society .... greater mobility.

The missing words

1. used to exist...outdated **2.** making matters...simpler **3.** got out of hand **4.** Over the last decade **5.** have led to

Sixteenth lesson

Little words mean so much

1 This lesson will require a little patience — and a lot of indulgence, since the use of prepositions is often arbitrary
2 and the only way to ensure being correct is often to accept without asking why!
3 Look at the examples below and look for the difference in meaning between the two forms in each sentence.
4 — You can ask me all the questions you want, but don't ask me for money. (**1**)
5 — He said that he had been working late at the office but I didn't believe him. I don't believe in fairies! (**2**)
6 — I think of her all the time. — What do you think about the plan to build a by-pass around the village? (**3**)
7 — Excuse me sir, we're closing. Would you mind paying for your drinks? — I'll get this, Mike. You paid the bill in the café. (**4**)

NOTAS

(Como la unión verbo + preposición es una cosa inmutable, intentamos explicárselo presentándole un cierto número de ejemplos — sin traducción cuando el significado es sencillo — así usted se aprenderá rápidamente esas combinaciones de palabras. Pronuncie los ejemplos en voz alta.)

(**1**) *You ask someone something BUT you ask someone for money, or help.* ¡ Atención ! Cuando usted pide algo a alguien, no se utiliza la preposición en inglés.

Decimo sexta lección

Las pequeñas palabras son muy importantes

1 Esta lección requerirá un poco de paciencia — y mucha flexibilidad, ya que la utilización de las preposiciones es algunas veces arbitraria
2 y la mejor manera de garantizar que se está en lo cierto es algunas veces aceptar sin preguntar ¡ por qué !
3 Observe los ejemplos [citados] más abajo y busque la diferencia en el significado entre las dos formas en cada frase.
4 — Usted puede hacerme todas las preguntas que quiera, pero no me pida dinero.
5 — Él dijo que trabajaba hasta tarde en la oficina pero yo no le creí, ¡ No creo en cuentos de hadas !
6 — Pienso en ella todo el tiempo. — ¿ Qué piensas sobre el proyecto para construir una circunvalación alrededor de la ciudad ?
7 — Perdóneme Señor, vamos a cerrar... ¿ Le importaría pagar sus consumiciones ? — Soy yo el que invita, Mike. Tu pagaste la cuenta en el café.

NOTAS (continuación)

(**2**) *You believe someone, or what someone says* (para usted es la verdad) *BUT you believe in God or fairies.* La expresión citada aquí, *I don't believe in fairies* es irónica, como si usted dijera : « ¿ Por quién me toma ? »

(**3**) *Think of* y *think about* tienen, a menudo, el mismo significado ; sin embargo, existe una distinción : *to think about* tiene también sentido de reflexionar, de pensar durante un cierto tiempo. Decimos *Don't make up your mind straight away. Think about it for a bit* = No tome una decisión inmediatamente. Reflexione. Podemos también oir *to think something over*, que tiene el mismo sentido.

(**4**) *You pay someone, you pay a bill, you pay a debt BUT you pay FOR something. I'll pay you for the work you did last week.* Atención a este ejemplo idiomático : *I'll buy you a drink* = Voy a invitarle a una copa.

8 The security guards searched the suitcases thoroughly — they even used sniffer dogs. Apparently, they were searching for drugs. (**5**) (**6**)

9 — ...and we remind members of the audience not to shout the answer. — Don't shout at your children, try and reason with them.

10 The manager has been sick with the 'flu for a week. — I'm sick of wasting time in traffic jams. I'll take the Tube. (**7**) (**8**). (**N2**)

11 He's a terrible hunter: he shoots at anything that moves. Last week, he shot one of the beaters in the foot. (**9**)

LITTLE WORDS MEAN SO MUCH

NOTAS (continuación)

(**5**) *You search a house*, a suitcase or a person BUT you are searching FOR your keys or for hidden treasure. El verbo *to search* tiene un sentido más profundo que *to look for* — nos da la idea de registrar (inspeccionar) la casa, buscar el pasajero, etc. En ese contexto figurado, se oye también *to hunt : I've hunted all over for my glasses. Where on earth did I put them ?* =... ¿ dónde diablos los he puesto ? (*to hunt* = cazar).

(**6**) *A sniffer-dog* = un perro rastreador, que está amaestrado para oler las *controlled substances* (argot utilizado oficialmente para denominar a las drogas). La

8 Los guardias de seguridad examinaron las maletas a fondo — incluso emplearon los perros rastreadores. Aparentemente, ellos buscaban drogas.
9 — ... y le recordamos al público no gritar la respuesta. — No riñas a tus niños, intenta razonar con ellos.
10 El Director estuvo una semana con gripe. — Estoy harto de perder el tiempo en atascos del tráfico. Tomaré el metro.
11 Es un mal cazador ; dispara a cualquier cosa que se mueve. La semana pasada le disparó un tiro en un pie a un ojeador.

NOTAS (continuación)

palabra viene del verbo *to sniff* = oler, husmear. En otro tiempo, se utilizó *snuff*: se refiere al tabaco rapé.

(**7**) *You are sick/ill with something BUT you are sick OF doing the same job, of your boss, etc. To be sick of* = estar harto de alguna cosa.

(**8**) *The Underground* (metro londinense) se llama más familiarmente *the Tube*. En una campaña de publicidad para estimular a los londinenses a tomar el metro para ir al teatro, se puede leer en un anuncio publicitario la frase *¡ tu be or not tu be !* ¡Piénselo ! En New York, el metro se llama *the subway : You take the Tube but you ride the subway*. En otras ciudades, los nombres de los sistemas son diferentes. En Newcastle (G.B.), se llama *Metro* y en San Francisco, *the BART* sigla de *Bay Area Rapid Transit*. El vehículo que lleva los viajeros desde el campus de Berkeley a la estación se llama *Humphrey Go Bart* (¿ quién dice que no hacemos chistes acerca de los transportes colectivos ?) En Washington el sistema se llama *Metro*.

(**9**) *You shoot AT something or someone (in the direction of...)*. *If you hit the target*, (dar en el blanco) *you shoot it*. Se lee en los periódicos : *He was shot dead* para explicar que la victima murió por un disparo, mientras que *He was shot* no nos indica si está o no todavía en este mundo. Lo mismo ocurre con *to stab* = apuñalar. *The mob stabbed the policeman to death* = la multitud apuñaló al policía matándole. En el argot americano, *to shoot oneself in the foot* indica de forma humorística como se ha hecho una declaración estrepitosa que ha perjudicado al que la ha hecho, la expresión viene del *Far West* (el *cowboy* que desenvaina su revolver demasiado rápido) ¡ Qué bella imagen !

12 When he was young, he used to dream of becoming president. — Last night I dreamed of the house we used to spend our holidays in. (**10**) (**11**)

13 Ah! Did you notice that we ended that sentence with a preposition?

14 Some writers say that this is " incorrect " but it is also the most common form of expression — and far less formal than the alternative. (**N3**)

15 Look: Here's the article about which I was telling you, or: Here's the article which I was telling you about.

16 Or even more simply: Here's the article I was telling you about. Don't worry! Nothing else disappears.

17 In our next lesson, we will see some more examples of this simple and idiomatic way of constructing sentences.

18 A zealous speech-writer once modified one of Winston Churchill's speeches to " tidy up " any prepositions at the ends of sentences.

19 Churchill was a great wielder of the English language and this overly formal style annoyed him.

20 Changing all his sentences back to their original form, prepositions and all, he growled (**12**)

NOTAS (continuación)

(**10**) No confunda *I used the car every day for a month* = Yo utilicé el coche todos los días durante un mes con *I used to drive a convertible* = En otro tiempo, yo conducía un descapotable. La expresión *used to* (pron : iustu) + verbo infinitivo sin *to* es invariable e indica

12 Cuando él era joven, soñaba con hacerse presidente. — Anoche soñé con la casa donde pasábamos nuestras vacaciones, hace años.
13 ¡ Ah ! ¿ Se dió cuenta que terminamos esa frase con una preposición ?
14 Ciertos escritores dicen que esto es « incorrecto », pero es también la forma de expresión más común — y mucho menos formal que la alternativa.
15 Mire : Aquí está el artículo del que le he hablado.
16 O, aún más simplemente : Aquí está el artículo acerca del cual te hablé. ¡ No se preocupe ! Ninguna otra cosa desaparece.
17 En nuestra próxima lección, veremos algunos otros ejemplos de esta manera simple e idiomática de construir las frases.
18 Un afamado redactor en una ocasión modificó un discurso de Winston Churchill para « poner en orden » las preposiciones al final de las frases.
19 Churchill manejaba formidablemente bien la lengua inglesa y aquel estilo exageradamente formal le molestó.
20 Cambiando todas las frases a su forma original, incluyendo las preposiciones, gruño :

NOTAS (continuación)

una costumbre que se ha perdido. Una tercera utilización de *to use* será examinada más adelante.

(**11**) *To dream* (soñar), en inglés británico puede ser regular en pasado (*I dreamed*) o irregular (*I dreamt*) sin cambiar para nada su sentido. Sucede lo mismo con otros verbos como *to light* (alumbrar, dar luz) : *I lighted* o *I lit* y *to burn* (quemar) *I burned* o *I burnt*. El inglés americano utiliza siempre la forma regular.

(**12**) Observe la facilidad del inglés para incorporar dos significados en un solo verbo. Hemos visto anteriormente que *to drive* = ir en coche, conducir, *to walk* = ir a pie, andar y más recientemente, *to trudge* = marchar penosamente, con dificultad. También es cierto para las formas de hablar. *To growl* : es un perro que gruñe. Aquí, podríamos traducirlo por : hablar de forma amenazadora. Es a la vez gráfica y económica. Otro ejemplo : — *Don't hit me, he whimpered* (*to whimper* = lloriquear) = No me pegues, dijo él con voz lloriqueona. Es un estilo a menudo utilizado para describir situaciones cuando se utiliza el idioma escrito. Veremos más tarde, en las lecciones 37 y 38, otros ejemplos que indican esa extraordinaria plasticidad.

21 — This is the kind of English up with which I will not put! (**13**)

(Nota : la traducción evidentemente no puede destacar todos los matices de la construcción)

***

EXERCISES 1. The laboratory has asked for more samples. I wonder why. **2.** I've hunted everywhere for those notes, but I can't find them. **3.** He tripped over a fallen branch and shot himself in the leg. **4.** If we follow the A 26, we can by-pass the town centre. **5.** Would you mind finishing your drink ? I'm closing. **6.** The dog whimpered in pain.

***

Fill in the missing words

1. — *¿ Cree Usted en Dios ? No, yo soy ateo.*

— Do you . . . . God ? — No, I'm an atheist.

2. *El cazador disparó en dirección del jabalí.*

The hunter . . . . . . the boar.

3. *Deja. Yo soy el que paga.*

Here, I'll . . . . . . this.

4. *¿ Qué opina acerca de la nueva secretaria ?*

What do you . . . . the new secretary ?

5. *Esta es la clase de inglés que no toleraré.*

This is the kind of English which I will not . . . .

21 — Esta es la clase de inglés que no toleraré (sarcástico).

NOTAS (continuación)

(**13**) Es en efecto una respuesta sarcástica. Elegir *to put up with* por soportar (en lugar de *to tolerate*) indica que se utiliza más en conversación. Ahora bien, el hecho de unir las preposiciones en estilo formal hace la frase ridícula aunque « correcta ». La forma más conveniente se encuentra en los ejercicios para rellenar los espacios en blanco. ¡ Le toca a usted !

***

Ejercicios 1. El laboratorio ha solicitado más muestras. Me pregunto porqué. **2.** He buscado esas notas por todas partes, pero no las puedo encontrar. **3.** Tropezó con una rama caída en el suelo y se disparó un tiro en la pierna. **4.** Si seguimos la carretera A-26, podemos circunvalar el centro de la ciudad. **5.** ¿ Le importaría terminar su consumición ? Voy a cerrar. **6.** El perro gemía de dolor.

***

The missing words

1. believe in. **2.** shot at **3.** pay for **4.** think of **5.** put up with.

NOTAS PERSONALES :

Seventeenth lesson

Statistics

1 The results of the latest Gallup poll into the health of the nation indicate that 100 % of all people who catch 'flu die. (**1**)
2 Read this and you will probably run to the chemist's in panic to stock your medicine cabinet with the latest patent cures, (**2**) (**3**)
3 unless you stop and think it over. (**4**)
4 Have you noticed that, today, we are bombarded with statistics from all sides?
5 Politicians, advertisers, the media — even the church — will tell you, uninvited, the latest figures or percentage points.
6 They often use them as a drunk uses a lamp post: for support rather than for illumination, (**5**)

NOTAS

(**1**) *Tenemos la tendencia, a ambos lados del Atlántico, a utilizar el término Gallup poll* para referirnos a una encuesta de opinión cuando la expresión exacta es *opinión poll.* En efecto, George Gallup (1901-1986) fué el primero que organizó de forma científica la encuesta de opinión pública. Su primer gran éxito fué predecir la victoria de Franklin D. Roosevelt en 1936. En nuestros días, existe un gran número de empresas que realizan sondeos de opinión pero el nombre de Gallup sigue siendo célebre.

(**2**) *Chemist* = un químico (observe la pronunciación KE-mist) ; en G.B., utilizamos también la palabra para designar a un farmacéutico, aunque el término exacto sea *pharmacist. To go to the chemist'* = ir a la farmacia. En los E.U. a un farmacéutico se le llama *a drugist* y se dice *to go to the drugstore.*

(**3**) *A patent* = una patente. La expresión *to take out a*

Decimo septima lección

Las estadísticas

1 Los resultados de la última encuesta Gallup sobre la salud de la nación indican que mueren el 100 % de las personas que contraen una gripe.
2 Lea esto y probablemente irá corriendo alarmado a la farmacia para surtir su botiquín con los últimos medicamentos milagrosos,
3 a menos que se detenga a reflexionar.
4 ¿ Se ha dado cuenta que hoy día nos bombardean con estadísticas por todos lados ?
5 Los políticos, la publicidad, los medios de comunicación — incluso la iglesia — le dirán, sin haber sido invitados [a opinar], las últimas cifras o porcentajes.
6 Suelen utilizarlos del mismo modo que un borracho utiliza un poste del alumbrado : para apoyarse más que para alumbrarse,

NOTAS (continuación)

patent es cada vez más reemplazada por el verbo *to patent. A patent medicine* (E.U. *generic drug*) es un medicamento conocido por su nombre comercial. Atención a la pronunciación : MED-sin. En el caso de algunos productos manufacturados podemos leer *PAT.pending* que quiere decir que el registro de la patente está aún pendiente.

(**4**) *To think something over* = reflexionar sobre algo. *Don't decide now. Think it over for a few days.*

(**5**) Una excepción a la regla de los adjetivos sustantivos. Por ejemplo, los pobres — *the poor*, pero un pobre nos obliga a decir *a poor person* (o a cambiar la frase de otra manera) mientras que con *drunk* (borracho) se puede decir *a drunk*.

7 and we obediently read them in amazement, slap our foreheads and exclaim — Oh, no!, or — Fancy that! (**6**)

8 Doctor Johnson must have seen the writing on the wall two hundred years ago when he exclaimed: (**7**)

9 — There are lies, then greater lies... then statistics!

10 Take the case of the Birmingham woman who, in her first two years of marriage, gave birth to two children (**8**)

11 but avoided having a baby in the third year because she had read in the papers

12 that one person in three in Birmingham ended up before the courts.

13 This mania for figures is well illustrated in the following extract from a court hearing:

14 — Now Mrs Ivers, the collision occurred at the junction of Church Road and Bedford Gardens. How far away were you?

NOTAS (continuación)

(**6**) La palabra *fancy* tiene diferentes significados. Como adjetivo expresa fantasía. *Fancy dress* = disfraz para una fiesta. *Fancy cakes* = pasteles de lujo, etc. La utilización puede ser peyorativa cuando *fancy* es lo contrario de simple, común. *I'm not paying any fancy prices* = precios exagerados. El sentido propio del verbo (imaginarse) se pierde cada vez más, pero lo encontramos nuevamente en ciertas exclamaciones de sorpresa — y es esa utilización la que queremos subrayar : *Fancy Michael getting married so quickly*! = ¡ Quién podría imaginarse que M. se casaría tan rápidamente ! *Fancy driving sixty miles just to go to a party !* = ¡ Vaya ocurrencia hacer 60 millas justo para asistir a una fiesta ! Así pues, *fancy* se encuentra al principio de la frase y el verbo termina en *-ing* (*Fancy that !* ¡ Qué idea ! — pero en el lenguaje familiar se

7 y nosotros, obedientemente, los leímos, asombrados, nos golpeamos la frente y exclamamos — ¡ Oh no !, o bien ¡ No me diga !
8 El Dr. Johnson debió haber visto las palabras escritas en la pared hace doscientos años cuando exclamó :
9 — Existen las mentiras, seguidas de mentiras más grandes... ¡ y al final, las estadísticas !
10 Tomemos el caso de la mujer de Birmingham que, en sus dos primeros años de casada, dió a luz a dos niños
11 pero evitó tener un bebé en el tercer año debido a que leyó en los periódicos
12 que una persona de cada tres en Birmingham terminaba ante los tribunales.
13 Esta manía por las cifras se ilustra muy bien en el extracto siguiente de una audiencia en los tribunales :
14 — Entonces, Señora Ivers, el choque ocurrió en el cruce de Church Road y Bedford Gardens. ¿ A qué distancia estaba usted ?

NOTAS (continuación)

puede encontrar *I don't fancy that* = No se me ocurre semejante idea).

(**7**) *To see the writing on the wall.* La expresión es de origen bíblico — se trata de las palabras escritas con letras de fuego en el muro del salón donde Baltasar celebraba su última orgía, que le permitieron al profeta Daniel predecir la destrucción de Babilonia. En nuestros días, sin dramatismos, damos la noción del fin inminente de alguna cosa o presagiamos algo. *He is leaving his firm. He must have seen the writing on the wall* = él debió ver lo que el porvenir le reservaba (ya sea a él o a la compañía). *The good life can't last long. With the new government, the writing's on the wall* = el fin está próximo.

(**8**) *To give birth to* es un giro un poco elaborado. Nosotros diríamos en el lenguaje corriente *she had two children.* De todas formas, encontramos la expresión en sentido figurado ; por ejemplo, *Computers have given birth to a new technological era.* Al mismo tiempo recordamos que nacer (sentido intransitivo) se dice *to be born* y que el pasado se conjuga con *was/were : When were you born ?*

15 — Fifty four yards (54 yds), two feet (2 ft) and three inches (3 ins), m'lud. (**9**) (**10**)
16 — You are very precise, madam. Did you measure the distance?
17 — Yes, m'lud. — And may I ask why?
18 — Because I knew some idiot would ask me... m'lud. (**11**)
19 But, when all is said and done, it is often better to be ignorant of figures.
20 It was recently calculated that the Lord's Prayer contains fifty six words, the Ten Commandments has two hundred and ninety seven, (**12**) (**13**)
21 The American Declaration of Independence has three hundred — but a recent EEC directive
22 on the import of caramel and caramel products needed twenty six thousand nine hundred and eleven words.
23 Would anyone care to calculate the percentage of inflation?

NOTAS (continuación)

(**9**) Aunque en ciertos contextos los Anglo-sajones se esfuerzan (al menos dicen esforzarse) en « utilizar el sistema métrico », podemos apostar en gordo que su sistema llegará a viejo ; así observamos que *an inch* = 2,5 cm, y que doce *inches* hacen *a foot* (abreviado : ft) = 0,91 cm ; una milla equivale a 1,6 km. Observe esas expresiones referidas al tamaño de las personas : *She's five feet four* O *five foot four. The new player was a broad six-footer from Chicago* (él medía 1,80 m y era ancho de espaldas). Observemos sin embargo que la industria ha adoptado ampliamente el sistema métrico.

(**10**) Nos dirigimos a un juez con la expresión *My Lord* ; el uso y un cierto acento snob deformaron esto en *milud.*

15 — Cincuenta y cuatro yardas (50 m), dos pies (0,6 m) y tres pulgadas (7,6 cm), Señor Juez.
16 — Usted es muy precisa, Señora. ¿ Midió la distancia ?
17 — Sí, Señor Juez. — ¿ Y puedo preguntarle por qué ?
18 — Porque sabía que algún idiota me preguntaría... Señor Juez.
19 Pero, a la larga, algunas veces es mejor ignorar las cifras.
20 Se calculó recientemente que el Padre Nuestro contiene cincuenta y seis palabras ; los Diez Mandamientos tienen doscientas noventa y siete.
21 La Declaración de Independencia Americana contiene trescientas — pero una directiva reciente de la CEE
22 sobre la importación de caramelo y los productos derivados del caramelo necesitó veintiseis mil novecientas once palabras.
23 ¿ Se preocuparía alguien de calcular el porcentaje de inflación ?

NOTAS (continuación)

En los E.U. la fórmula es *Your Honor* (observe que en G.B. se escribe *honour*). Esto le ayudará a comprender mejor el cine negro anglo-americano que nosotros le recomendamos vivamente... en versión original por supuesto.

(**11**) Observe el empleo de *some. Some idiot has lost the car kays* (un idiota cualquiera). Se puede encontrar sobre todo en las expresiones de enojo. *I left the cake on the table and some glutton ate it* (*glutton* = glotón).

(**12**) *The Lord's Prayer* = Pater Noster (« Padre Nuestro, que estás en los cielos »). Para comprenderlo tomemos como ejemplo la vieja forma de tutear *thy name* (Tu nombre) *thy will* (Tu voluntad), la forma pronominal *thou*, y los acusativos y dativos *thee* que hemos estudiado en la lección 7.

(**13**) Encontramos el *thou* también en los ¡ Diez Mandamientos ! Observe que el verbo está en singular, porque se considera el conjunto de los diez mandamientos como una sola cosa (ver lección 12). Se dice que hay un onceno Mandamiento *Thou shalt not get found out* — Tú no te dejarás coger, así la expresión *He broke the eleventh Commandment* que quiere decir que no ha tomado las precauciones debidas y que se dejó sorprender.

EXERCISES 1. If you stop and think it over, his salary is quite low. **2.** You can count on my full suport for the project. **3.** — Car in the garage again? — Yes. Some idiot ran into the back of me at a traffic light. **4.** Would anyone care for another drink? **5.** Can you buy medicines from a chemist's without a prescription in America? **6.** No, but we can buy them from the drugstore.

***

Fill in the missing words

1. *¿Quién se imaginaba que Margaret se casaría sin decírselo a nadie?*

..... Margaret .... married without telling anyone.

2. *Una persona de cada cuatro termina en la cárcel.*

... person .. four .... .. in prison.

3. *No puede durar. Está claro como la luz del día.*

It can't last. The .... is .. ..

Eighteenth lesson

Put it at the end...

1 — It looks like it's going to rain. There goes our picnic. — That's what I was afraid of. (**1**)

2 — What are you looking for? — The plane schedule. I want to know what time we arrive. (**2**)

NOTAS

(**1**) *The children are awake. There goes our lie-in* = Los niños se han despertado. No se nos van a pegar las sábanas. *There goes...* seguido de un nombre indica que se dice adiós a alguna cosa que uno posee, o

Ejercicios 1. Si usted se detiene a reflexionar, el salario de él es bastante bajo. **2.** Usted puede contar con mi apoyo absoluto para el proyecto. **3.** — ¿ De nuevo el coche en el taller ? — Sí un idiota me pegó por detrás en un semáforo. **4.** ¿ Le apetecería a alguien otra copa ? **5.** ¿ Puede uno comprar medicamentos en la farmacia (G.B.) sin receta médica en América ? **6.** No, pero podemos comprarlos en el drugstore (farmacia en E.U.).

***

4. *¿ Cuándo nació usted ?*

When .... ?

5. *El debió ver lo que iba a pasar.*

He .... what was going to happen.

The missing words

1. Fancy...getting **2.** One...in...ends up **3.** writing...on the wall **4.** were you born **5.** must have seen

---

Decimo octava lección

Colóquelo al final...

1 — Parece que va a llover. Adiós a nuestro picnic — Eso era lo que me temía.
2 — ¿ Qué buscas ? — El itinerario de los aviones. Quiero saber a que hora llegamos.

NOTAS (continuación)

que se espera lograr. *Damn ! Another bill ! There goes the new car.*

(**2**) En lugar de poner la preposición al final, aquí nosotros decididamente le suprimimos. Es difícil de entender *At what time... ?*, se puede admitir *What time do we arrive at ?* pero la forma más corriente es *What time do we arrive ?* Observe que cuando no se trata de una pregunta : *I want to know what time we arrive*, no se pone el auxiliar de interrogación después de *what*.

3 — Did you know that Simon got married last month? — No. Who to? (**3**) (**N4**)

4 — Don't you like New York? — Sure, but it's too exhausting to live in. (**4**)

5 — I'd give you his address if I could find something to write with. — Here, use my pen. (**5**)

6 — Many people are afraid to speak a foreign language because they hate being laughed at. — That's no excuse.

7 — I saw that new psychological thriller at the movies last night. — Well, what was it like? — I don't even know what it was about. (**6**)

8 — What's the matter? What are you crying for? — Nothing. I've just peeled two pounds of onions.

9 — I won't be here on Saturday. Can we put the party off till next week? — Why do you want to put it off? We'll have it without you. (**7**)

10 — Don't throw away the wrapper. There's a coupon on it. — You know I never throw things away. (**8**)

NOTAS (continuación)

(**3**) Atención a las dos formas : *Simón got married to Judy* y *Simón married Judy* (S. se casó con J.). Sin embargo, puesto que *to marry* puede igualmente significar « casar a alguien » (*Simón married his daughter* = S. casó a su hija), nosotros preferimos la forma con *get* cuando se trata « de casarse » con alguien.

(**4**) *Sure* : el inglés americano para responder afirmativamente a una pregunta (escuchamos también *Sure thing !*). Un británico más bien diría : *Of course. — Let's take your car. — Sure thing.*

(**5**) El acento tónico cambia entre el inglés americano y el inglés británico....*my ADdress* (U.S.) contra...*my adDRESS* (G.B.). Escuche nuestra grabación y díganos

3 — ¿ Sabía usted que Simón se casó el mes pasado ? — No. ¿ Con quién ?
4 — ¿ No le gusta New York ? — Sí seguro, pero es demasiado agotador vivir aquí.
5 — Le daría su dirección si pudiera encontrar con que escribir. — Aquí tiene, utilice mi bolígrafo.
6 — Muchas personas temen hablar un idioma extranjero debido a que odian que se rían de ellos. — Eso no es una excusa.
7 — Anoche ví ese nuevo drama psicológico en el cine — Bien, ¿ Y qué tal es ? — Yo ni siquiera sé de qué se trataba.
8 — ¿ Qué pasa ? ¿ Por qué estás llorando ? — Nada. Acabo de pelar dos libras de cebollas.
9 — No estaré aquí el Sábado. ¿ Podemos posponer la fiesta hasta la próxima semana ? — ¿ Por qué quieres posponerla ? La haremos sin ti.
10 — No tires el papel de la envoltura. Tiene un cupón impreso — Sabes que nunca tiro las cosas.

NOTAS (continuación)

si se trata de un locutor inglés o norteamericano. (La respuesta se encuentra con los ejercicios corregidos.)

(**6**) En las palabras — de origen griego — que comienzan por *ps...* o *pn...* (por ejemplo *psychology, psychiatry, pneumonia, pneumatic*) no se pronuncia JAMAS la *p* inicial. Esas palabras se pronuncian — y observe bien la situación del acento tónico — saiKOlogi ; saiKAltri ; niouMOHni ; niouMAtic. Para retener mejor la pronunciación escuche los ejercicios.

(**7**) Como le hemos indicado en la lección precedente, podemos tener un nombre al final de un *phrasal verb* o también entre las dos partes. No sucede lo mismo con un pronombre (*he, it,* etc.) que se debe colocar entre el verbo y la preposición. Esto quiere decir que podemos elegir entre *put the party off* y *put off the party* pero si reemplazamos *the party* por *it*, nosotros debemos obligatoriamente colocarlo delante de *off*. No hay excepción.

(**8**) Atención : *to throw something at* = tirar alguna cosa hacia. *The batsman threw the ball at the wicket* = El bateador tiró la pelota en dirección a la puerta (usted ha estudiado bien la lección 11, ¿ no es así ?) PERO *to throw away* es tirar (algo inservible). *Don't throw away your old newpapers ; I collect them.* En nuestra frase, la persona habla del papel de embalar con un cupón impreso. Se le colecciona para tener derecho

11 You see, it really is straightforward. It takes a little time to get used to, that's all. (**9**)
12 There are of course a few difficulties: some verbs have two possible prepositions and both of them are correct. (**10**)
13 So take your time and re-read our examples regularly. Now let's move on to something lighter.
14 The candidate had just finished a long, impassioned speech at a rally just before a crucial by-election. (**11**)
15 A late-comer slipped into an empty seat and asked his neighbour what the politician had said.
16 — I've no idea, came the reply. — Why? Weren't you listening?
17 — Of course I was listening. For an hour and a half. But he never told us what it was about.
18 Putting prepositions at the end of a sentence can, however, prove disastrous.
19 Take the example of the mother who promised to read to her son from a book of his choice.

NOTAS (continuación)

a un regalo. Es una práctica de promoción muy extendida en los Estados Unidos y en Gran Bretaña.

(**9**) Un adjetivo muy útil compuesto de *straight* (recto) y *forward* (hacia delante). Si alguna cosa está *straightforward* está clara, neta, directa, etc. *Give me a straightforward answer* = Dame una respuesta clara... y directa. Cuando se aplica a una persona, tenemos además la noción de rectitud, lealtad : *You can count on her ; she's very straightforward* = Usted puede contar con ella, es muy leal.

11 Ve usted, es verdaderamente muy sencillo. Se requiere un poco de tiempo para acostumbrarse, eso es todo.
12 Existen, por supuesto, unas pocas dificultades: algunos verbos tienen dos preposiciones posibles y ambas son correctas.
13 Así que tómese su tiempo y vuelva a leer nuestros ejemplos metódicamente. Ahora pasemos a otra cosa más ligera.
14 El candidato acababa de terminar un largo y desapasionado discurso en un mitin justamente antes de una elección parcial decisiva.
15 Un participante de última hora se deslizó en un puesto vacío y le preguntó a su vecino qué había dicho el político.
16 — No tengo ni idea, fué la respuesta. — ¿ Por qué ? ¿ No estaba usted escuchando ?
17 — Por supuesto he estado escuchando durante hora y media. Pero él jamás nos dijo de qué se trataba.
18 Colocar las preposiciones al final de la frase puede, sin embargo, ser desastroso.
19 Tomamos el ejemplo de la madre que prometió a su hijo leerle el libro que él escogiese.

NOTAS (continuación)

(**10**) Se puede decir...*both are correct* o...*both of them are correct.*

(**11**) *By*: al lado, así en su forma adjetival nos da el sentido de alguna cosa al lado — y además — de lo esencial. *Plastic is a by-product of petroleum.* — Un subproducto; *Let's take the by-pass to avoid the traffic in town* — una carretera de circunvalación. *A by-election* es una elección parcial (secundaria).

20 The youngster chose a very serious volume on the wildlife in West Africa.

21 Surprised by this sudden interest in nature, the mother said — What did you choose that book to be read to from for? (**12**)

22 Work that out!

***

EXERCISES 1. — What's the matter with Alison? — She's got pneumonia. **2.** He decided to study psychology rather than law. **3.** Have you seen these new throw-away razors? They're really handy. **4.** I have a terrible problem, Doctor, I'm in love with my psychiatrist! **5.** — Don't you like your present? — Sure I do, but it's a bit too small. **6.** — You'll have to put off the party. — Put if off? Out of the question.

***

Fill in the missing words

1. *¡ Caramba ! Adiós a nuestro tranquilo fin de semana.*

Damn ! . . . . our quiet weekend.

2. *¿ Por qué llora usted ?*

. . . . are you crying . . . ?

3. *Usted debe posponerlo inmediatamente*

You must . . . . immediately.

20 El joven eligió un libro muy serio sobre la vida en la selva del Africa Occidental.
21 Sorprendida por este interés repentino por la naturaleza, la madre dijo — ¿ Por qué has elegido ese libro para que yo te leyera un trozo ?
22 ¡ Trate de entenderlo usted !

NOTAS (continuación)

(**12**) Le pedimos perdón... sin embargo la frase es posible si se añade *to read to* — leer a alguien — *to read from* — leer a partir de alguna cosa y *what...for ?* ¿ Por qué razón ? Sería más simple decir : *Why did you choose that book ?*

***

Ejercicios 1. ¿ Qué pasa con Allison ? — Ella tiene neumonía. **2.** Él decidió estudiar psicología en lugar de leyes. **3.** ¿ Ha visto esas nuevas cuchillas desechables ? Son realmente cómodas. **4.** Tengo un problema atroz, Doctor, ¡ Estoy enamorada de mi psiquiatra ! **5.** — ¿ No le gusta su regalo ? — Seguro que sí, pero es un poco (demasiado) pequeño. **6.** Tendrá que posponer la fiesta. — ¿ Posponerla ? Ni pensarlo.

***

4. — *¿ No estaba escuchando ? Seguro que sí.*

— . . . . . ' . you . . . . ? — . . . .

5. *Ambos están equivocados. — ¿ Cómo ? ¿ Ambos de ellos ? (¿ El uno y el otro ?)*

— . . . . are wrong. — What ? . . . . ?

The missing words

1. There goes **2.** What...for **3.** put it off **4.** Weren't...listening...Sure **5.** Both...Both of them?.
(Ver nota 5) el locutor es americano.

Nineteenth lesson

No news is good news (Part one) (1)

1 Teacher: — Is the word " trousers " singular or plural? Student: — Singular at the top and plural at the bottom. (**2**)

2 As in the title, some words appear to be plural but are not, while others are both singular and plural.

3 But don't worry. We are not going to make a mountain out of a molehill. Just listen to the following sentences: (**3**)

4 — What time is the news on? — At nine, but you don't want to watch it, do you? (**4**)

5 — Why not? — It's either disasters or politics. (**5**)

6 Disasters are tragic, politics is boring — and I'm sure the information is misleading. (**6**)

NOTAS

(**1**) Nosotros decimos las malas noticias son las primeras. ¡ Pero atención ! A pesar de la *s*, la palabra *news* está en singular. *I'm afraid the news is very bad* —... las noticias son muy malas. Normalmente, no se habla de una noticia, pero si es verdaderamente necesario, le mostraremos como hacerlo más adelante en esta lección.

(**2**) La palabra *trousers* es en efecto plural. Un pantalón se dice *a pair of trousers* con la *s*. Pero no se considera esencial precisarlo, así podemos decir : mi pantalón está desgarrado : *My trousers are torn* — aunque gramaticalmente la frase sea plural. Por lo tanto hace la función de « Mi pantalón está rasgado » o « Mis pantalones están rasgados ».

Decimo novena lección

Las malas noticias son las primeras (Primera parte)

1 Profesor : — ¿ La palabra « trousers » es singular o plural ? Estudiante : — Singular arriba y plural abajo.

2 Como en el título, ciertas palabras parecen estar en plural pero no lo están, mientras que otras son tanto singular como plural.

3 Pero no se inquiete. No vamos a hacer una montaña de un grano de arena. Simplemente escuche las frases siguientes :

4 — ¿ A que hora son las noticias ? — A las nueve, pero no quiere verlas ¿ no es cierto ?

5 — ¿ Por qué no ? — Son sobre desastres o sobre política.

6 Los desastres son trágicos ; la política es aburrida — y estoy seguro que la información es errónea.

NOTAS (continuación)

(**3**) *To make a mountain out of a molehill* = Exagerar la importancia de un problema. *A mole* es un topo, *a molehill* una topera. Miope como un topo = *As blind as a bat* (murciélago). *Mole* ha tomado un significado más siniestro en el presente — ¡ es un agente doble se infiltra en los servicios secretos de un país ! ¡ Imagínese !

(**4**) *What time's the match ?* pero si vamos a verlo en la televisión (*on television*), se puede añadir la preposición. *What time is the film on ?* Recuerde (Lección 18 N-2) que no se dice casi nunca *At what time...*

(**5**) *Politics is the science of government and the art of deception.* A pesar de la *s*, es un término en singular. *A politician* = un hombre/una mujer político.

(**6**) *To lead* = conducir, inducir ; *to mislead* = inducir a error. *Appearances are often misleading* = Las apariencias son a menudo engañosas. Preste atención a la pronunciación de las formas en el pasado : *misled* se pronuncia *missLED*, muchas personas — incluyendo los jóvenes ingleses — tienen la tendencia a tomar la forma por el pasado de un verbo ficticio *to misle !*

7 Economics is so complex that no one really understands all that waffle about inflation. And as for statistics! (**7**)

8 Twenty percent increase here, eight percent decrease there, one in three out of work...

9 — Hold on. Statistics is a very precise science.

10 So is physics and so is mathematics — but not everyone understands them. (**8**)

11 — Oh come on, let me turn on the telly. There's just one item I want to watch. — What? (**9**) (**10**)

12 — The billiards match... No, don't laugh. At least billiards is non-violent. What's so funny? (**11**)

13 — You've been arguing for so long that the news is over. (**12**)

NOTAS (continuación)

(**7**) Lo mismo se aplica al término *economics. A waffle* es una especie de golosina en forma de panal en los Estados Unidos, pero en Inglaterra, se utiliza el verbo *to waffle* para hablar en el vacío (sin que tenga importancia lo que se dice). *It's a load of waffle* = Hablar por hablar. Se trata de un sentido generalmente utilizado en el argot callejero.

7 La economía es tan compleja que nadie comprende realmente todo ese camelo acerca de la inflación. ¡ Y en cuanto a las estadísticas !
8 Veinte por ciento de aumento aquí, ocho por ciento de disminución allá, uno de cada tres sin trabajo...
9 — Espere... La estadística es una ciencia muy precisa.
10 Así como la física y la matemática — pero no todo el mundo las comprende.
11 — Oh vamos, encendamos la tele, hay una información que deseo ver — ¿ Cuál ?
12 — El partido de billar... No, no te rías. Por lo menos los billares no son violentos. ¿ Qué te hace tanta gracia ?
13 — Has estado discutiendo tanto tiempo que las informaciones se han terminado.

NOTAS (continuación)

(**8**) Acabaremos por creer que los ingleses no ponen una s sino cuando la palabra está en singular. *Statistics, physics* y *mathematics* están las tres en singular. La última palabra se abrevia corrientemente como *maths* (G.B.) y *math* (E.U.).

(**9**) *The telly* es del argot británico. Se dice también *the box.* El norteamericano, más radical, lo llama : *the tube* (pron. tiub) contracción de *boob tube* — ¡ tubo de tontos !

(**10**) Si es absolutamente necesario hablar de una noticia, he aquí como hacerlo : *an item.* Pero nosotros les repetimos que es un giro bastante raro. Asimismo, en el diccionario, encontrará *a piece of furniture* para referirse a un mueble. Esto no es absolutamente exacto. Se dice *The furniture is old-fashioned* = los muebles son viejos, pero para decir : vamos justamente a mover esos muebles, en inglés se diría más exactamente *We'll just move this chair /table/bed*, etc. Es una cuestión de « captar su utilización ». Es el arte del perfeccionamiento y de la práctica del inglés.

(**11**) Ver nota 8.

(**12**) *It's finished* o *it's over. We wanted to go to his party but it was over by the time we arrived* = Nosotros queríamos ir a su fiesta pero cuando llegamos ya había terminado. *It's all over between us* = Todo ha terminado entre nosotros.

EXERCISES 1. Don't make a mountain out of a mole-hill. It's really not important. **2.** Politics is a load of waffle. **3.** I was misled by the sign: I thought it meant "One Way". **4.** He's as blind as a bat. **5.** (On the phone) — He's sitting opposite me. Hold on, I'll pass him over. **6.** The party was over by the time we arrived.

***

Fill in the missing words

1. *La política y la economía forman parte de vuestro programa.*

   . . . . and . . . . part of your course.

2. *Usted no apagará la televisión antes de que termine, ¿ No es cierto ?*

   You . . . ' . , turn off the television before the end, ... ?

3. *Todos sus muebles proceden del rastro.*

   All her . . . . from the flea-market.

4. *¿ A que hora proyectan la película ?*

   . . . . is the film . . ?

5. *Las malas noticias son las primeras.*

   . . . .

The missing words

1. Politics...economics are **2.** won't...will you **3.** furniture comes **4.** What time...on **5.** No news is good news.

Ejercicios 1. No haga una montaña de un grano de arena. Verdaderamente no es importante. **2.** La política es un camelo. **3.** Me indujo al error la señal : Creí que significaba « Sentido Unico ». **4.** Está tan miope como un murciélago. **5.** (Al teléfono) — Está sentado frente a mí. Espera. Te lo paso. **6.** Cuando llegamos, la fiesta se había terminado.

NOTAS PERSONALES :

Twentieth lesson

No news is good news (Part two)

1 ... and that is the end of the national and international news. Now for the sports news, (**1**)

2 and first, football. Manchester United are preparing for tomorrow night's cup-tie against Chelsea. (**2**) (**3**)

3 Manager Gordon Bates: — The team are training hard and I think we'll have a tough match but a fair one. (**4**)

4 — What about the question of hooliganism?
— The Government (**N 5**) has been very firm about this recently. (**5**)

5 First, I must point out that the team isn't to blame — and nor are most of the fans. It's the odd one or two. (**6**)

NOTAS

(**1**) *...and now for something completely different* = y ahora, otra cosa completamente diferente. La fórmula *and now for* se emplea a menudo en la televisión o en la radio para presentar un nuevo asunto. En una reunión, se podría utilizar para presentar los puntos del orden del día... *and now for item seven on the agenda* (atención : *the agenda* = el orden del día ; *a diary* = una agenda).

(**2**) Como usted sabe, es posible utilizar la forma posesiva con apóstrofe en expresiones de tiempo : *Yesterday's semi-final was between X and Y : Tomorrow's meeting is at 10 o'clock.* También las frases pueden cambiarse de otra manera (*the semi-final yesterday... The meeting tomorrow* etc.) pero la forma posesiva sigue siendo la más idiomática. Preste atención al problema siguiente : *I have one week's holiday* (una semana de vacaciones ; observe claramente el posesivo). *We have four weeks' holiday* (es necesario poner el apóstrofe después de la *s*, pero se tiende a olvidarlo porque sólo se piensa en un plural). Así es en la práctica.

Vigesima lección

Las malas noticias son las primeras (Segunda parte)

1 ...Y terminamos así, las noticias nacionales e internacionales. Ahora la actualidad deportiva,
2 y en primer lugar el « futbol ». El Manchester United se prepara para el partido de copa, mañana por la noche, contra el Chelsea.
3 El entrenador Gordon Bates : — El equipo entrena duramente y creo que será un partido difícil, pero interesante.
4 — ¿ Y que hay del asunto de los « hooligans » (de la violencia) ? — El Gobierno ha estado muy firme sobre este punto recientemente.
5 Primero debo señalar que no se debe culpar al equipo — ni tampoco a sus hinchas, sino a uno o dos.

NOTAS (continuación)

(**3**) La utilización de la palabra *tie* aquí es muy particular : *a cuptie* es una de las series de *matchs* de *football* para determinar los ganadores de una copa. Su origen, no está muy claro, podría venir del francès : tirer (tirar), cuando los equipos se han tirado a la suerte (sorteado).

(**4**) Recuerde que *hard* es adjetivo y adverbio : *hard job. He works very hard. Hardly* quiere decir : apenas : *We hardly see him any more* = Se le ve apenas ahora. Tenga en cuenta la pronunciación de *tough* (tof).

(**5**) Una palabra que se ha hecho tristemente famosa este vocablo *hooligan*, que significa un hincha violento. La palabra viene del nombre de una temible familia de irlandeses que hizo estragos en Londres en el siglo XIX. Curiosamente, en esa época había lazos bastante estrechos entre la justicia británica y su homóloga la rusa, de ahí la presencia viva de esa palabra en la lengua rusa.

(**6**) Una utilización idiomática de la palabra *odd* para indicar un número insignificante : *the odd cigarette or two won't do you any harm* = un cigarrillo ahora y otro luego no te hará daño. *Odds and ends* = algunas pequeñeces. *I've almost finished packing. There are just a few odds and ends to finish* = Casi he terminado de hacer las maletas. Me quedan dos o tres naderías pendientes.

6 — Yes, the public is aware of your recent efforts and the progress that has been made. (**7**)
7 — We have our work cut out, but I have some advice for the public: (**8**)
8 Watch the game and not the fans. — Thank you Mr. Bates.
9 And now for a quieter game but no less exciting: billiards. Tonight's international final sees German Walter Glaser (**9**)
10 against Ireland's Paddy Mulroney, and we're going over live to the Dublin Sports Centre for the last minutes. (**10**)
11 — And here's Mulroney lining up his final shot. Oh, he can't see! The German's blowing cigar-smoke at him
12 and his hair is in his eyes. And he's missed. Glaser has won. (**11**)
13 To interest an Englishman in war, tell him it is sport;
14 to interest a Frenchman in sport, tell him it is war.

NOTAS (continuación)

(**7**) *Progress* está siempre en singular. *He's made enormous progress* = Ha hecho progresos considerables.

(**8**) Sucede lo mismo con *advice*. En español diríamos: Tengo que darle un consejo. El inglés diría *I have some advice for you*. Es extremadamente raro que se hable de un consejo (ver Lección 19 N 10), se diría entonces *a piece of advice*. *Our work is cut out* o *We have our work cut out* = Tenemos trabajo para rato (frase hecha).

6 — Sí, el público es consciente de sus recientes esfuerzos y del progreso que se ha realizado.
7 — Tenemos trabajo para rato, pero tengo un consejo para el público :
8 Observe el partido y no a los hinchas — Gracias Señor Bates.
9 Y ahora un juego más tranquilo pero no menos excitante : el billar. La final internacional de esta noche enfrenta al alemán Walter Glaser
10 con el irlandés Paddy Mulroney y nos trasladamos en directo al Dublin Sport Centre durante los últimos diez minutos.
11 — Y aquí está Mulroney que afina su último golpe. Ah... ¡ No puede ver ! El alemán le cubre con el humo de su puro
12 y sus cabellos le tapan los ojos. Ha fallado... Glaser ha ganado.
13 Para interesar a un inglés en la guerra, dígale que es deporte ;
14 para interesar a un francés en el deporte, dígale que es la guerra.

NOTAS (continuación)

(**9**) Observe la utilización periodística del verbo *to see. Tomorrow sees the start of Wimbledon* = Mañana comenzará el torneo abierto de Wimbledon.

(**10**) *A live programme/concert* = una emisión/concierto en directo. Cuidado con la pronunciación (laiv). El giro empleado en nuestro ejemplo es la fórmula consagrada por los periodistas que pasan por antena un reportaje en directo.

(**11**) Preste mucha atención a la palabra *hair*: aunque se trate de la cabellera, la palabra es siempre singular *His hair is brown* = sus cabellos son castaños. Cuando la palabra está en plural se trata de pelos. *I don't want a cat. You get hairs everywhere* = No quiero gatos. Dejan pelos por todos lados. Así pues, cuando se quiere decir que los cabellos de alguien son largos, preste atención para decir *his/her hair IS long*. Esto le evitará problemas.

EXERCISES 1. He looks so old that I hardly recognized him **2.** The concert was shown live from Red Square in Moscow. **3.** The Government isn't to blame, and nor are the police. **4.** What about the difficult question of union membership? **5.** She has her work cut out if she wants to finish by the end of the week. **6.** She said she was taking a few odds and ends, and she turned up with four suitcases!

***

Fill in the missing words

1. *Las predicciones metereológicas para mañana prometen lluvias — ¡ lo habitual !*

   ....'. weather forecast promises rain — as usual !

2. *Tengo un consejo para usted, joven. Sus cabellos son demasiado largos.*

   .... for you, young man. Your .... .. too long.

3. *Y ahora, el punto siguiente del orden del día.*

   ... ... the next item on the ......

4. *Debo señalar que no sabía nada acerca del asunto.*

   I .... that I knew nothing about the affair.

5. *El segundo volumen no es menos interesante.*

   The second volume is .. ..

The missing words

1. Tomorrow's **2.** some advice..hair is **3.** And now for...agenda **4.** must point out **5.** no less interesting

Ejercicios 1. Él tiene un aspecto tan viejo que yo apenas le reconocí. **2.** El concierto se transmitió en directo desde la Plaza Roja de Moscú. **3.** No se debe culpar al Gobierno ni tampoco a la policía. **4.** ¿ Qué pasa con la difícil cuestión de la pertenencia a un sindicato ? **5.** Ella tiene trabajo para rato si quiere terminar para el fin de semana. **6.** Ella me dijo que cogería algunas cosas insignificantes ¡ y ha llegado con cuatro maletas !

NOTAS PERSONALES :

Twenty-first lesson

REVISION AND NOTES

1 Como Vd. sabe, los nombres ingleses son « neutros », esto quiere decir que aparte de ciertas excepciones (*fireman, policeman,* etc.), pueden aplicarse tanto a mujeres como a hombres, como explica la lección 15. Esa famosa corriente de opinión que intentaba a toda costa eliminar las palabras que terminasen en *man* no ha dejado casi huella ; si acaso, ha surgido un nuevo tratamiento. Las mujeres dicen, ¿ por qué distinguimos una mujer casada de una soltera — *Mrs* o *Miss* — mientras que para un hombre sólo hay una forma, *Mr. ?* Ha nacido así el *Ms.* Su utilización abarca solamente los documentos oficiales, los envíos de correspondencia o también algunas publicaciones — y su pronunciación (mz) ¡ evoca los vocablos de una lengua exótica ! (Recordemos además que *Ms.* es el nombre de un periódico-guía feminista)
Otro comentario sobre los géneros de los nombres : aunque no tengan género, ciertas palabras son por necesidad masculinas o femeninas, sobre todo cuando hablamos de animales. Entonces tenemos 3 formas : el macho, la hembra, y una forma llamada « no específica » que elegimos para representar la especie. Por ejemplo, en español tenemos *un perro* (masculino), *una perra* (femenino) y hablamos de la especie utilizando la forma no específica, *el perro.* Ocurre lo mismo con el inglés : *a dog* (masculino), *a bitch* (femenino) y llamamos a la especie *the dog.* Como puede observar la forma no específica es habitualmente idéntica a la forma masculina en ambas lenguas. Pero ¡ atención ! No se da siempre este caso. Observe la familia pato (un pato, una pata, el pato) ¿ cómo se dice pato en inglés ? *A duck* por supuesto. Y *a duck's egg ?* En efecto, la forma no especfica para el pato es *the duck* ¡ pero este pato es de hecho una pata ! (el macho se llama *a drake*).

2 Las palabras *sick* e *ill* tienen las dos el sentido de enfermo ; observemos la diferencia entre ambas. Decimos que el inglés de U.S. utiliza casi exclusivamente *sick* — *They didn't get to the movies after all ; their kid was sick* = Terminaron al cabo no yendo al cine ; su chico estaba enfermo.
En inglés de GB, *sick* se utiliza delante de un nombre : *He visited the sick child in hospital* = Él visitó al niño enfermo en el hospital, o también para traducir « vomitar » ; *I feel sick* = Tengo nauseas. Se utiliza en otros casos después de un grupo sujeto-verbo. *The wounded policeman is seriously ill* = El policía herido está gravemente enfermo. He aquí las reglas, pero no se escandalice si usted oye angló-fonos decir lo contrario : son así...

3 Algo más : como resultado de los orígenes mezclados del idioma inglés, las formas latinas y anglosajonas viven una co-existencia a veces difícil, se entiende generalmente que una palabra « latina » es más erudita que una palabra o una forma « germánica ». Por el contrario, las últimas son más asequibles y, digamos, más verdaderas. Así, los verbos llamados *phrasal verbs* (compuestos de un verbo y una posposición) son casi obligatorios en la lengua hablada, y se prefiere el equivalente latino en la lengua escrita. Si se utiliza un *phrasal verb*, ¿ dónde es necesario colocar la posposición ? ¿ Es necesario decir *This is the house in which we lived* o *This is the house which we lived in ?* La respuesta tradicional es : no poner nunca una preposición al final de una locución ; nuestra respuesta está basada en el uso : la primera construcción (preposición delante del pronombre relativo) es muy latina ; hemos escogido a propósito un *phrasal verb* para ser menos formal, (ver Lección 23) así parecería lógico adoptar la segunda construcción. LQQD, ¿ no es así ? Pues bien nuestras excusas a los puristas, pero la práctica del inglés supone que cuando se utiliza una construcción verbo-posposición, ésta puede muy bien venir al final de la frase. Recordemos también lo que sucede con los pronombres relativos (*which, that, who*, etc.) cuando se desplaza la posposición :

This is the house we lived in

En efecto, cuando el relativo separa el complemento directo y el sujeto de la frase, ¡ se puede quitar obviamente ! *Where is the book that I was looking at ?* Se convierte en *Where is the book I was looking at ?* o bien *The man who(m) I was speaking to is a police officer* pierde una palabra y tenemos *The man I was speaking to is a police officer.* Observe que dijimos que se puede quitar el pronombre relativo y no que se debe hacer. Se trata más bien de una práctica muy corriente que de una regla gramatical.

4 Usted observó que en el último ejemplo citado más arriba hemos puesto paréntesis alrededor de la última letra de *whom.* En efecto, la utilización del relativo indirecto se pierde cada vez más en el lenguaje corriente, en parte debido al fenómeno descrito en la nota 3 de esta lección. Resumamos : *who* es un relativo o interrogativo utilizado como sujeto de la frase : *Who are you ? The singer who has sold a million albums*, etc. *Whom* desempeña las mismas funciones respecto al complemento de la frase : *Whom do you wish to interview ? The person with whom I normally do business.* Si aplicamos nuestros consejos de la nota 4 a este último ejemplo, obtenemos *The person I normally do business with* ; la utilización de los relativos se hace menos corriente y, de hecho, las diferencias de formas *who/whom* desaparecen, hasta el punto de que, persistimos en hacer la distinción en la lengua hablada, ¡ se considera a menudo como algo rebuscado ! Nuestro primer ejemplo puede pues construirse : *who do you wish to interview ?* ¡ Sin que nadie... (o casi nadie) sepa que es en efecto una falta gramatical ! Por el contrario, las construcciones tales como : *Who did you travel with ?* (en lugar de *With whom*, etc.) ; *The President who everyone loves* (*...whom everyone loves*) son « correctas » por el uso, y se las encuentra incluso en la prensa. Curioso fenómeno esta pérdida de características gramaticales, pero esta flexibilidad es también una de las razones principales de la atracción del inglés. Observemos asimismo que generalmente el idioma hablado en Norteamérica tal como le escuchamos ha permanecido más puro gramaticalmente que el inglés británico ; hablaremos de nuevo sobre esto.

5 ¡ Otra regla que se ignora ! Ciertos nombres singulares que se aplican a grupos de personas (nombres colectivos) tales como *government, team, committee*, van seguidos ya sea de un verbo en singular o de un verbo en plural. ¿ Qué hacer ? La regla requiere que, cuando el término en cuestión representa una unidad, se utilice un verbo en singular *The government is united on this point*, pero cuando hay divergencias, se utilice uno en plural. *The team are unsure of their strategy for Saturday's match*.
En la práctica, el plural es menos formal que el singular — es evidente el conjunto de las personas que forman la unidad. *My family are very happy with the news* o también *The team are exhausted after a long season* ; compare esos ejemplos con las frases que encontramos en algunos contextos escritos : *The nuclear family is a vital component of modern society*, o también *The team is currently at the bottom of the league*. ¿ Ve usted la diferencia ? Los dos últimos ejemplos son « impersonales » mientras que en los dos primeros se percibe un interés por las personas mismas. Entre los otros nombres en esta categoría, citemos : *the party* (sentido político) *the union* (sindicato), *the public, the staff* (personal) y *the firm*. Volvemos a repetirle, no se trata de una regla sino de una práctica, que está más extendida en el inglés de GB, ya que como hemos dicho, el inglés EU es más fiel a su gramática.

***

Twenty-second lesson

Time and time again...

1 — Can you repair my car by Thursday? — No, we'll have to keep it till the weekend.
2 It should be ready at ten o'clock on Monday morning. — Not until then? — Sorry, but we're snowed under at the moment (**1**).
3 — From Tuesday to Monday: isn't that a little bit long? — Well, there's a lot to be done. (**2**)
4 There's the steering to check, the brakes to tighten... if you want it to pass the MoT, it'll need all that. (**3**)
5 In fact, perhaps it's time to buy a new car. — Yes, perhaps, or time I found a new garage! (**4**)
6 A modern music critic, talking to a classical music lover — Parson's music will be played when Beethoven's has been forgotten.
7 — Yes, and not until then.
8 — I'm sorry sir, the bar doesn't open until five thirty. Would you like a drink while you're waiting?
9 An English opera singer was invited to sing at the famous La Scala in Milan.

NOTAS

(**1**) *Not until then ?* es un giro más familiar que se utiliza en lugar de *Not before ?* = ¿ No antes ? Observe que en español decimos : estamos desbordados y que en inglés se dice literalmente : estamos cubiertos de nieve *I've no free time at all : I'm snowed under with work.*

Vigésimo segunda lección

Una y mil veces...

1 — ¿ Puede usted reparar mi coche para el jueves ? — No, tendremos que dejarlo hasta el fin de semana.
2 Debería estar listo a las diez en punto del lunes por la mañana. — ¿ No antes ? — Lo siento muchísimo, pero estamos desbordados de trabajo en este momento.
3 — De martes a lunes : ¿ no es demasiado tiempo ? — Sí, pero hay mucho que hacer.
4 Hay que verificar la dirección, reajustar los frenos... Si usted quiere que pase el *MoT*, necesitará hacerle todo eso.
5 De hecho, quizás sea el momento de comprar un coche nuevo. — ¡ Sí, o quizás sea éste el momento para buscar un nuevo garage !
6 Un crítico de música moderna hablando con un aficionado a la música clásica : — La música de Parson se tocará cuando Beethoven haya sido olvidado.
7 — Sí, pero hasta entonces no.
8 — Lo siento mucho, señor, el bar no abre hasta las cinco y treinta. ¿ Quiere una copa mientras espera ?
9 Un cantante de opera inglés fué invitado a cantar en la célebre « Scala » de Milán.

NOTAS (continuación)

(**2**) Otro giro familiar es : *There's a lot to be done* = Hay mucho que hacer.

(**3**) En Gran Bretaña todos los vehículos deben someterse a un control anual que es impuesto por el *Ministry of Transport*. Esta revisión se conoce con el nombre de *MoT* (em-ou-ti) en GB y con el nombre de *ITV* (ai-ti-vi) en España.

(**4**) *It's time I bought a new car* = Ya es hora de que compre un coche nuevo. Observe el empleo del pasado en este giro con *It's time...* (o a veces, cuando es mucho tiempo, *It's high time...*) Ejemplo : *It's high time he changed jobs* = ya va siendo hora de que él cambie de trabajo.

10 During the first act, he was very nervous but after his first aria the audience applauded and shouted for an encore. (**5**)

11 He sang it a second time and the shouts were louder. After the third time, he held up his hand and said:

12 — During my career, I've had many an appreciative audience but never anything like this. Thank you so much. (**6**)

13 The conductor whispered — You don't understand. They want you to continue until you sing it properly.

14 The tenor did not sing another note throughout the whole performance.

15 And since we are talking of music, a distinguished Irishman was invited to present the prizes to the children at his old school. (**7**)

16 In his honour, a choir of very young children gave an enthusiastic but off-key concert of Irish ballads. (**8**)

NOTAS (continuación)

(**5**) Otra vez = « bis ». *He played two encores* = Él tocó dos veces « bis ». ¡ Atención a la pronunciación !

(**6**) *I've had many a great meal, but nothing as good as this* = Yo he comido muchas buenas comidas, pero ninguna tan buena como ésta. La utilización del artículo indefinido seguido de un adjetivo en singular es una forma más elegante de decir *I've had many appreciative audiences/many great meals*, etc.

(**7**) *Old* se emplea a menudo en el sentido de : antiguo. *My old school* = mi antiguo colegio. « Los antiguos alumnos » se dice *old boys* (u *old girls*). El hábito de crear una asociación de antiguos miembros de una misma promoción, escuela, etc. se llama *the old boys' network*. Un antiguo ministro, presidente, etc. se dice *former : Mr. Williams, former Minister of Trade...* (antiguo Ministro de Comercio). Podemos encontrar también *ex- : ex-Minister, ex-President*.

10 Durante el primer acto él estaba muy nervioso, pero después de su primer aria, el público aplaudió y gritó « Bis ».
11 Cantó por segunda vez y los gritos aumentaron. Al cabo de la tercera vez, levantó la mano y dijo :
12 — Durante mi carrera he tenido numerosos públicos muy entusiastas pero jamás ninguna cosa como ésta. Muchísimas gracias.
13 El director de la orquesta susurró — Usted no comprende. Ellos quieren que usted continúe hasta que lo cante bien.
14 El tenor no cantó una nota de música más hasta el final de toda la representación.
15 Y ya que hablamos de música, un irlandés distinguido fué invitado para presentar los premios a los chicos en su antiguo colegio.
16 En su honor, un coro de chicos muy jóvenes ofreció un concierto entusiasta, aunque desafinado, de baladas irlandesas.

NOTAS (continuación)

(8) *You sing off-key* (o fuera de tono) = Desentonar. Lo contrario es *in key* (o *in tune*). Por lo tanto *key* en este caso tiene el significado de tono musical. *What key do you play « Summertime » in?* = ¿ Qué tono utilizarías para cantar " Summertime " ? Los tonos se clasifican por orden alfabético de la A a la G (do = C).

17 Whenever they started a song, a lady sitting next to the visitor started crying.

18 — Are you Irish, too? he asked. — No, she replied, I'm a music teacher.

19 A lady with a broken nose said to a diplomat — You say you have never met an ugly woman — up until now.

20 The diplomat replied — Madam, you are like all women, an angel fallen from heaven.

21 You just had the misfortune to fall on your face.

***

EXERCISES 1. — Your appointment's on the twenty-first. — Not until then? **2.** Hurry up and finish breakfast. There's a lot to be done before we leave. **3.** Would you like a drink while you're waiting? **4.** The audience shouted for an encore. **5.** You will continue practising until you are perfect. **6.** The police are looking for a man with a broken arm.

***

Fill in the missing words

1. *Ya es hora de que aprenda a conducir.*

..'. .... he learned to drive.

2. *Él está desbordado de trabajo hasta el mes próximo.*

He's .... with work ..... next month.

3. *No hasta que Beethoven haya sido olvidado.*

Not until .... has been ....

17 Cada vez que comenzaba una canción, una dama que estaba sentada al lado del visitante empezaba a llorar.
18 — ¿ Usted es irlandesa también ? le preguntó — No, replicó ella, soy profesora de música.
19 Una dama con la nariz rota le dijo a un diplomático — usted dice que jamás ha conocido a una mujer fea — hasta ahora.
20 El diplomático replicó — Señora, usted es como todas las mujeres, un ángel caído del cielo.
21 Desgraciadamente usted tuvo la mala fortuna de caerse y golpearse la cara.

***

Ejercicios 1. — Su cita es para el día veintiuno. — ¿ No hasta entonces ? **2.** Date prisa y termina el desayuno. Hay mucho que hacer antes de que salgamos. **3.** ¿ Quiere usted una copa mientras espera ? **4.** El público pidió a gritos que repitiera. **5.** Usted continuará practicando hasta que haya alcanzado la perfección. **6.** La policía busca a un hombre con un brazo roto.

***

4. *Yo he tenido extensas discusiones con Pedro.*

I've had . . . . . long . . . . with Peter.

5. *¿ En qué tono usted toca esa canción ?*

What . . . do you . . . . that song . . ?

The missing words

1. It's high time **2.** snowed under...until **3.** Beethoven's...forgotten **4.** many a...discussion **5.** key...play...in

Twenty-third lesson

It's all Greek to me (N1)

1 — Malcolm is newly employed. — Indeed? What is the amount of his pecuniary remuneration?

2 Stop! Amazingly enough, these two people are speaking English, but a sort of English we could baptise " officialese ". (**1**)

3 Remember we told you that Norman French, of Latin origin, was grafted onto the native tongue of the British, of Germanic origin.

4 Well, the parallel vocabulary syndrome means that, quite often, we write one word and say another — for the same thing!

5 Listen to the exchange at the beginning of the lesson, " translated " into everyday speech!

6 — Malcolm's got a new job. — Really? How much does he earn? Phew! That's clearer, isn't it? (**2**)

7 The English language has absorbed these " intellectual " words alongside their more proletarian counterparts

8 and this can prove confusing to a person who has no classical education (**3**)

9 because the output of government administrations, law, science and technology

10 is written in this form of the tongue we have called officialese.

Vigésimo tercera lección

Esto es griego para mí

1 — Malcolm se ha empleado recientemente — ¿ De veras ? ¿ Cuál es el montante de su remuneración pecuniaria ?
2 ¡ Alto ! por sorprendente que parezca, esas dos personas hablan inglés, pero un tipo de inglés que pudiéramos bautizar « officialese ».
3 Recuerde que le dijimos que el francés normando, de origen latino, fué incorporado a la lengua nativa de los británicos, de origen alemán.
4 Pues bien, el síndrome del vocabulario paralelo quiere decir que, bastante a menudo, escribimos una palabra y decimos otra — ¡ para expresar la misma cosa !
5 ¡ Escuche el diálogo al principio de la lección, « traducido » al lenguaje diario !
6 — Malcom tiene un nuevo trabajo — ¿ De verdad ? ¿ Cuánto gana ? ¡ Phew ! Eso es más claro, ¿ no es cierto ?
7 El idioma inglés ha absorbido estos términos « intelectuales » conjuntamente con sus equivalentes más proletarios,
8 y esto puede confundir a una persona que carezca de educación clásica.
9 Debido a que el lenguaje de las administraciones gubernamental, jurídica, científica y tecnológica
10 está escrito en esta forma de idioma que hemos llamado « officialese ».

NOTAS

(1) Tenemos la costumbre de bautizar la jerga de los adjetivos que terminan en *-ese ; officialese* es el término « oficial » de las administraciones ; *journalese* es el lenguaje particular de los periodistas. Estas palabras tienen un sentido más bien peyorativo.

(2) Y volvemos al mismo problema, ya mencionado en estas páginas, del origen doble del inglés, cuando el latín funge como la lengua de los eruditos y la lengua anglosajona es la más popular.

(3) *Classical* = es un término que tiene relación con la civilización griega o latina, o con el período llamado clásico, es decir del siglo 18. *Classic* se refiere a alguna cosa célebre, que ha establecido un patrón

11 Things came to such a head a few years ago that a proposal was considered to introduce Latin into the primary classroom (**4**)

12 not for lofty academic reasons but so that the young adult would be equipped to understand this gobbledegook. (**5**) (**6**)

13 If an optician were to tell his patient that he or she was myopic (**N2**)

14 the poor person probably would not understand his condition. A dictionary would tell him that he was short-sighted.

15 Or it could have been daltonism. What! What on earth is that? Is it fatal? (**7**) (**8**)

16 Relax, it only means that you're colour-blind. You don't need a white stick and a canine quadruped, sorry, a dog.

NOTAS (continuación)

dentro del género : hablamos de *a classic wine* o *a classic car*. No se deben confundir.

(**4**) *Matters have come to a head* = las cosas han llegado a un punto crítico. *The problem came to a head when they published an article in the press* = El problema se hizo crítico cuando se publicó un artículo en la prensa.

(**5**) *Lofty* es un adjetivo cuyo sentido original era simplemente : alto, elevado. Se emplea ahora en un sentido abstracto para significar un ideal, un carácter noble e idealista. *He has lofty ideals* = Él tiene grandes ideales. Sabemos además que *a loft* es una especie de desván o ático, muy apreciado en algunas ciudades como New York.

(**6**) Hemos visto (nota 1) las palabras terminadas en *-ese*, y hemos dicho que eran algo peyorativas. ¡ *Gobbledegook* es francamente peyorativa ! Esa palabra — de origen oscuro y americano — significa una lengua pomposa e incomprensible : galimatías. *I can't understand all that gobbledegook you hear on television.* ¡ Es una verdadera gloria pronunciarla !

11 Las cosas llegaron hasta tal punto hace unos años, que se pensó en una proposición para introducir el latín en las aulas de las clases primarias,
12 no por razones específicamente académicas, sino con el fin de que los jóvenes adultos estuvieran preparados para comprender este galimatías.
13 Si un óptico debiera decir a su cliente (paciente) que él o ella era miope,
14 esta desdichada persona probablemente no comprendería su problema. Un diccionario le diría que es *short - sighted.*
15 ¡ O que pudiera ser daltónico ! ¡ Qué ! ¿ Qué es eso ? ¿ Es mortal ?
16 Relájese, eso quiere decir que usted es *colour-blind.* Usted no necesita un bastón blanco o un cuadrúpedo canino, perdón un perro.

NOTAS (continuación)

(7) Ver nota 2. Aunque esa anomalía de la vista se descubrió por el físico inglés *John Dalton,* pocos anglófonos cononcen la palabra (muy científica). Indica que somos incapaces de distinguir ciertos colores : *colour blind.*

(8) *What on earth is happening ?* = ¿ Qué diablos pasa ? *What on earth...* no es del todo vulgar, el término indica una incomprensión. Cuando además estamos enfadados, vamos un poco más lejos y decimos *What the hell...* ? (*hell* = infierno). Esa última expresión no es aconsejable, ya que puede ofender las sensibilidades.

17 It is important to understand this " explaining " tendency of the English language —

18 the practice of breaking down intellectual words into their basic parts, generally using words of Germanic origin.

19 If you want to understand the ordinary native English speaker rather than the stodgy official texts which appear all too regularly (**9**)

20 learn not to use words which are sesquipedalian, sorry, too long!

***

EXERCISES 1. Who is his counterpart in the Ministry of Trade? **2.** Things came to such a head that the manager resigned. **3.** I can't understand this gobbledegook! Write simply! **4.** Why do you need glasses? Are you short-sighted or long-sighted? **5.** — What on earth is daltonism? — It just means you're colour-blind. **6.** His Russian is good, but he's not a native speaker.

***

Fill in the missing words

1. *¿ Le gusta a usted la música clásica o prefiere el rock ?*

Do you like .... music or do you prefer rock ?

2. *La bancarrota llega con demasiada frecuencia.*

Bankrupcy happens ... ...

3. *Por sorprendente que parezca, ¡ ella es una verdadera princesa !*

...., she really is a princess !

17 Es importante comprender esta tendencia « a explicar » del idioma inglés —
18 la práctica de « descomponer » las palabras intelectuales en sus componentes básicos, empleando generalmente palabras de origen germánico.
19 Si usted quiere comprender al usuario normal del inglés en lugar de los abrumadores textos oficiales que aparecen con demasiada regularidad,
20 aprenda a no utilizar las palabras que son sesquipedales, ¡ perdón, demasiado largas !

NOTAS (continuación)

(**9**) *it happens all too often* = Eso pasa muy a menudo. El giro es una forma más elegante de decir : *much too often*. La palabra *stodge* significa un alimento pesado, indigesto ; el adjetivo *stodgy* significa por lo tanto un estilo difícil de entender, recargado.

***

Ejercicios 1. ¿ Quién es su homólogo en el Ministerio de Comercio ? **2.** Las cosas llegaron hasta tal punto que el director dimitió. **3.** ¡ Yo no puedo comprender este galimatías ! ¡ Escriba simplemente ! **4.** ¿ Por qué necesitas gafas ? ¿ Eres miope o hipermétrope ? **5.** — ¿ Qué diablos es el daltonismo ? — significa simplemente que usted es « incapaz de distinguir ciertos colores ». **6.** Él habla bien el ruso, pero no es su lengua materna.

***

4. *Los dos idiomas existen uno al lado del otro.*

The two languages exist ....

5. *Los textos oficiales pueden a menudo prestarse a confusión.*

Official texts can often ....

***

The missing words

1. classical **2.** all too often **3.** Amazingly enough **4.** alongside each other (o bien : one another) **5.** prove confusing

Twenty-fourth lesson

To tolerate... or to put up with?

1 The phenomenon we described in the last chapter is not just confined to nouns.
2 The same process is used to transform verbs of classical origin into a combination of a simple verb and a preposition. (**N2**)
3 Thus " to tolerate " will be used less frequently in everyday speech than " to put up with ", (**1**)
4 and " to call in " rather than " to visit ". Listen to these two people:
5 — I can't put up with his selfishness any longer. He either changes his ways or I go. (**2**)
6 — Don't get so upset. Why don't you call in on your way back, then we can have a drink and a chat? (**3**) (**4**)
7 Unfortunately, the choice of verb and preposition is sometimes arbitrary, to say the least!

NOTAS

(**1**) Tiene primordial importancia aprenderse la pareja verbo-preposición (o, más exactamente, la posposición) sin buscar una razón lógica para la elección de las palabras. En efecto, el más mínimo error hace que la frase sea incomprensible ; peor aún si nos equivocamos ¡ pueden resultar terribles contra-sentidos ! Así pues, aquí tenemos el grupo *to put up with*, cuyo equivalente latino es *to tolerate. She couldn't put up with his arrogance any longer* = Ella no podía seguir soportando más su arrogancia.

Vigésimo cuarta lección

¿ To « tolerate » o « to put up with » ?

1 El fenómeno que nosotros describimos en el último capítulo no se limita únicamente a los nombres.
2 El mismo proceso se utiliza para transformar los verbos de origen clásico en una combinación de un simple verbo y una preposición.
3 Así « to tolerate » se utilizará menos frecuentemente en el lenguaje diario que « to put up with »,
4 y « to call in » más bien que « to visit ». Escuche a estas dos personas :
5 — Yo no puedo tolerar su egoísmo por más tiempo. O cambia su manera de ser o me marcho.
6 — No te enfades. ¿ Por qué no me visitas cuando regreses, tomamos una copa y conversamos ?
7 Desgraciadamente, escoger el verbo y la preposición resulta algunas veces arbitrario, ¡ es lo menos que se puede decir !

NOTAS (continuación)

(**2**) La palabra *ways* se emplea aquí en el sentido de : costumbres. *You get used to his way after a while* = Te acostumbras a su forma de comportarse al cabo de cierto tiempo.

(**3**) Atención a la diferencia entre *to call* (hablar por teléfono ; *Don't call me before ten o'clock* = No me telefonees antes de las 10) y *to call in* = visitar la casa de alguien. *Call in on your way back* = Visítame cuando regreses. De otro modo, una tarjeta de visita (*a visiting card*) se llama *a calling card*.

(**4**) *To chat* = conservar, charlar. *A chat* = una conversación amistosa. Atención al verbo (que se parece mucho al anterior), *to chatter* = cotillear ; es más peyorativo. *A chatter box* = una persona de inagotable cotilleo.

8 Listen to the following examples and try to understand the meaning of the " phrasal verb " through the context which it is used in.

9 Government expenditure has been brought down considerably over the last three months in order to control inflation.

10 — How are you making out at your new job? — Well, the manager is a bit of a slave-driver but otherwise it's fine. (**5**)

11 After all the ups and downs of the last few weeks, share prices are beginning to pick up rapidly. (**6**)

12 The United States has pulled its forces out of the area after a call from the UN Security Council. (**7**)

13 The union is pushing for an increase in the basic wage and better overtime conditions. (**8**)

14 — Could you put the meeting off until ten o'clock? I have to drop off my wife at the airport at nine. (**9**)

15 — If you want to stay for a couple of days, we can put you up in David's room. He's still at university. (**10**)

NOTAS (continuación)

(**5**) *A slave* = un esclavo ; *a slave-driver* = un esclavista. *Slave* se emplea en la jerga tecnológica para significar un mecanismo accionado por otro mecanismo.

(**6**) *To pick up* = (literalmente) recoger. Cuando se habla de negocios, el verbo significa : recuperar. *Business picked up in the last week of December* = Los negocios se han recuperado en la última semana de diciembre. (Un reconstituyente se llama en lenguaje familiar a *pick-me-up*).

(**7**) *To pull out* = retirarse. *Henson was interested in the deal, but he pulled out at the last minute* = H. estaba

8 Escucha los ejemplos siguientes e intenta comprender el significicado del « phrasal verb » (verbo + preposición) dentro del contexto en que se utiliza.
9 Los gastos gubernamentales han sido reducidos considerablemente durante los últimos tres meses para controlar la inflación.
10 — ¿ Cómo te las arreglas en tu nuevo trabajo ? — Bien, el director es un poco esclavista, pero por lo demás todo va bien.
11 Después de todos los altos y bajos de las últimas semanas, los precios de las acciones comienzan a recuperarse rápidamente.
12 Los Estados Unidos han retirado sus fuerzas de la zona después de un llamamiento del Consejo de Seguridad de la ONU.
13 El sindicato insiste en un aumento del salario básico y en mejores condiciones para las horas extraordinarias.
14 — ¿ Pudiera usted posponer la reunión hasta las 10 ? Tengo que llevar a mi señora al aeropuerto a las 9.
15 — Si usted desea quedarse un par de días, nosotros podemos alojarlo en la habitación de David. Él sigue en la universidad.

NOTAS (continuación)

interesado en el negocio, pero se retiró en el último minuto. *A pull-out supplement* es un suplemento de una publicación, que se puede retirar por estar suelto dentro de la misma. (Observe de paso que *United Nations Organization* se conoce bajo la sigla *UN.*)

(**8**) *To push for* = insistir para obtener alguna cosa. La utilización es muy periodística. *He was pushing for a pay rise* = El insistía para obtener un aumento de salario. Si se insiste mucho, si se es demasiado agresivo, se es *pushy. Overtime* = las horas suplementarias (extras).

(**9**) *Tu put off* (*a meeting*, etc.) = aplazar (una reunión, etc.). Se puede también utilizar *to put back. She has put off the appointment until Tuesday* = Ella aplazó la cita para el martes. Otro sentido de *put off* es : disuadir a alguien, « enfriar » ; ese es el sentido que encontramos en los ejercicios.

(**10**) *To put someone up* = albergar a alguien. Observe el parecido con la expresión *to put with.* ¡ No se debe confundir !

16 — You can't rule out the possibility that they will refuse to cooperate with the management.
17 We will round off this lesson with a story about Marylin Monroe.
18 A reporter asked her — Marylin, what do you put on at night?
19 The star answered coyly — My perfume. (**11**)

***

EXERCISES 1. She called in for a chat on her way home from work. **2.** We've had a lot of ups and downs but we're still married **3.** My new boss is a real slave-driver, to say the least. **4.** Could you drop me off at the station? I can't find a taxi anywhere. **5.** You can't rule out the possibility of a stock market collapse.

***

Fill in the missing words

Este ejercicio será dedicado enteramente a los verbos formados con *to put.*

1. *Su actitud negativa me enfrió completamente.*

   His negative attitude . . . . completely.

2. *Podemos alojarlo si viene a Portsmouth.*

   We can . . . . if you come to Portsmouth.

3. *Vístase con algunas ropas de abrigo ; hace un frío de perros afuera.*

   . . . . . some war clothes ; it's freezing outside.

16 — No se puede excluir la posibilidad de que ellos rechacen cooperar con la dirección.
17 Terminaremos esta lección con una historia acerca de Marylin Monroe.
18 Un reportero le preguntó a ella — Marylin, ¿ Cómo se viste de noche ?
19 La estrella respondió con coquetería — Con mi perfume.

NOTAS (continuación)

(**11**) *Coy* es un adjetivo que expresa una falsa timidez. Se utiliza sobre todo el adverbio *coyly*. Aquí la respuesta de la estrella es falsamente tímida... ¡ pero divertida !

***

Ejercicios 1. De regreso de su trabajo, ella decidió hacer un alto para conversar un poco. **2.** Tuvimos muchas altas y bajas pero seguimos todavía casados. **3.** Mi nuevo jefe es un verdadero esclavista, esto es lo menos que se puede decir. **4.** ¿ Puedes llevarme a la estación ? No puedo encontrar un taxi por ninguna parte. **5.** Usted no puede ignorar la posibilidad de un colapso del mercado bursátil.

***

4. *Ella no podía soportarlo por más tiempo.*

She couldn't . . . . any longer.

5. *Posponga la fiesta durante unos pocos días, hasta que se sienta mejor.*

. . . the party . . . for a few days until you feel better.

***

The missing words

1. put me off **2.** put you up **3.** Put on **4.** put up with him **5.** put...off

Twenty-fifth lesson

Let's carry on

1 Let's carry on for one more lesson with these extremely useful phrasal verbs.

2 — Do you have anything on this evening?
— Afraid so. I'm seeing my lawyer. (**1**) (**2**)

3 — No, I won't lend them any more money. I've helped them out enough already. (**3**)

4 — We were held up for an hour at the airport with those damned security checks. (**4**)

5 Keep on revising: it's the only way to learn.

6 Public demand has fallen off and the factory has had to lay off three hundred workers. (**5**)

7 Sunday is the only day of the week I can lie in, so don't call me before eleven o'clock.

NOTAS

(**1**) *Do you have anything on ?* = ¿Tiene alguna cosa prevista ? Las guías semanales que anuncian los espectáculos en una ciudad se llaman a menudo : *What's on...*

(**2**) Usted probablemente ha aprendido que los verbos tales como *to see* no tienen forma continua. En efecto, es correcto en el sentido propio del verbo. Por el contrario, *to see* tiene más el sentido de hacer una visita que de ver ; en esa segunda aplicación, se admite la forma continua.

(**3**) *To help someone out* tiene más bien el sentido de echar una mano al momento que de ayudar a largo plazo. *They helped me out with a loan when I had problems with the tax people* = Ellos me echaron una mano con un préstamo cuando tuve problemas con el fisco.

Vigésimo quinta lección

Continuemos

1 Continuemos durante una lección más con estas « Phrasal verbs » que son extremadamente útiles.
2 — ¿ Tiene usted alguna cosa prevista para esta noche ? — Desgraciadamente sí, veo a mi abogado.
3 — No, no les prestaré más dinero a ellos. Ya les he ayudado bastante.
4 — Nos retuvieron durante una hora en el aeropuerto debido a esos dichosos controles de seguridad.
5 Continúa el repaso : es el único modo de aprender.
6 La demanda pública ha bajado y la fábrica ha tenido que despedir a trescientos obreros.
7 El domingo es el único día de la semana en que puedo permanecer en la cama, así que no me llames antes de las once.

I JUST DROPPED IN TO SEE HOW YOU WERE

NOTAS (continuación)

(4) ¡ Otros tiempos, otras costumbres ! *damned* (Condenado — ver también la frase 9) era antiguamente una expresión muy fuerte, en sentido religioso. (Puede incluso encontrársela escrita *d.* en la literatura del siglo 19, ¡ como la *p* ! de Sartre). Ahora, parece más inofensiva, pero no la emplee porque todavía quedan algunas almas sensibles...

(5) *To lay off* = poner en paro técnico. Es cada vez más utilizado para « despedir » a alguien del trabajo. Estudie bien el contexto.

8 — If you want to go to the movies, I'll look after the kids for you. (**6**)

9 — Damn! I've forgotten his number. — Well, look it up in the phone book. (**7**)

10 The bomb blew up in a crowded shopping centre, killing three people and wounding twenty others.

11 The fight was called off because one of the boxers was suffering from a bad cold!

12 I came across this photograph of my parents' Silver Wedding when I was going through my drawers.

13 — I'm afraid I don't have any butter. You'll have to make do with margarine.

14 — I just dropped in to see how you were. Nowadays, I rarely leave the office before seven thirty. (**8**)

15 — When did you give up smoking? — Three days, two hours, four minutes and twenty two seconds ago!

16 — I'm sorry, I didn't understand the last part of your explanation. Could you go over it again, please?

NOTAS (continuación)

(**6**) El que dice esa frase es un americano, porque un inglés habría dicho... *to the cinema*. Veremos las diferencias entre las dos lenguas más tarde en este libro. *A kid* = (literalmente) un cabrito. La palabra sobre todo se emplea en lenguaje familiar para decir : un chaval. *Do you have any kids ?* = ¿Tiene usted chavales ?

(**7**) Aunque la guía telefónica se denomina oficialmente *the phone directory*, se le llama más corrientemente *the phone book*. El servicio de asistencia a la guía (información telefónica) se llama *Directory Enquiries* en GB y *Directory Assistance* en los EU.

8 — Si quieres ir al cine, cuidaré de los chicos por ti.
9 — ¡ Caramba ! He olvidado su número. — Bien, búscalo en la guía.
10 La bomba explosionó en un centro comercial atestado de personas, matando a tres e hiriendo a otras veinte.
11 El combate se anuló debido a que uno de los dos boxeadores estaba sufriendo un fuerte resfriado.
12 Encontré esta foto de las bodas de plata de mis padres cuando estaba hurgando en mis cajones.
13 — Lo siento mucho, no tengo mantequilla. Tendrá que arreglárselas con margarina.
14 — Me pasé justamente para ver cómo estabas. En estos días, raramente salgo de la oficina antes de las siete y media.
15 — ¿ Cuándo dejó de fumar ? — ¡ Desde hace tres días, dos horas, cuatro minutos y dos segundos !
16 — Lo siento, no comprendí la última parte de su explicación. Por favor, ¿ puede usted repetirla ?

NOTAS (continuación)

(**8**) *To drop in* es un poco más familiar que *to call in* (ver lección 24 nota 3) pero las dos pueden emplearse casi indiferentemente.

17 — There was a loud bang and all the lights went out. I thought a fuse had blown, but the house had been struck by lightning!
18 — Hang on a minute! You're going too fast.

***

EXERCISES 1. — What do we have on this morning, Bill? — A technical meeting at ten. **2.** Four armed men held up a security guard and robbed him of £4000. **3.** They had to call off the rehearsal because the director was ill. **4.** Can you make do without me for ten minutes? I have to go to the bank. **5.** Hang on a minute! Not too fast!

***

Fill in the missing words

1. *La empresa Barnham ha despedido a trescientos obreros.*

Barnham's . . . . three hundred workers.

2. *Continúe tomando los medicamentos ; pronto se mejorará.*

. . . . taking the medicine ; you'll soon get better.

3. *Mi abogado se ocupa de mis intereses financieros.*

My lawyer . . . . my financial interests.

4. *Si no conoce la palabra, búsquela en el diccionario.*

If you don't know the word . . . . in the dictionary.

5. *Consideremos de nuevo su explicación.*

. . . ' . . . . his explanation again.

17 — Hubo un ruido terrible y todas las luces se apagaron. Creí que un fusible se había fundido, ¡ pero había caído un rayo en la casa !

18 — ¡ Espere un instante ! Va demasiado rápido.

***

Ejercicios 1. ¿ Qué tenemos en el programa de esta mañana Bill ? — Una reunión técnica a las diez. **2.** Cuatro hombres armados retuvieron a un guardia de seguridad y le robaron 4000 libras. **3.** Tuvieron que cancelar el ensayo debido a que el director estaba enfermo. **4.** ¿ Puedes arreglártelas sin mí durante diez minutos ? Tengo que ir al banco. **5.** ¡ Un minuto ! No tan rápido.

NOTAS PERSONALES :

The missing words

1. has laid off **2.** Carry on **3.** looks after **4.** look it up **5.** Let's go over

Lección 25

Twenty-sixth lesson

London

1 "When a man is tired of London, he is tired of life". The famous saying of Doctor Johnson (**1**)

2 is still true for the 8 million who live in the capital and the countless millions of tourists who flock there every year. (**2**)

3 London is a true megalopolis; it is the largest city in Europe and the third or fourth largest in the world. (**3**)

4 But the City of London — the financial district and the heart of the capital — is the world's smallest city.

5 It measures only one square mile. Indeed the City is sometimes referred to simply as The Square Mile.

6 The Lord Mayor of London is in fact the mayor of the city only and he has to ask permission to travel officially to other parts of the capital. (**4**)

7 But, as you can imagine, this permission is rarely refused !

8 " For there is in London all that life can afford ", continued our friend Samuel Johnson. (**5**)

NOTAS

(**1**) El Dr. Samuel Johnson (1709-1784), hombre de letras y lexicógrafo, era el punto de referencia de la vida intelectual londinense. Su biografo, *James Boswell*, dejó un monumento a la biografía literaria cuando escribió *The life of Dr. Johnson.*

(**2**) *A flock of sheep* = un rebaño de ovejas. El verbo *to flock* se emplea para describir los movimientos de la

Vigésimo sexta lección

Londres...

1 « Cuando un hombre se cansa de Londres, está cansado de la vida ». La frase célebre del Doctor Johnson

2 sigue siendo verdadera para los ocho millones de personas que viven en la capital y los innumerables millones de turistas que fluyen en manadas todos los años.

3 Londres es una verdadera megalópolis ; es la ciudad más grande de Europa y la tercera o cuarta más grande del mundo.

4 Pero la « city » de Londres — el distrito financiero y el corazón de la capital — es la ciudad más pequeña del mundo.

5 Mide solamente una milla cuadrada. En efecto a la City algunas veces se le denomina simplemente La Milla Cuadrada.

6 El Alcalde de Londres es de hecho únicamente alcalde de la City, y tiene que solicitar permiso para viajar oficialmente a otros distritos de la capital.

7 Pero, como usted se puede imaginar, ¡ este permiso es raramente rechazado !

8 « Pues existe en Londres todo lo que la vida puede ofrecer », continuaba diciendo nuestro amigo Samuel Johnson.

NOTAS (continuación)

multitud. *People flocked to see the Rolling Stones* = Las gentes han venido de todas partes para ver a los Rolling Stones.

(**3**) *A megalopolis* = una palabra reciente, inventada por los sociólogos, para describir una aglomeración urbana muy grande. Una palabra similar es *conurbation. The New York-Boston conurbation.*

(**4**) Atención a la pronunciación de la palabra *mayor* (maior). En las grandes ciudades inglesas, el título oficial es *The Lord Mayor* pero se elimina el título nobiliario. El femenino es *mayoress.*

(**5**) *To afford* = permitirse (En nuestra cita, se mantiene su antiguo sentido de : ofrecer). *I'm out of work, so I really can't afford any luxuries* = Estoy sin trabajo, así que no puedo permitirme el menor lujo. *You can't afford to take a risk* = No puedes permitirte el menor riesgo.

9 There are scores of theatres, dozens of world-famous shops, fine architecture — there are even mosques. (**6**)

10 From the East End, the old docklands and home of the true Londoner,

11 to the West End with its theatres, cinemas and glittering night-life,

12 not forgetting the cosmopolitan Soho — originally a French quarter and now packed with restaurants offering every kind of cuisine imaginable (though rarely English), (**7**)

13 London is a vast, bustling, exciting city so full of life that it is easy to forget that it has been destroyed at least four times.

14 When reconstruction began after the Second World War, it was decided to decongest the city; the concept of " new towns " was adopted,

15 to move inhabitants and companies out of the centre into custom-built towns within easy reach of the capital. (**8**)

16 But judging by today's rush-hour traffic jams, the solution has only been partly successful.

NOTAS (continuación)

(**6**) *A score* = veinte. Ver lección 11, nota 4.

(**7**) En efecto, el barrio de Soho era al comienzo un enclave francés. Ahora, hay un barrio — muy rebuscado — en New York que se llama *SoHo*. Observe bien la ortografía, una contracción de los nombres de las dos calles que delimitan ese barrio de artistas y de bohemios : *South Street* y *Houston Street*.

9 Existen veintenas de teatros, docenas de tiendas de celebridad mundial, arquitectura soberbia — existen incluso mezquitas.

10 Desde el East End, los antiguos « docks » y el hogar del verdadero londinense,

11 Hasta el West End, con sus teatros, sus cines y su deslumbrante vida nocturna,

12 sin olvidar el cosmopolita barrio de Soho — originalmente un distrito francés y ahora repleto de restaurantes que ofrecen toda clase de cocinas imaginables (aunque raramente inglesas),

13 Londres es una ciudad grande, bulliciosa y apasionante, tan llena de vida que es fácil de olvidar que ha sido destruída al menos cuatro veces.

14 Cuando se comenzó la reconstruccion después de la Segunda Guerra Mundial, se decidió descongestionar la ciudad ; el concepto de « nuevas ciudades » fué adoptado,

15 con el fin de trasladar a los habitantes y a las empresas fuera del centro a ciudades especialmente construídas y con acceso fácil a la capital.

16 Pero a juzgar por los actuales atascos de tráfico en las horas punta, la solución ha tenido solamente un éxito parcial.

LONDON IS A VAST, BUSTLING, EXCITING CITY

NOTAS (continuación)

(8) *A custom* = una costumbre. Pero la palabra *custom-built* se deriva de *customer* (cliente). *A custom-built car* porque es un coche que se construye según las especificaciones del cliente, y el adjetivo se ha extendido bastante en las publicaciones que proponen soluciones adaptadas a los problemas, etc. El sentido de esta frase se refiere a que las ciudades se han concebido y construído para responder a una función.

17 London is a city where tradition and modernity rub shoulders with easy familiarity, (**9**)

18 where the scarlet uniforms of the Horse Guards blend with the often outrageous fashions of the young along the King's Road.

19 The capital has always had a cosmopolitan vocation and the unsuspecting visitor may be forgiven his bewilderment (**10**)

20 at the Caribbean dancing of the Notting Hill Carnival or the snaking dragons of the Chinese New Year celebrations in Chinatown.

21 If London has lost some of its international influence since the 1950s,

22 it has retained and increased its fascination by incorporating influences from all over the world.

***

EXERCISES 1. Countless thousands of tourists flock here every month. **2.** Darling, we really can't afford a new washing machine. **3.** The area is packed with all kinds of restaurants. **4.** Our new flat is within easy reach of the shops. **5.** There was a bewildering variety of spices on sale at the Soho market.

***

Fill in the missing words

1. *Londres es la tercera o cuarta ciudad más grande del mundo.*

   London is the .... in the world.

17 Londres es una ciudad en donde la tradición y la modernidad están intimamente vinculadas,

18 donde los uniformes escarlatas de los Horse Guards se mezclan con las modas a veces exageradas de la gente joven a lo largo de King's Road.

19 La capital siempre ha tenido una vocación cosmopolita, y podemos perdonar al visitante confiado su estupefacción

20 ante los bailes caribeños del Carnaval de Notting Hill o los dragones sinuosos de la festividad del Año Nuevo chino en Chinatown.

21 Si Londres ha perdido parte de su influencia internacional desde los años cincuenta,

22 ha mantenido y aumentado su fascinación incorporando las influencias de todos los lugares del mundo.

NOTAS (continuación)

(**9**) *She rubs shoulders with royalty* = Ella se codea con la familia real. El sentido es figurado.

(**10**) *There were so many exhibits: I was bewildered* = había tantas cosas expuestas: estaba perplejo/estupefacto. *Bewilderment* = perplejidad. La palabra es bastante rebuscada.

***

Ejercicios 1. Innumerables miles de turistas llegan en manadas cada mes. **2.** Querida, nosotros no podemos verdaderamente adquirir una nueva lavadora. **3.** El barrio está repleto de todo tipo de restaurantes **4.** Nuestro nuevo piso está muy cerca de las tiendas. **5.** Había una sorprendente variedad de especias en venta en el mercado del Soho.

***

2. *Hay una veintena de teatros y docenas de tiendas.*

There are ...... of theatres and ...... of shops.

3. *Él comparte con gentes de todas partes del mundo.*

He .... people from all over the world.

4. *Yo estaba asombrado ante el número de restaurantes en el West End.*

I ... . the number of restaurants in the West End.

Twenty-seventh lesson

... and Londoners

1 As befits its status as the capital city, London has had a vital influence on the English language. (**1**) (**N 3**)

2 In fact, it was the London dialect that formed the basis of the English language as we know it today.

3 The influence of Caxton and his printing press meant that the language of the Londoners spread all over the country — and the world. (**2**) (**3**)

4 Nowadays, there are so many ethnic groups which have set up home in London that it is hard to say who or what makes up a real Londoner.

NOTAS

(**1**) *To befit* es un verbo literario que expresa la noción de : convenir a alguna cosa ; se emplea solamente en la 3ra persona. Por el contrario, el radical *to fit* es una palabra que conocemos y que quiere decir ; ser capaz de (tener talla para). *These shoes don't fit. Give me the next size up* = Esos zapatos no tienen mi talla. Deme una talla mayor. El verbo es muy corriente, pero usted puede adivinar el sentido exacto a partir de nuestra explicación. Por ejemplo : *They fitted the new carpet last week* = Han puesto la nueva moqueta la semana pasada (ver también la lección 28 N 3).

5. *Esfuérzate y evita los embotellamientos de tráfico en las horas punta.*

Try and avoid the ....-.... ....

The missing words

1. third or fourth largest city **2.** scores...dozens **3.** rubs shoulders with **4.** was bewildered by **5.** rush-hour traffic jams.

Vigésimo sexta lección

... y los londinenses

1 Como rezan sus estatutos de ciudad capital, Londres ha tenido una influencia crucial sobre el idioma inglés.

2 De hecho, fué el dialecto de Londres el que formó las bases de la lengua inglesa tal y como la conocemos en el presente.

3 La influencia de Caxton y su prensa de tipografía dió por resultado que la lengua de los londinenses se extendió por todo el país — y el mundo.

4 En nuestros días, existen tantos grupos étnicos que se han establecido en Londres que es difícil decir quién o qué constituye un verdadero londinense.

NOTAS (continuación)

(2) William Caxton (1422-1491) fué el primer impresor inglés. La publicación de *Canterbury Tales* de William Chaucer fué el punto de partida de la difusión del dialecto londinense, en el cual escribía Chaucer, y que después sería la lengua inglesa.

(3) *To mean* = significar ; en ese tipo de estructura, el sentido del verbo más bien « resultado » : *The crash of 1929 meant that millions of people lost their savings* = El desastre financiero de 1929 dió por resultado que millones de personas perdieron sus economías.

5 But let's look at a group of people who are usually identified as being " typical " — the Cockneys.

6 " I get a funny feeling inside of me, just walking up and down

7 maybe it's because I'm a Londoner that I love London town. " (**4**)

8 A true Cockney is someone who is born within the sound of Bow Bells, but we traditionally identify the east end of the city with the Cockneys. (**5**)

9 Originally tradesmen, their traditional ceremonial dress is covered with pearl buttons;

10 each year, the man and the woman with the finest dress are named Pearly King and Queen.

11 Cockneys are renowned for their wit, their repartee — and their fast-talking idiomatic speech called " rhyming slang ". (**6**)

12 Their accent and the speed at which they speak not only bewilder foreigners — people from other parts of Britain are often lost for words. (**7**)

13 For a Cockney, " to die " and " today " have the same sound, Listen: — I don't want to die today. (**8**)

NOTAS (continuación)

(**4**) Aquí se trata de los versos de una canción célebre de los londinenses *Maybe it's because I'm a Londoner.* Los Cockneys tienen el espíritu revoltoso, y al parecer la palabra procede del francés « coquin » = ¡ pillo, tunante !

(**5**) En efecto, la definición del Cockney es : aquel que ha nacido allí donde se podía escuchar (*within the sound*

5 Pero examinemos a un grupo de gentes que se identifica habitualmente como « típico » — los Cockneys.

6 « Tengo una sensación extraña en mi interior, con sólo pasearme por aquí, por allá,

7 quizás sea debido a que soy un londinense que adora la ciudad de Londres ».

8 Un verdadero Cockney es aquel que ha nacido dentro del radio de acción de Bow Bells (las campanas de Bow), pero identificamos tradicionalmente el distrito Este de la ciudad con los Cockneys.

9 Mercaderes de origen, sus vestidos tradicionales de ceremonias están cubiertos de botones de nácar ;

10 cada año, el hombre y la mujer, con las más hermosas vestimentas son elegidos Rey y Reina del Nácar.

11 Los Cockneys son célebres por su ingenio, sus réplicas — y su hablar rápido e idiomático al que llaman « rhyming slang » (argot rimado).

12 Su acento y la rapidez con que ellos hablan no solamente dejan perplejos a los extranjeros — sino también a gentes de otras partes de la Gran Bretaña que a menudo se pierden con las palabras.

13 Ya que para un Cockney, « to die » (morir) y « today » (hoy) tiene el mismo sonido : Escuche — Yo no quiero morir hoy.

NOTAS (continuación)

of) las campanas de la iglesia de Bow. Encontramos también la expresión *within sight of : We were within sight of the coast* = podíamos ver la costa.

(**6**) *Wit* = ingenio (humor). *He's a very witty writer* = Es un escritor lleno de ingenio. Observe también la deformación de la palabra francesa « repartie » : *repartee. El rhyming slang* forma parte de los argots inventados en todas partes del mundo por los comerciantes a fin de que sus clientes no les comprendan.

(**7**) *I was at a loss for words* = No sabía que decir. *She is never lost for words* = Ella tiene la lengua bien suelta.

(**8**) Escuche cuidadosamente las grabaciones ; allí reproducimos lo mejor posible el acento típico de los suburbios de Londres, un acento que se ha extendido por muchas ciudades del sur de Inglaterra. Esta lección le da algunos « ardides » para mejor descifrarlo. Después de todo, ¡ es la verdadera práctica del inglés !

14 The letter " h " is not pronounced in front of a word, a trait which is known as " dropping one's aitches ".
15 The letter " g " disappears from the " -ing " form of the verb: — He's having a blooming good holiday,
16 would be written down as — 'Es 'avin' a bloomin' good 'oliday.
17 The influence of the capital is still felt all over the country, as new trends always spread from the centre outwards.
18 A Cockney asked his doctor — who had an impeccably correct accent — What shall I do for an 'orrible 'eadache?
19 The doctor replied — Try a couple of aspirates. (**9**)
20 As to the vocabulary, try to understand the speaker who says — in broadest Cockney — (**10**)
21 — If you're goin'up the apples and pears with a cup of Rosie Lee, don't spill it on your whistle and flute.
22 Well, we agree that it is difficult — after all, rhyming slang was developed so that tradesmen could talk together without being understood. (**11**)

NOTAS (continuación)

(**9**) Juego de palabras sobre *aspirate* = la *h* aspirada (cuya ausencia evidencia crudamente el defecto de los londinenses de pura cepa) y *aspirin.*

(**10**) *Broad* = grande ; pero cuando se aplica a un acento, tiene el sentido de : marcado, pronunciado. *Our guide had a broad Scottish accent* = Nuestro guía tenía un marcado acento escocés.

14 La letra « h » no se pronuncia delante de las palabras, una característica que es conocida como « supresión de la h ».
15 La letra « g » desaparece de la forma « ing » del verbo : — Él pasa unas estupendas vacaciones,
16 se escribiría como — « Es 'havin' a blommin' good 'oliday.
17 La influencia de la capital se hace sentir en todas las demás partes del país, ya que las nuevas tendencias siempre evolucionan del centro hacia afuera.
18 Un Cockney le pidió a su médico — quien tenía un acento impecablemente correcto — ¿ Qué puedo hacer con un dolor de cabeza atroz ? (NDLR : sin pronunciar la h).
19 El médico respondió — Intente dos o tres « aspiradas ».
20 En cuanto al vocabulario, trate de comprender al locutor que dice, con un acento Cockney muy exagerado,
21 — Si subes las manzanas y las peras, con una taza de Rosie Lee, no la derrames sobre tu silbato y flauta (NDLR¡ !).
22 Bien estamos de acuerdo que es difícil — después de todo, el « argot rimado » fué elaborado de manera que los mercaderes pudiesen intercambiar sin ser comprendidos.

NOTAS (continuación)

(**11**) *I make myself understood* = Me hago comprender. Observe el empleo del participio pasado en este tipo de giro.

23 But take the word " stairs "; find a word that rhymes with it: " pears ";

24 now find a word that goes with the sense of the rhyme: " apples ".

25 So " apples and pears " means " stairs ". Our sentence means:

26 — If you're going up the stairs (" apples and pears ") with a cup of tea (" Rosie Lee "),

27 don't spill it on your suit (" whistle and flute ").

***

EXERCISES 1. If the suit doesn't fit, try the next size up. **2.** The discovery of the cholera vaccine meant that millions of lives were saved. **3.** We are within sight of our objectives for the year. **4.** What is the difference between wit and humour? **5.** He was so rude that I was at a loss for words. **6.** — Can you speak Italian? — Not very well, but I make myself understood.

***

Fill in the missing words

1. *Él hablaba con un marcado acento neoyorquino.*

He . . . . a . . . . . New York accent.

2. *Este es el inglés tal y como lo conocemos hoy día.*

This is English . . . .

3. *Tuve que gritar para hacerme escuchar.*

I had to shout . . . . . . myself . . . . .

23 Pero tomemos la palabra « stairs » (escalera) ; encuentre una palabra que rime con ella : « pears » (peras) ;
24 ahora encuentre una palabra que vaya con el sentido de la rima : « apples » (manzanas).
25 Así « apples and pears » quiere decir « stairs ». Nuestra frase significa :
26 — Si usted sube las escaleras con una taza de té, (« Rosie Lee »)
27 no la derrame sobre su traje (« whistle and flute »).

***

Ejercicios 1. Si el traje no te sirve, pruébate una talla mayor. **2.** El descubrimiento de la vacuna contra el cólera dió por resultado la salvación de millones de gentes. **3.** Nuestros objetivos para el año están a la vista. **4.** ¿ Cuál es la diferencia entre el ingenio y el humor ? **5.** Él se mostraba tan grosero que yo no sabía que decir. **6.** — ¿ Habla usted italiano ? — No muy bien, pero yo me hago comprender.

***

4. *Los Cockneys son célebres por su forma rápida e idiomática de hablar.*

The Cockneys are famous for their ....-....... ....

5. *El dialecto de Londres se extendió por todas las islas británicas.*

The London dialect .... the British Isles.

The missing words

1. spoke with...broad **2.** as we know it today **3.** to make...heard **4.** fast-talking idiomatic speech **5.** spread all over.

Twenty-eighth lesson

REVISION AND NOTES

1 Veremos aquí la diferencia entre el inglés « latinizado » y el inglés cotidiano. Hemos hablado a menudo del doble origen de la lengua, y veremos en las lecciones siguientes las equivalencias entre esos dos mundos, porque se trata verdaderamente de dos mundos distintos.
La dificultad para el extranjero que quiere profundizar sus conocimientos es que la mayor parte de las publicaciones que podrá encontrar (libros, periódicos...) están escritos en esa lengua oficial, pero basta con que compare un periódico de esos « de calidad » con un periódico de gran tirada para que comience a sentir la diferencia. Así, le recomendamos vivamente que preste mucha atención a esta segunda forma de hablar durante las próximas lecciones, porque es ésta realmente la más extendida — y la que crea más problemas.

2 He aquí el mecanismo más extendido para evitar las palabras de origen clásico. Se trata de eso que llamamos *phrasal verbs*, que se describen en las lecciones 24 y 25. Se debe tomar un verbo radical y añadirle una o dos preposiciones (o más bien posposiciones, porque se colocan siempre después del verbo radical). **Hacemos hincapié en la importancia de aprender cada par de palabras** (eventualmente, con su equivalente en latín) en un contexto que evidencia claramente su sentido. Es por esta razón (la metodología Assimil se impone) que no les presentamos listas interminables para aprender de memoria fuera del contexto, porque eso sería multiplicar los riesgos de confusión.
Además, a esta reserva de *phrasal verbs* perfectamente identificables, se añaden todos los días otras, algunas que enraizan y otras que desaparecen. Si usted encuentra algunas que no comprende, pregunte su sentido a un anglófono o en su defecto busque en un buen diccionario inglés/inglés, usted se acostumbrará a esa particularidad muy rápidamente, pero hace

falta un pequeño esfuerzo al comienzo, ¡ es decir desde ahora !

3 *To fit.* Observemos ese verbo más en detalle porque es muy utilizado. Digamos de entrada que no tiene forma progresiva ni pasiva. El sentido básico es adaptarse a alguna cosa, ya sea por la talla o por el contexto. Veamos más bien algunos ejemplos :

The table is too big to fit into the room.
It's far too small ; it will never fit you.

Observe que se puede tratar de algunas cosas demasiado grandes o demasiado pequeñas. Lo encontramos muy frecuentemente cuando se habla de ropas (en una tienda, los probadores se llaman *fitting rooms*).

A este respecto, no se debe confundir *to fit* y *to suit* el primero se refiere a la talla, el segundo al estilo del modelo :

That hat really doesn't suit you

Ese sombrero no te queda bien (porque es demasiado azul, alto, feo, etc.).

Observemos algunos ejemplos de utilización de *to fit* en un contexto técnico :

....Fit the sleeve onto the shaft
Ajustar el manguito al eje
Fit one end of the pipe into the orifice
Inserte un extremo del tubo en el orificio
He fitted a 35 mm lens onto the camera
Él montó un objetivo de 35 mm en la cámara fotográfica

(En el último ejemplo, se trata de una utilización británica, donde el pasado es regular ; en inglés EU el verbo es irregular — mantiene la misma forma : *He fit a lens...*)

Sin duda usted comienza a ver el número de aplicaciones que esa pequeña palabra puede tener : adaptarse, ajustarse, etc. (de hecho, un ajustador se llama *a fitter*). Al igual que en español se puede uno adaptar a un contexto o una situación, *to fit* se emplea para expresar esa idea.

He fits into the team very well
Él se integra muy bien en el equipo
I'll fit into your schedule
Yo me adaptaré a su horario

Twenty-ninth lesson

No news is not always good news

1 They say that no news is good news — but judging by the 13 million-odd newspapers that land on the doormats every day (**1**)

2 this is not the opinion of the British public, who buy more papers every day than almost any other country in the world.

3 There are roughly twenty national papers — both dailies and Sunday editions — and over eight hundred regional papers.

4 The national papers are traditionally produced in Fleet Street, in the centre of London,

5 but new technology has caused more and more titles to move from the Street of Ink to other headquarters. (**2**)

6 Content — and quality — vary greatly; so much so that we generally divide the dailies into " quality " and " popular ". (**3**)

NOTAS

(**1**) Conocemos *odd* traducido por la palabra impar ; añádale un sufijo y nos dará un sentido de aproximación. *There were three hundred-odd people at the meeting* = Habían alrededor de trescientas personas en la reunión. Se puede remplazar por *or so : He smokes sixty or so cigarettes a day.* La palabra *approximately* es más formal.

(**2**) *The Street of Ink* = La Calle de la Tinta, es uno de los motes de esa calle londinense, que tiene la mayor concentración de periódicos del mundo. ¿ El otro nombre ? *The Street of Shame !* (¡ La Calle de la Vergüenza !)

Vigésimo novena lección

Es buena noticia el que no las haya

1 Dicen que es buena noticia el que no las haya — pero si nos basamos en los aproximadamente 13 millones de periódicos que se depositan sobre los felpudos de las puertas cada día
2 no es ésta la opinión del público británico que adquiere más periódicos cada día que casi cualquier otro país en el mundo.
3 Existen alrededor de veinte periódicos nacionales — entre los diarios y las ediciones dominicales — y más de ochocientos periódicos regionales.
4 Los periódicos nacionales se fabrican tradicionalmente en Fleet Street, en el centro de Londres,
5 pero la nueva tecnología ha sido la causa del traslado de más y más títulos (periódicos) desde la Calle de la Tinta a otras oficinas generales.
6 El contenido — y la calidad — varían enormemente ; a tal punto que los dividimos habitualmente en diarios « de calidad » y en diarios « populares ».

NOTAS (continuación)

(3) *So much so (that)*: expresión invariable para « tanto que ». *The storms were ferocious ; so much so that fifty houses were destroyed* = Las tempestades fueron horribles tanto que cincuenta casas fueron destruídas.

7 A famous writer once said that a good paper should be like a nation talking to itself,

8 but in the case of some papers, the nation may not like what it hears !

9 Unusual events have always been a staple of journalism, (**4**) (**N1**)

10 (when a dog bites a man, that's not news; but when a man bites a dog — that is news)

11 and investigative reporting has always been a journalistic tradition stemming from the right of free speech ; (**5**)

12 however, the growing appetite for sensationalism has given rise to chequebook journalism, (**6**)

13 where people connected with news stories — usually crimes — are paid huge sums for their " exclusive story ".

14 Banner headlines announce the scoop and the daily diet of disaster grows greater. (**7**)

15 Of course, newspapers are about more than just news. The political stance of each

NOTAS (continuación)

(**4**) *A staple* viene de la palabra francesa etapa (en el sentido de un mercado — El Mercado de Calais) y antiguamente tenía el mismo sentido. Como se vendían en el mercado los productos de primera necesidad, el sentido de la palabra ha derivado para expresar esos productos básicos. *After the disaster, international aid agencies flew supplies of staples into the area* = A raiz de la catástrofe, las agencias internacionales de ayuda enviaron por avión partidas de productos de primera necesidad. *A staple industry* = una industria de productos básicos. (Atención : el otro sentido de *a/*

7 Un escritor célebre en una ocasión dijo que un buen periódico debería ser como una nación que se habla a sí misma,
8 pero en el caso de ciertos periódicos, puede que a la nación ¡ no le guste lo que escucha !
9 Los acontecimientos extraordinarios han sido siempre el materal fundamental básico del periodismo,
10 (cuando un perro muerde a un hombre, eso no es actualidad ; pero en el momento en que un hombre muerde a un perro — eso sí es noticia)
11 y el reportaje — encuesta siempre ha sido una tradición periodística que emana del derecho de la libertad de expresión ;
12 sin embargo, el apetito creciente por el sensacionalismo ha dado origen a un periodismo interesado llamado (« de talonario de cheques »), o sea
13 gentes relacionadas con las historias de actualidad — habitualmente en relación con el crimen — cobran sumas enormes por sus « relatos exclusivos ».
14 Grandes titulares a toda plana anuncian la exclusividad y la dosis diaria de los desastres va ampliándose.
15 Por supuesto, los periódicos son algo más que actualidad. La posición política de cada uno

NOTAS (continuación)

to staple [que no tiene nada que ver] = una grapa/grapar.)

(5) *A stem* = un tallo de planta ; por lo tanto *to stem from* es todo aquello que encuentra su origen a partir de ese tallo principal ; *The recent riots stem from the removal of subsidies on staples* = Los recientes motines tienen por origen la supresión de las subvenciones para los productos básicos.

(6) La expresión *cheque-book journalism* es reciente (así como este tipo de práctica) y describe la clase de periodismo que consiste en pagar el precio más caro (o vender al que más ofrece) las « exclusividades » de tal o cual drama.

(7) *A banner* = una bandera ; *The Star Spangled Banner* = La Bandera estrellada (bandera estandarte de los Estados Unidos) ; *a banner headline* = un gran titular. (Tenga en cuenta que : *a headline* = es un titular de un periódico ; *a title* = un título de un libro, de una canción...).

16 is put over in editorial comment and opinion columns, which are sometimes subtle but often strident. (**8**)

17 That most famous of all papers, the Times, owes its nickname "The Thunderer" (**9**)

18 to the denunciatory tone of its editorials, which still carry much weight among members of the Establishment. (**10**)

19 Although the influence of the press is enormous and the world sometimes seems like a global village, (**11**)

20 it is useful to remember the words of the journalist who described his profession

21 as telling the public that Lord Smith was dead when they didn't know who Lord Smith was when he was alive.

NOTAS (continuación)

(**8**) Atención a la pronunciación de *subtle* : la *b* permanece muda (suttle).

(**9**) Un giro más elegante ; en lugar de decir *The most famous paper of all* (el más célebre periódico de todos), se dice *The most famous of all papers... The most distinguished of all playwrights* : = El más distinguido de todos los dramaturgos...

***

EXERCISES 1. Judging by the newspaper reports, the situation is serious. **2.** There were roughly two thousand enquiries, but only about twenty or so were interested. **3.** — Did he like the book? — So much so that he went out and bought ten copies. **4.** Riots broke out when the government increased the price of staples. **5.** The superstition stems from a belief in witches. **6.** It owes its nickname to an old Scottish word.

16 se expresa en los comentarios editoriales y los comentarios de opinión, que son a veces sutiles, pero a menudo explosivos.
17 El más célebre de todos los periódicos, el *Times*, debe su mote « *The Thunderer* » (« El Tonante »).
18 al tono denunciante de sus editoriales, que siguen teniendo mucho peso entre los miembros del « *Establishment* ».
19 Aunque la influencia de la prensa es enorme y el mundo algunas veces se parece a una aldea global.
20 Es útil recordar las palabras del periodista que describió su profesión
21 como el hecho de decirle al público que Lord Smith había muerto aún cuando éste ignorase quién era Lord Smith cuando estaba vivo.

NOTAS (continuación)

(**10**) *To carry weight with the Establishment* = tener peso entre las gentes de poder. *The Establishment*, blanco de las demostraciones de los años sesenta, no está tan de moda como antes (la palabra, se entiende).

(**11**) La expresión *global village* : el autor canadiense Marshall McLuhan (1911-80) pretendía que dos culturas (la una literaria y la otra electromagnética) se confrontan actualmente ; el desenlace será un mundo más informado por lo tanto más unido, una aldea global.

***

Ejercicios 1. A juzgar por los artículos aparecidos en los periódicos, la situación es grave. **2.** Había alrededor de dos mil solicitudes, pero solamente una veintena estaban interesadas. **3.** — ¿ Le gustó al él el libro ? — Tanto que salió y compró diez ejemplares. **4.** Las revueltas se produjeron cuando el gobierno aumentó los precios de los alimentos de primera necesidad. **5.** La superstición tiene su origen en una creencia en las brujas. **6.** Debe su mote a una vieja palabra escocesa.

Fill in the missing words

1. *Su opinión todavía tiene mucho peso.*

   His opinion . . . .

2. *El más antiguo de todos los periódicos, el Times, tiene 300 años.*

   The . . . ., The times, is 300 years old.

3. *Puede que no le guste a usted lo que oye.*

   You . . . .

Thirtieth lesson

Quality versus tabloid

1 Newspapers in Britain are basically divided into two categories: the quality press
2 and the popular, or tabloid, press (tabloid refers to the size of the pages). (**1**)
3 Each type has its own style, but the tabloids are written in such a way that one has to know the conventions.
4 Popular papers are concerned with eye-appeal as well as content, and their pages are often filled with scantily-clad girls. (**2**)

NOTAS

(**1**) *Tabloid* es de hecho una marca registrada relativa a un producto químico muy concentrado : pero su empleo más corriente es el que describe esa clase de periódico, porque las páginas tienen un formato reducido.

4. *Yo leo un diario y una revista semanal.*

I read .... a ..... paper and a ...... magazine.

5. *La posición política viene expresada en el editorial.*

The political .... in the editorial.

The missing words

1. still carries much weight **2.** oldest of all newspapers **3.** may not like what you hear **4.** both...daily...weekly **5.** stance is put over.

Trigésima lección

La prensa de calidad frente a la prensa popular

1 Los periódicos en Gran Bretaña están generalmente divididos en dos categorías : la prensa de calidad

2 y la prensa popular (se dice « tabloid », palabra que se refiere al formato y tamaño de las páginas).

3 Cada tipo tiene su estilo propio, pero los periódicos populares están escritos de tal manera que hay que conocer los convencionalismos.

4 Los periódicos populares están interesados en lo que salta a la vista así como en el contenido, y sus páginas están a menudo llenas con chicas ligeramente vestidas.

NOTAS (continuación)

(2) A semejanza de *sex-appeal* (no tiene traducción), el sufijo — *appeal* se añade corrientemente a los nombres para indicar el objeto de atracción. El adjetivo *scanty* significa una insuficiencia de alguna cosa, *a scanty meal* = una comida de vigilia o de viernes. *Scantily-clad* es una fórmula sacada de los *tabloids* para significar desvestido.

5 (This trend caused the editor of a rather conservative daily to observe: They're full of nudes, not news.) (**3**)

6 The language is arresting: adjectives are extravagant (huge! amazing! wonderful!)

7 and verbs are violent: slam! axe! probe! (**4**)

8 Let's contrast the two styles by looking at separate reports of the same incident. First from a quality paper:

9 A confidence trickster was jailed for a year by Birmingham Crown Court (**5**)

10 for the theft of a string of pearls valued at £ 8,000.

11 Frederick Walton, 46, was arrested during a dinner-dance at the Regent Hotel in Birmingham,

12 after asking the woman he had robbed two years earlier to dance, apparently not recognizing her. (**6**)

13 Mrs Joanna Potter met Walton two years ago, and she entrusted him with the string of pearls (**7**)

14 after he had told her he was a jeweller and could restring them. He disappeared immediately afterwards.

15 He failed to recognize Mrs Potter at the Regent Hotel and invited her to waltz.

NOTAS (continuación)

(**3**) Hemos visto ya (lección 5, nota 5) la palabra *nude*. Pronúncielas, las palabras *nude* y *news* en esta frase, se hará difícil distinguirlas. (Escuche también en las grabaciones nuestros ejercicios.)

(**4**) *An axe* (un hacha) se escribe *ax* en inglés americano.

5 (Esta tendencia ha incitado al redactor de un diario más bien conservador a declarar : están llenos de desnudos, no de noticias.)

6 El lenguaje es sobrecogedor : los adjetivos son extravagantes (¡ enorme ! ¡ increíble ! ¡ maravilloso !)

7 y los verbos son violentos : ¡ golpear ! ¡ amachetear ! ¡ sondear !

8 Comparemos los dos estilos considerando por separado los dos artículos relacionados con el mismo incidente. Primero el de un periódico de calidad :

9 Un timador fué condenado a un año de prisión por un tribunal de Birmingham

10 por el robo de un collar de perlas valorado en 8000 libras.

11 Frederick Walton, de 46 años, fué arrestado durante una cena con baile en el hotel Regent de Birmingham,

12 después de haber invitado a bailar, aparentemente por no haber reconocido a la mujer a la que había robado dos años antes.

13 La Señora Joanna Potter conoció a Walton dos años atrás, y le confió el collar de perlas entonces

14 después de que él le dijera que era joyero y que podía engarzarlas de nuevo. Walton desapareció inmediatamente después.

15 Él no reconoció a la Señora Potter en el hotel Regent, y la invitó a bailar.

NOTAS (continuación)

(**5**) (Ver también la frase 18.) *A confidence trickster/man* es una persona que comete abusos de confianza. Esa expresión se abrevia corrientemente en *con-man.* Tenemos un verbo *to con* = engañar a alguien. *He tried to con me into believing he was rich* = Él ha tratado de engañarme haciéndome creer que era rico. *A con* es una abreviación familiar para un detenido por la justicia, *convict.*

(**6**) Nosotros se lo recordamos : *to steel,* robar una cosa ; *to rob* es robar una cosa a alguien, o a un banco, un museo, etc. *The Simon Art Museum was robbed last night. Thieves stole five valuable paintings. Theft* = el robo.

(**7**) *She trusted him implicitly* = Ella confió enteramente en él. *He was entrusted with a vital mission* = Se le confió una misión crucial. *To entrust someone with something* = confiar alguna cosa a alguien.

16 She later called the police. In his summing up, the judge called Walton " a stupid and unpleasant man ". (**8**)

17 Clear? Now read how a tabloid paper would treat the same incident:

18 Quick-stepping con-man Frederick Walton waltzed into the arms of the law

19 after robbing his glamorous partner of a pearl necklace worth £8,000.

20 Smooth talker Freddy swept blonde Joanna Potter off her feet at a dance in a plush nightspot two years ago, (**9**)

21 and shortly after the two began to tango, the 46-year-old Romeo danced off with the stones.

22 But Mrs Potter had the last laugh when he bumped into her at the same spot two years later. (**10**) (**11**)

23 Amazingly, the daft Don Juan didn't recognize the lover he had cheated, and asked her to dance. (**12**)

NOTAS (continuación)

(**8**) *To sum up* (resumir, recapitular) es un verbo muy útil : *So, to sum up what has been said, we need to lay off fifty more workers* = Así, para resumir lo que se ha dicho, debemos despedir aún 50 obreros más. *The summing up*: el resumen de un proceso que el juez hace para el jurado.

(**9**) Sabemos que *smooth* quiere decir liso ; cuando se aplica a una persona, la palabra quiere decir suave. Pero atención, puede haber también una connotación negativa. *Don't listen to that smooth talker ; you can never believe him* = No escuche a ese tío camelador ; usted no puede creerle jamás.

(**10**) *He tried to con me, but I had the last laugh* = él ha tratado de engañarme pero soy yo quien ríe último. Quien ríe último reirá mejor = *He who laughs last laughs longest* (trate de decir eso en voz alta...).

16 Ella llamó luego a la policía. En su resumen el juez describió a Walton como « un hombre estúpido y desagradable ».
17 ¿ Está claro ? Ahora lea cómo un periódico popular habría relatado el mismo incidente :
18 El timador Frederick Walton, que adoraba el baile, bailó hasta que cayó en manos de la ley
19 después de robarle a su bella acompañante un collar de perlas con un valor de 8000 libras.
20 El buen camelador de Freddy le produjo un vuelco en el corazón a la rubia Joanna Potter en un baile en una lujosa sala de fiesta hace dos años,
21 y poco después de haber comenzado a divertirse de lo lindo, el Romeo de 46 años de edad desapareció con las piedras preciosas.
22 Pero la Señora Potter rió última cuando él se la tropezó en el mismo lugar dos años después.
23 Increíble pero cierto, el Don Juan imbécil no reconoció a la amante que había engañado, y la invitó a bailar.

NOTAS (continuación)

(**11**) *To bump into* = (liter.) golpear alguna cosa/a alguien. *Ow! I've just bumped into the sofa* = Oh, Me he golpeado contra el sofá. Por el contrario, la utilización idiomática es muy corriente : encontrar por casualidad : *Guess who I bumped into in the street*? = ¿ Adivine con quien me he tropezado en la calle ?

(**12**) *Daft* es un adjetivo familiar (pero amable) que quiere decir tonto, idiota. *Don't be daft*! = ¡ No seas idiota ! Existe quizás una variante de esa palabra vinculada con un personaje célebre de Walt Disney : *Daffy Duck*.

24 She agreed and then called the police, who arrested Walton in the middle of the fox-trot.

25 Walton, of Church Street Birmingham, was jailed for a year.

26 Believe it or not, it **is** the same story.

***

EXERCISES 1. — What's the difference between nudes and news? — How old are you? **2.** The reason for high interest rates is the huge budget deficit. **3.** It's a nineteenth-century water colour valued at £25,000. **4.** I don't trust him, he's a real smooth talker. **5.** I would like to sum up the different arguments. **6.** A con-man cheated her out of all her savings.

***

Fill in the missing words

1. *Quien ríe último reirá mejor.*

He who ....

2. *Acabo de tropezarme con un viejo amigo.*

. '.. .... an old friend.

3. *Los ladrones asaltaron un furgón blindado y se robaron 250.000 libras.*

.... an armoured car and ...... 250.000.

4. *Él no ha sabido reconocer sus errores.*

He .... his mistakes.

5. *Después de que él le dijera que era joyero, ella le confió sus perlas.*

.... he was a jeweller she .... her pearls.

24 Ella aceptó y luego llamó a la policía, quien arrestó a Walton en medio de un fox-trot.
25 Walton, que vive en Church Street, Birmingham, fué condenado a un año de prisión.
26 Crealo o no, ésta es en efecto la misma historia.

***

Ejercicios 1. — ¿ Cuál es la diferencia entre los desnudos y las noticias ? — ¿ Qué edad tienes ? **2.** La razón que explica los altos porcentajes de interés es el enorme déficit presupuestario. **3.** Esta es una acuarela del siglo diecinueve valorada en 25.000 libras. **4.** Yo no confío en él, es un verdadero camelador. **5.** Me gustaría resumir los diferentes argumentos. **6.** Un timador la engañó y le birló todos sus ahorros.

NOTAS PERSONALES :

The missing words

1. laughs last laughs longest **2.** I've just bumped into **3.** Thieves robbed...stole **4.** failed to recognize **5.** After he had told her...entrusted him with.

Thirty-first lesson

Careless talk...

1 A contributor to the satirical weekly *PUNCH* once wrote about journalists: (**1**) (**2**)

2 — You cannot hope to bribe or twist — thank God — the British journalist; (**3**) (**4**)

3 but seeing what the man will do unbribed, there is no real reason to.

4 Here are a couple of examples of what can happen if you are not careful about what you say to the press.

5 The British ambassador in Washington was rung up by a local paper about a fortnight before Christmas. (**N 2**) (**5**) (**6**)

NOTAS

(**1**) *PUNCH*, revista satírica fundada en 1841, sigue existiendo en la actualidad claro que menos política que entonces, pero igualmente iconoclasta. Su nombre se deriva de Punchinello, la marioneta italiana que se conoce bajo el nombre de polichinela. Volvemos a encontrar también la expresión corriente *to be as pleased as Punch* = ser feliz como un pachá.

(**2**) Observe esa utilización de *once* para situar un acontecimiento en el pasado : *Oscar Wilde once said : I have nothing to declare but my genius* = Oscar Wilde dijo : Yo no tengo nada que declarar sólo mi ingenio. Preste atención : no existe obligatoriamente la idea de una vez. En ese contexto *once* puede remplazar *used to* tratándose de las acciones habituales que ya no existen : *I once thought I would become a painter* = Yo pensaba que llagaría a ser un pintor. Es un giro literario más que oral.

Trigésimo primera lección

Palabras imprudentes...

1 Un colaborador del semanario satírico PUNCH escribió una vez acerca de los periodistas :
2 — Gracias a Dios, no se puede esperar sobornar o corromper al periodista británico ;
3 pero considerando lo que es capaz de hacer sin que se le soborne, no hay verdaderamente ninguna razón para hacerlo.
4 Citaremos un par de ejemplos de lo que puede pasar si no se pone atención acerca de lo que se dice a la prensa.
5 El embajador británico en Washington fué contactado por teléfono por un periódico local alrededor de dos semanas antes de las Navidades.

NOTAS (continuación)

(3) *To bribe*: sobornar, cohechar. *A bribe*: un pago ilícito. El inglés americano, siempre más imaginativo en el lenguaje familiar que el inglés británico, emplea la palabra *a kickback*, que podría traducirse por corresponder a un favor o beneficio con otro (no hay verbo).

(4) *To twist*: torcer. *You don't need a bottle opener, this bottle has a twist-off top* = No tienes necesidad de un abridor, esta botella se puede abrir girando la tapa. Recordaremos por largo tiempo ese baile, que ciertas personas han calificado de escabroso, de los años 60 : *the Twist* = ¡ la torsión ! Aquí, para conservar el sentido significa : corromper.

(5) *To ring someone* o *to ring someone up* = llamar por teléfono a alguien. Observe primero que no hay preposición después del verbo. *To ring* significa literalmente sonar. *Ring the bell and wait* = Toque el timbre y espere. Así, en lenguaje familiar británico, se escucha *Give me a bell around ten* = Dame un timbrazo alrededor de las diez ; o, aunque cada vez más el timbre se remplaza por ruidos electrónicos, se encuentra también *to call* y *to call up* por llamar por teléfono. Como hemos visto ya, *to call in* significa hacer una visita ; la expresión está un poco en desuso.

(6) *A fortnight* = una quincena (en días) es una contracción de *fourteen nights* ; la palabra no es corriente en el inglés americano, donde se dice más bien *two weeks*.

6 — Mr Ambassador, what would you like for Christmas? — I wouldn't dream of accepting anything. (**7**)

7 — Seriously sir, we would like to know — and don't be a stuffed shirt. You've become a media personality over the last year. (**8**) (**9**)

8 — Well, if you insist, the ambassador replied, I'd like a small box of chocolates from Macy's. (**10**)

9 He thought no more about the incident until, on Christmas Eve, he was leafing through a copy of the paper in question. (**11**)

10 A full-page feature article was devoted to a series of interviews with foreign ambassadors in the United States. (**12**) (**13**)

11 — In this season of peace and goodwill, the article ran, we asked three prominent diplomats what they wanted for Christmas.

NOTAS (continuación)

(**7**) *I wouldn't dream of giving away a secret* = No se me ocurriría traicionar un secreto. Esa expresión *I wouldn't dream of...* es un poco anticuada, pero aquellos que se esmeran al hablar siguen empleándola.

(**8**) *A stuffed shirt* (literal una camisa rellena) : alguien que se mantiene muy formalista que se lo toma demasiado en serio, (sobre todo cuando se trata de alguien sin mucha importancia). De hecho, la expresión viene de la palabra francesa *estoffe* que se convierte en *stuff* y que significaba una tela (de calidad mediocre pero que parecía como de seda). Así, *a stuffed shirt*: una camisa que tiene una pinta más elegante de lo que es. Observemos de paso : *This room is very stuffy* = Esta habitación está mal ventilada ; *Don't get shirty* (fam.) = No te enfades.

6 — Señor Embajador, ¿ qué le gustaría a usted para Navidad ? — No se me ocurriría jamás aceptar alguna cosa.
7 — Hablando en serio Señor, querríamos saber — y no sea formalista. Usted se ha convertido en una personalidad entre los medios de comunicación en este último año.
8 — Bien, si usted insiste, respondió el embajador, me gustaría una pequeña bombonera de la casa Macy.
9 Él no pensó más en el incidente hasta justo la noche de Navidad, cuando hojeaba un ejemplar del periódico en cuestión.
10 Un artículo de fondo de una página entera estaba consagrado a una serie de entrevistas con los embajadores extranjeros en los Estados Unidos.
11 — Aprovechando esta temporada de paz y buena voluntad, decía el artículo, le pedimos a tres diplomáticos importantes lo que deseaban para Navidad.

NOTAS (continuación)

(**9**) *The media* es una palabra muy (demasiado) utilizada en nuestros días. Encontramos también *the electronic media* (el audiovisual) y *the print media* (la prensa escrita). Es significativo de este uso excesivo el que no se sepa jamás si el verbo que lo rige es singular o plural (cf. *data*). La lógica sugiere que sea plural, pero la práctica tiene más tendencia a ponerlo en singular. ¿ Quién ganará de acuerdo con usted ? *A media personality* es una expresión de moda para nombrar a alguien que sale mucho en la televisión o en la prensa. La expresión es tan torpe como fea.

(**10**) *Macy's* junto con *Bloomingdale's* es una de las más célebres tiendas por departamentos de New York (*department stores*) de New York.

(**11**) *A leaf*: una hoja ; *to leaf through* = hojear. Observe que la posposición es esencial.

(**12**) *A feature article* = un gran reportaje. Encontramos *feature* (literal una característica) utilizada cada vez más como verbo. *The film features Marlon Brando and Jack Nicholson* (ellos son las primeras figuras). This week our show features a report on life in the jungle (dicho reportaje es la característica que constituye el punto clave de la emisión).

(**13**) ¡ Atención ! A pesar de la *s* final, *a series* es singular. ¿ Cuál es el plural ? Pues bien, es... *series*.

12 The French ambassador replied — Peace on earth, respect of human rights and genuine freedom in the developing world. (**14**)

13 His German counterpart called for a revival in international trade in order to generate worldwide prosperity and economic revival.

14 However, when we questioned the British ambassador, he replied that he would like a small box of chocolates from Macy's.

15 The Archbishop of Chicago arrived in Britain for an episcopal visit.

16 In the VIP lounge at Heathrow Airport, journalists from the different media were waiting to question him. (**15**)

17 A reporter from one of the tabloids shouted — Will you be visiting the strip-clubs in Soho, Archbishop?

18 Innocently, the clergyman replied — Are there any strip-clubs in Soho? He could have bitten his tongue because the next day's headline read:

19 — Archbishop's first question: — Are there any strip-clubs in Soho?

20 One can occasionally get one's revenge on the press. When the Beatles returned from their first American tour, (**N3**)

21 a journalist asked the singer John Lennon — How did you find New York, John?

22 Lennon replied sardonically — I turned left at Southampton.

12 El embajador francés respondió — Paz en la tierra, respeto a los derechos humanos y verdadera libertad para los países en vías de desarrollo.
13 Su homólogo alemán formuló una llamada para dar un nuevo impulso al comercio internacional a fin de generar una prosperidad a nivel mundial y un florecimiento de la economía.
14 Sin embargo, cuando interrogamos el embajador británico, respondió que a él le gustaría una bombonera de la casa Macy.

15 El Arzobispo de Chicago llegó a Gran Bretaña para una visita episcopal.
16 En el salón de recepción de personalidades del aeropuerto de Heathrow, los periodistas de los diferentes medios le esperaban para interrogarle.
17 Un reportero de un periódico popular le preguntó a gritos — ¿ Visitará los clubs de « strip-tease » del Soho, Monseñor ?
18 Inocentemente el ecleciástico replicó — ¿ Existen esos clubs de « strip-tease » en el Soho ? Podría haberse mordido la lengua ya que a grandes titulares en los periódicos del día siguiente se decía :
19 — Primera pregunta del arzobispo : ¿ Existen esos clubs de « strip-tease » en el Soho ?
20 De vez en cuando, uno se puede vengar de la prensa. Cuando los Beatles regresaron de su primera gira americana,
21 un periodista le preguntó al cantante John Lennon — ¿ Cómo encontraste New York, John ?
22 Lennon replicó sarcásticamente — Yo giré a la izquierda en Southhampton.

NOTAS (continuación)

(**14**) *Genuine* = real, auténtico, lo contrario de falso. Él tiene *genuine humility* = Posee una verdadera humildad. Se puede aquí substituir por *real*. Aplicado a una cosa, no se alternan las dos : *a genuine 20 karat diamond* : que no es falso.

(**15**) *A VIP* = a very important person. Aunque se le pronuncie (vi - ai - pi), cada vez se hace más corriente oir (sobre todo en EU, *a veep*). Y como es siempre necesario ponderarse, encontramos también *VVIP* (*very very important person*). En cuanto a la pronunciacion ...

EXERCISES 1. He was jailed for three years for bribery. **2.** I rang him up straight away to tell him the result; he was genuinely surprised. **3.** The media tends to exaggerate the importance of small events. **4.** One of the major features of the car is its reliability. **5.** The poster read: Free Concert in Central Park.

***

Fill in the missing words

1. *Era tan feliz como un pachá.*

He . . . .

2. *Una vez me dijiste que te harías un escritor.*

You . . . . you . . . . . become a writer.

3. *Él no ha pensado jamás gastar dinero en regalos.*

He . . . . . ' . . . . money on presents.

4. *La serie tiene dos actores célebres — ¡ y una serpiente !*

The . . . . two famous actors — and a snake !

5. *Yo estaba hojeando algunos antiguos números de PUNCH la semana pasada.*

I . . . . some back issues of PUNCH last week.

Ejercicios 1. Él fué encarcelado durante tres años por corrupción. **2.** Yo le llamé por teléfono inmediatamente para decirle el resultado ; él estaba francamente sorprendido. **3.** Los medios de comunicación tienden a exagerar la importancia de pequeños incidentes. **4.** Una de las principales características del coche es su fiabilidad. **5.** El cartel decía : Concierto gratuito en el Central Park.

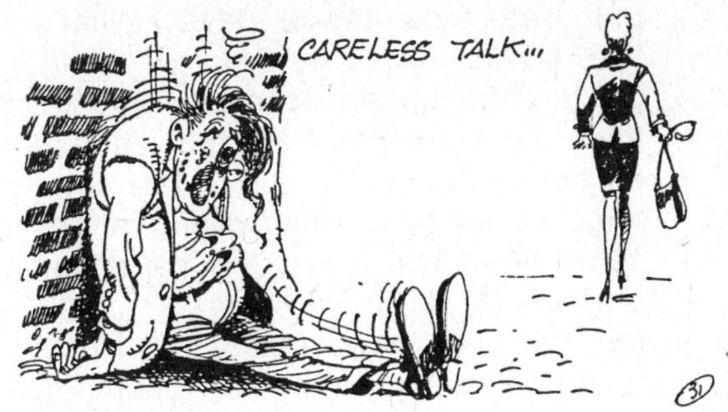

NOTAS PERSONALES :

The missing words

1. was as pleased as Punch **2.** once told me...would **3.** wouldn't dream of spending **4.** series features **5.** was leafing through

Thirty-second lesson

Journalists and politicians

1 — Hello Fred, how's life? I hear you're working free-lance these days. What's it like? (**1**) (**2**)

2 — Couldn't be better: no more rigid deadlines, no more flak from the editor, and no one going mad if you're late. (**3**)

3 What about you? Still writing a gossip column? — Not likely! I'm covering the election. (**4**)

4 — Me too. Let's swap notes. What do you think of this Pearson bloke? Seems quite liberal. (**5**)

5 — He's dyed-in-the-wool conservative, but he'll climb on the disarmament bandwagon (**6**)

6 if he thinks it will win him another few votes. He makes no bones about it — he admits it openly (**7**)

NOTAS

Puesto que esta lección trata sobre todo de expresiones muy idiomáticas (aunque corrientes), nos vemos obligados a suministrar notas bastante completas. Que no haya resentimiento : ¡ son obligatorias para perfeccionarse !

(**1**) *How's life ?* o también *How are things* ? son dos fórmulas familiares, pero corrientes, de saludo ; son más bien de origen británico. En americano, se oye corrientemente *How are you doing ?* Atención a la entonación.

(**2**) *A free-lance* = un independiente, más bien utilizada entre periodistas o en los casos de las profesiones creativas. La expresión encuentra sus orígenes en los mercenarios de la Edad Media que vendían sus servicios y armas (*lance*) al mejor postor.

(**3**) Hemos heredado la palabra *flak* de la segunda guerra mundial ; es la abreviación alemana de « Flugabwehrkanone » (la DCA). La encontramos sobre todo en los

Trigésimo segunda lección

Los periodistas y los políticos

1 — Hola Fred, ¿ Cómo estás ? Me he enterado que ahora trabajas como autónomo. ¿ Cómo te va ?

2 — No podría irme mejor : se acabaron los plazos rígidos, las críticas del redactor y nadie se enfada si llegas tarde.

3 ¿ Y tu ? ¿ Todavía sigues de gacetillero ? — No, ahora cubro la elección.

4 — Yo también. Intercambiemos nuestras notas. ¿ Qué piensas de ese tío, Pearson ? Parece ser bastante liberal.

5 — Es un conservador de pura cepa, pero terminará montándose al carro del desarme.

6 Si pensara que esto le fuera a ganar unos pocos votos. Él no anda con rodeos — lo admite abiertamente.

NOTAS (continuación)

Estados Unidos para indicar críticas a alguien o de alguna cosa. *The Treasury Secretary's plan took a lot of flak* = el proyecto del ministro de finanzas ha sido duramente criticado. En la jerga política periodística, *a flak* es un agregado de prensa, porque es quien debe defender a su « patrón » contra los ataques de los periodistas.

(4) *To gossip* = cotillear. *They're always gossiping about their neighbours* = Ellos siempre están hablando de sus vecinos, o también : *He's a terrible gossip* = Es un verdadero chismoso. *A gossip column* = una crónica de chismes de sociedad. *A gossip columnist* = un periodista de la prensa del corazón.

(5) *To swap* = intercambiar. *After the match, the two teams swapped shirts* = Después del match, los dos equipos intercambiaron sus camisetas. *To swap notes* : intercambiar y comparar las experiencias. *A bloke* = un « tio » en inglés de GB ; en inglés de EU se dice *a guy*.

(6) *To dye* = teñir (atención a la ortografía : *to die* = morir) *He's a dyed-in-the-wool...* = Es un puro..., conservador de pura cepa. Originalmente, el comercio de la lana (*wool*) : los hilos que se teñían antes de la fabricación de los trajes conservaban mejor su color. *A bandwagon* = un movimiento político de moda.

(7) *To make no bones about something* = no andar con rodeos.

7 — What about Masters, the Christian Democrat? He's above board, isn't he? (**8**)
8 — Not on your life! He was involved in that slush fund affair with that big firm. (**9**)
9 He was in political limbo for a few years, but even that doesn't make one iota of difference. (**10**)
10 No one will go near him: his name's mud. — I see. Well, Hamilton seems honest enough. (**11**)
11 — You've got a short memory, haven't you? Do you remember the last election?
12 He proposed a Bill to change the electoral boundaries so that his party would be re-elected.
13 — But that's blatant gerrymandering!
— Dead right. And what's more, he never accepts any responsibility. (**12**)

NOTAS (continuación)

(**8**) *To be above board* = ser honesto, estar por encima de toda sospecha. *A board* = una tabla. Con tablas se construía el puente de los veleros ; referencia al almirantazgo, a los que ocupaban altos cargos : los oficiales (las gentes honestas) comparados con los pobres marinos que trajinaban en las calas... *the board* de una empresa = el consejo de administración. ¡ No tiene nada que ver con lo anterior !

(**9**) *Slush* = aguanieve. Con referencia al mar : los cocineros de la marina ganaban dinero vendiendo la grasa de la carne para fabricar velas. Eso no era muy legal, pero... la grasa se llamaba *slush*. *A slush fund* se ha convertido en el nombre del dinero negro de ciertos partidos políticos o grandes sociedades.

(**10**) *Limbo* = los limbos (lugar donde van las almas no bautizadas). *To be in limbo*: estar en el limbo. *It doesn't make any iota* (aí-ota) *of difference* = Eso no

7 — ¿ Y Masters, el Demócrata Cristiano ? Él está por encima de toda sospecha, ¿ no es cierto ?
8 — ¡ Jamás en la vida ! Él estuvo metido en ese asunto de cohecho con esa gran empresa.
9 Se mantuvo olvidado políticamente durante algunos años, pero eso no cambia la cosa.
10 Nadie le seguirá : su reputación está destruída. — Me doy cuenta. Ahora bien, Hamilton parece bastante honesto.
11 — Tienes poca memoria, ¿ eh ? ¿ Recuerdas las últimas elecciones ?
12 Él propuso una ley para cambiar los límites de las circunscripciones electorales con el fin de que su partido fuera reelegido.
13 — ¡ Pero eso es una triquiñuela electoral flagrante ! — Tú lo has dicho. Y lo que es más, él no acepta jamás ninguna responsabilidad.

NOTAS (continuación)

cambia absolutamente nada. La expresión proviene de un debate filosófico del siglo 4°, en el momento en que dos doctrinas similares se opusieron ; una se llamaba Homo-ousion y la otra Homoi-ousion. ¿ Cual es la diferencia ? la letra *i* (iota, i griega). Como se dice en inglés « mientras más cambia, sigue siendo la misma cosa »...

(**11**) *If you tell him my secret, your name will be mud* = Si le dices mi secreto, tu reputación se arruinará. Aunque *mud* quiere decir barro, la expresión tiene orígenes más complejos : después que James Wilkes Booth asesinó al presidente Lincoln durante una representación teatral, se hirió en la pierna cuando escapaba. Naturalmente fué a buscar a un médico : un tal doctor Samuel Mudd. El hecho de que Lincoln era un presidente muy popular hizo que toda persona que hubiera tenido contacto con el asesino fuera vilipendiado. Eso comprometió al pobre Dr. Mudd.

(**12**) Existe un término en política que se utiliza cada vez que hay una elección : *to gerrymander* es la práctica que consiste en modificar los límites de las circunscripciones para atraerse un número de votos más elevado. Un político americano del siglo XVIII, Elbridge Gerry, utilizaba dicha práctica frecuentemente. Un dibujante se percató que la forma de una de sus nuevas circunscripciones se asemejaba a una salamandra, por lo que hizo un dibujo de ese animal con la cabeza de Gerry. El bicho fué bautizado... *a gerrymander*.

14 He'll always pass the buck or look for a scapegoat. (**13**)

15 — Oh Lord! Well, who's left? — Not much, old chum. There's a new Ecology candidate. By and large, he's OK.

16 — He's a dark horse. No one's been able to sound him out, but he's not got the clout. (**14**)

17 — No, my young friend, it's Hobson's Choice! (**15**)

18 A young politician was standing with his wife, staring up at the night sky.

19 — What a beautiful moon!, sighed the wife.
— Yes, replied her ambitious husband, — and it is in my constituency.

20 Winston Churchill once said that democracy was a very bad system, but no one had been able to show him a better one.

21 On the desk of the President of the United States, in the Oval Office at the White House, is a sign.

22 It says — The buck stops here.

NOTAS (continuación)

(**13**) *To pass the buck*: transmitir la responsabilidad a alguien distinto. En las partidas de pocker en el oeste de EU, el que repartía las cartas tenía delante de sí un trozo grande de plomo (*buckshot*) ; cuando él perdía su turno, pasaba las cartas — y el trozo grande de plomo — a otro jugador. En el Este, donde eran más sofisticados, se reemplazaba el *buck* por un dólar de plata y desde entonces a la moneda americana se la llama familiarmente... *a buck*. (Ahora usted puede comprender sin problema la astucia de la frase 22.)

(**14**) *A dark horse*: un desconocido, un personaje misterioso. *To clout* es un verbo utilizado en el argot para :

14 él se la endilgará a otro cualquiera o buscará una víctima propiciatoria.
15 — ¡ Jesús ! ¿ Y ahora quién queda ? — Poca cosa, amigo mío. Hay un nuevo candidato ecológico. A grandes rasgos, es el más correcto.
16 — Es un desconocido. Nadie ha podido sondearle, pero no tiene ninguna influencia.
17 — No, amigo mío, lo mismo da atrás que a las espaldas.

18 Un joven político estaba con su esposa contemplando el cielo durante la noche.
19 — ¡ Qué hermosa luna ! suspiró su mujer, — Sí, replicó su ambicioso marido, y está en mi circunscripción.
20 Winston Churchill en una ocasión dijo que la democracia era un sistema muy malo, pero que nadie había sido capaz de demostrarle que hubiera otro mejor.
21 Sobre la mesa del Presidente de los EU, en la oficina oval de la casa Blanca, existe un rótulo.
22 Dice : La responsabilidad termina aquí.

NOTAS (continuación)

dar un puñetazo. Se mantiene (sobre todo en los EU) para indicar influencia. *He's got a lot of clout* = *He's very influential* = Él es muy influyente.

(**15**) *It's Hobson's choice* = Lo mismo da atrás que a las espaldas. En el siglo XVII, Thomas Hobson, un nativo de Cambridge, alquilaba los caballos. Los alquilaba por turno a fin de que las bestias pudieran descansar entre los turnos ; por consiguiente el caballo alquilado era el escogido por el Sr. Hobson : No había elección por parte del usuario.

EXERCISES 1. Never listen to gossip, it may be about you. **2.** — Hi, Mike, how are you doing? — Couldn't be better. **3.** — Is Wilson above board? — Not on your life! He's a crook! **4.** Lord, you've got a short memory! **5.** — Who's left? — There's the Republican candidate, but he's a dark horse. **6.** His name's mud.

***

Fill in the missing words

1. *Es un conservador de pura cepa.*

   He's a . . . . - . . - . . . - . . . . conservative.

2. *Eso no tiene ni una pizca de diferencia.*

   It doesn't make . . . .

3. *El Presidente no puede desembarazarse de la responsabilidad.*

   The President . . . ' . . . .

Thirty-third lesson

The language of the media

1 Many of the words and expressions used in popular papers are in fact a form of shorthand.

2 Luckily the famed ASSIMIL method keeps its finger on the pulse of media jargon to bring you this collection of gems. (**1**)

NOTAS

(**1**) Aquí tomamos prestadas ciertas expresiones muy corrientes en la prensa escrita : existe una tendencia a utilizar *famed* en lugar de *famous* por célebre (prohibir este uso) ; *the pulse* = el pulso, *to take the pulse*

Ejercicios 1. No escuche jamás los chismes, que pueden concernirle. **2.** — Hola, Mike, ¿ Cómo te va ? — ¡ No puedo estar mejor ! **3.** — ¿ Es Wilson honesto ? — ¡ Jamás en la vida ! ¡ Es un timador ! **4.** Señor, ¡ que poca memoria tienes ! **5.** — ¿ Quién queda ? — Hay un candidato republicano, pero es un desconocido. **6.** — Su reputación está hecha trizas.

***

4. *El presidente de la Comisión del Senado es muy influente.*

The chairman of the Senate Committee . . . .

. . . . .

5. *Los dos están rotos. Olivo y aceituno, todo es uno.*

Both of them are broken . . . , ... , ...

The missing words

1. dyed-in-the-wool **2.** one iota of difference **3.** can't pass the buck **4.** has a lot of clout **5.** It's Hobson's choice.

Trigésimo tercera lección

El lenguaje de los medios de comunicación

1 Muchas de las palabras y expresiones utilizadas en la prensa popular son de hecho una forma de taquigrafía.

2 Afortunadamente, el célebre método ASSIMIL sigue pulsando la jerga de la prensa hablada y escrita para brindarle a usted esta colección de perlas.

NOTAS (continuación)

(tomar el pulso) se puede emplear en sentido figurado para medir el alcance de una situación. *To keep a finger on the pulse* = estar al corriente. *A gem* es literalmente una piedra preciosa (una gema) ; se emplea corrientemente para hacer cumplidos : *He's a gem of a husband* = es el mejor de los maridos.

3 We asked the man in the street what he thought of the idea, and he gave the green light to our exposé. (**2**)

4 Simpler words like " to kill " and " a fire " are overlooked in favour of " to slay " and " a blaze ".

5 The Opposition does not criticize government policies, it slams them (**3**)

6 and projects are axed and shelved rather than being cancelled or postponed.

7 Pundits and gurus give their expert opinions on every topic under the sun. (**4**)

8 An attractive lady who has left her husband does not ask her new companion to marry her; instead we read:

9 The shapely divorcee pops the question to her live-in lover (**5**)

10 (no doubt in their love nest in London's posh West End, where once they are wed, they will live happily ever after). (**6**)

NOTAS (continuación)

(**2**) *What does the man in the street think of the proposals ?* ¿ Qué piensa el hombre de la calle de las proposiciones ? *To give the green light to* equivaldría a nuestra frase : dar luz verde a ; nos encontramos también con *to give the go ahead to.*

(**3**) *She stormed out of the room, slamming the door behind her* = Ella salió furiosa de la habitación dando un portazo. En la prensa popular, el verbo *to slam* es a veces utilizado en lugar de : atacar, criticar a alguien.

(**4**) Otras dos palabras popularizadas por los medios de comunicación ; conocemos también a los *gurús*, pero los anglosajones también les llaman *pundits*. La palabra viene del sánscrito *pandit* (de donde se deriva *Pandit* Neru), y significa el sabio, el prudente. La prensa la utiliza para referirse a un experto : *The pundits were all predicting a new devaluation* = Los expertos predecían una nueva devaluación.

3 Preguntamos al hombre de la calle lo que pensaba de la idea, y él le dió luz verde a nuestra explicación.
4 Las palabras más sencillas como « to kill » (matar) y « a fire » (un incendio) son desechadas en favor de « to stay » y « a blaze ».
5 La Oposición no critica la política del gobierno, la fustiga,
6 y los proyectos son « recortados » y « archivados » en lugar de ser anulados o pospuestos.
7 Los peces gordos y los gurús dan su opinión experta sobre todos los temas habidos y por haber.
8 Una atractiva dama que ha abandonado a su marido no le pide a su nuevo acompañante que se case con ella ; en su lugar leemos :
9 La bien torneada divorciada decidió proponer **el asunto** a su querido amante
10 (sin duda en su nido de amor en el elegante West End de Londres, donde una vez casados, vivirán felices para siempre).

NOTAS (continuación)

(**5**) *Shapely* (de *shape* forma) bien hecho, bonito ; *to pop the question* es una expresión popular para pedir en matrimonio (la pregunta es *will you marry me ?* ¿ Te casarás conmigo ?).

(**6**) *Posh* es un adjetivo usado corrientemente que significa *chic* (galicismo que en español tiene el sentido de elegante). *We went to this really posh restaurant* = Fuímos a este restaurante verdaderamente elegante. La palabra se remonta a la colonización inglesa de las Indias : en el momento en que las damas tomaban el barco para ir de visita a ver a sus esposos, preferían viajar en el lado de babor en el viaje de ida (***P****ort* ***O****utward*) y en el lado de estribor (***S****tarboard* ***H****ome*) en el viaje de regreso, así podían descansar mejor al abrigo del calor. Se indicaba *POSH* en el billete. El resto es historia... (*to wed* es un viejo verbo utilizado en lugar de casarse ; la prensa lo utiliza frecuentemente porque es más corto que *to marry*).

11 A tense situation becomes a cliff-hanging drama, and, if a disaster occurs on, say, a Monday, that day becomes Black Monday. (**7**)

12 Even the most mundane events of everyday life get the treatment: eating and drinking for example: (**8**)

13 Diners tuck into four-course meals and wash them down with wine — or the traditional cuppa. (**9**)

14 While planes plummet from the skies and buildings blaze, you may feel like reaching for the quality papers;

15 but although they are more low-key than their mass circulation rivals, they can still give you indigestion. (**10**)

16 Questions that are important are described as key issues, and discoveries become breakthroughs.

17 An important event is hailed as a milestone, information is leaked to the media... and you turn on the television! (**11**)

18 Seriously, though, media English is all-pervasive: one must remember that Britain reads more newspapers than almost any other nation.

NOTAS (continuación)

(**7**) Expresión muy gráfica *cliff-hanging*; es estar literalmente suspendido en lo alto de un acantilado por la punta de los dedos. Un folletón de televisión (serial) de suspenso se llama *a cliff-hanger*.

(**8**) *Mundane*: esta palabra en español equivale a mundano. Aunque el sentido principal sea : que trata de un mundo terrenal (en oposición al mundo espiritual), el sentido más corriente es : banal, ordinario. Ejemplo : *You shouldn't talk about something so mundane as*

11 Una situación tensa se convierte en un drama insostenible, y, si un desastre se produce, digamos un lunes, ese día se convierte en un Lunes Negro.
12 Aún las ocupaciones más banales de la vida cotidiana reciben tratamiento : comer y beber, por ejemplo :
13 Las cenas se componen de cuatro platos y los invitados se hartan las acompañan con vino — o la tradicional taza de té.
14 Mientras que los aviones caen en picada desde los cielos y los edificios se incendian, a usted le apetecerá quizás buscar periódicos serios ;
15 pero aunque son un poco más moderados que sus competidores con tirada masiva, pueden provocarle una indigestión.
16 Las cuestiones importantes se describen como asuntos fundamentales y los descubrimientos se convierten en oportunidades.
17 Un evento importante es aclamado como una fecha histórica, la información se divulga por los distintos medios... ¡ y se enciende la televisión !
18 Digamos la verdad, aunque el inglés de los medios de comunicación es omnipresente : se debe recordar que la Gran Bretaña lee más periódicos que casi ningún otro país.

NOTAS (continuación)

prices (no deberían hablar de algo tan banal como los precios). Atención : para traducir el adjetivo español mundano (cuando se refiere a la « alta » sociedad) en inglés deberá utilizarse una perífrasis : moverse en la alta sociedad = *to move in fashionable circles* ; ella está metida en el gran mundo = *She has a busy social life.*

(9) *To tuck into* = expresión popular para decir comer con apetito. *A cuppa* es también una expresión popular, un tipo de frase elíptica de *cup of tea* (escuche bien los ejercicios para darse cuenta de que la palabra *of* está escamoteada). Y como en Inglaterra una taza no puede contener más que té, no es necesario precisar ¿ una taza de que ? (*a cuppa what ?*)

(10) *Low-key* : la expresión viene de la música, *key* es el tono, y significa discreto, con perfil bajo (podemos así decir *low profile*).

(11) *A milestone* = una señal (marca) kilométrica. Actualmente la palabra sólo se emplea en sentido figurado : para marcar una etapa histórica.

19 Many of the words and expressions are clichés, but journalists write to strict deadlines (**12**) (**13**)
20 and often do not have the time for creative writing.
21 So, if you want to keep a finger on the pulse of today's key issues,
22 sit down and read all the news that's fit to print. (**14**)
23 Marylin Monroe said to a friend: — I told the Los Angeles Times that I wanted a house, a garden, a husband and at least six kids.
24 — Heavens!, said her friend, what made you say a silly thing like that?
25 — The publicity department, replied the film star.

NOTAS (continuación)

(**12**) *A cliché* (en el sentido de un lugar común) no tiene necesidad de reivindicar su paternidad ; por el contrario, puede también encontrarse en la forma verbal *to become clichéd*.

(**13**) *A deadline* es una palabra muy útil, derivada del periodismo : se refiere al plazo (para entregar el artículo) pero ese sentido está mucho más generalizado. *Can you meet the Monday deadline with that report ?* = ¿ Puedes respetar el plazo de entrega del lunes para el artículo ? (Recordemos que *a delay* = un retraso.)

***

EXERCISES 1. Politicians seem to have no respect for the views of the man in the street **2.** — Would you like a nice cup of tea? — That would be nice. **3.** We've shelved the project for the time being because of a lack of funds. **4.** She can talk about any subject under the sun — and she frequently does. **5.** The wedding was a very low-key affair; we didn't want to invite too many people.

19 Muchas de las palabras y expresiones son un tópico, pero los periodistas escriben con plazos muy rígidos
20 y algunas veces no tienen tiempo para escribir de forma creativa.
21 Así, si quiere pulsar los temas candentes de hoy día,
22 siéntese y lea todas las noticias que son dignas de imprimir.
23 Marylin Monroe le comentó a una amiga : — Le dije al Times de Los Angeles que quería una casa, un jardín, un marido y al menos seis chavales.
24 — ¡ Dios mío ! dijo su amiga, ¿ qué te ha hecho decir esa tontería ?
25 — El departamento de publicidad, respondió la estrella de cine.

NOTAS (continuación)

(**14**) *All the news that's fit to print* es el slogan (lema) del *New York Times* (inventado por su fundador Adolph Ochs).

Ejercicios 1. Los políticos parecen no respetar los puntos de vista del hombre de la calle. **2.** — ¿ Te gustaría tomar una buena taza de té ? — ¡ Qué buena idea !. **3.** Hemos archivado el proyecto por el momento debido a la falta de fondos. **4.** Ella puede hablar sin importarle el tema — y lo hace frecuentemente. **5.** La boda ha sido muy discreta, no quisimos invitar a mucha (demasiado) gente.

Fill in the missing words

1. *El ministro ha dado luz verde al proyecto.*

   The .... has ....-..... to the project.

2. *El descubrimiento de la penicilina fué un gran acontecimiento en la vida de Fleming.*

   The .... of penicillin was a .... in Feming's life.

3. *Estamos obligados a respetar el plazo de entrega ; se lo he prometido al redactor.*

   We have....... .... ; I promised the editor.

Thirty-fourth lesson

Headlines (N4)

1 Now that you understand the language of newspaper articles, let's look at the words in large print — the headlines; (**1**)
2 these often prove ten times more difficult to understand than the article underneath!
3 Since space is at a premium in a newspaper, headline writers tend to use short words (**2**)
4 or to give ordinary words a sense that they do not usually have in everyday speech.

NOTAS

(**1**) *To print :* Se utiliza igualmente *print* en tipografía : *large-print books* = los libros impresos en grandes caracteres (para los que ven mal, por ejemplo). Una

4. *Quizás sienta usted el deseo de ir de paseo más tarde.*

You ... . for a walk later on.

5. *Le pedimos a él su opinión acerca de la idea.*

We .... he .... of the idea.

The missing words

1. Minister...given the go-ahead **2.** discovery...milestone **3.** to meet the deadline **4.** may feel like going **5.** asked him what...thought

---

Trigésimo cuarta lección

Los titulares de los periódicos

1 Ahora que comprende el lenguaje utilizado en los artículos de los periódicos, consideremos las palabras en caracteres grandes, es decir los titulares ;

2 éstos resultan a menudo diez veces más difíciles de comprender ¡que el artículo que sigue más abajo !

3 Como que el espacio en un periódico es sagrado, los autores de los titulares tienen tendencia a emplear palabras cortas

4 o a dar a las palabras ordinarias un sentido que no tienen en el lenguaje utilizado a diario.

NOTAS (continuación)

expresión que es frecuentemente empleada cuando se trata de documentos oficiales es *Read the small print* = Preste atención a los pequeños detalles (lo que está impreso en pequeños caracteres). En el campo del arte, *a print* es una lámina o un grabado.

(**2**) *At a premium* = de gran importancia. *Space is at a premium in the cockpit of an aircraft* = La utilización del espacio es primordial en la cabina del piloto de un avión.

5 So, for example, a word like **drama** is frequently used when describing a tense or dangerous situation;
6 HOSTAGE DRAMA NEARS END tells us that the situation that led to hostages being taken is coming to an end, (**3**)
7 possibly because of negotiations, ransom payments, etc. (Remember that the point of a headline is to give basic information.)
8 A word like **haul** will mean something of value that has been taken by robbers or recovered by the police. (**4**)
9 POLICE MAKE RECORD DRUGS HAUL (the police have confiscated a record amount of drugs) or MILLION-POUND HAUL IN STORE HOLD-UP.
10 Another key word (incidentally, **key** is a headline favourite) is the verb **to hit,** meaning to affect badly.
11 SOUTH HIT BY WATER SHORTAGE or PLANS HIT BY SPENDING CUTS; in these two examples, the South of the country
12 and the government's plans were negatively affected by different factors.
13 Another trick employed by headline writers in an effort to reduce words is to cut grammar

NOTAS (continuación)

(**3**) *Drama* = el drama (o el arte dramático) : *He takes drama classes at the Fischer School* = él sigue cursos de arte dramático en la escuela Fischer. Esta palabra es muy corriente en los títulos de periódicos. (Observe también la utilización del adjetivo *near* como verbo : *The project is nearing conclusion* = El proyecto toca a su fin.)

5 Así, por ejemplo, una palabra como **drama** es con frecuencia empleada para describir las situaciones tensas o peligrosas ;

6 EL DRAMA DE LOS REHENES TOCA A SU FIN nos indica que la situación que provocó el apresamiento de rehenes llega a su fin,

7 posiblemente debido a las negociaciones, los pagos de rescates, etc. (Recuerde que el objetivo de un titular es facilitar las informaciones esenciales.)

8 Una palabra como **haul** tendrá el sentido de alguna cosa de valor que ha sido robada por los ladrones o recuperada por la policía.

9 CAPTURA EXCEPCIONAL DE DROGA POR LA POLICÍA (la policía confiscó una cantidad récord de droga) o BOTÍN DE UN MILLON POR EL ATRACO DE UN ALMACEN.

10 Otra palabra clave (a propósito, **key** es favorita en los titulares) es el verbo **to hit,** que quiere decir tener una influencia negativa :

11 EL SUR ESTA AFECTADO POR UNA ESCASEZ DE AGUA o LOS PROYECTOS SE VEN AFECTADOS POR LAS REDUCCIONES DE GASTOS ; en estos dos ejemplos, el Sur del país

12 y los proyectos gubernamentales se han visto afectados negativamente por diferentes factores.

13 Otra astucia utilizada por los autores de los titulares con el fin de reducir las palabras es la de restringir la gramática

NOTAS (continuación)

(4) *To haul* = halar, sirgar. La utilización de *a haul* viene del campo de la pesca : redada (tiene la misma forma de utilización en español : *The police made a good haul* = La policía hizo una buena redada). La diferencia está en que el *haul* en cuestión ¡ puede ser lo que es capturado o lo que han robado ! *The thieves got away with a large haul of diamonds* = Los ladrones huyeron con un gran botín de diamantes. Encontramos también esa palabra para describir a los vuelos... de avión : *a long-haul/short-haul flight* = un vuelo de largo/mediano recorrido.

14 down to its barest essentials, removing anything that could possibly be dead wood. (**5**)

15 The first victim is the verb **to be** in its various conjugations,

16 and especially when it is used to form continuous tenses. Although you or I would say, for example :

17 The Prime Minister is visiting the Soviet Union, the headlines would tell us that PREMIER VISITS MOSCOW. (**6**)

18 Moreover, if there is no danger of misunderstanding, **to be** is left out altogether!

19 STOCKMARKET BEARISH or CHILDREN HEALTHIER IN NORTH, SAYS GP. (**7**) (**8**)

20 Is everything clear? Right. Now read this:

21 HI-TECH FIRM SHARE PRICE CRASH. Don't panic; try reading it backwards. (**9**)

22 The article is about a sharp drop (crash) in the price of shares issued by a company working in the advanced technology sector.

NOTAS (continuación)

(**5**) *To reduce something to its barest essentials* = reducir al mínimo (*bare* = desnudo — ver lección 5 nota 5). *In Redwood's new film, dialogue has been reduced to its barest essentials* = En la última película de Redwood, el diálogo está reducido al estricto mínimo. *Dead wood* = madera muerta ; en sentido figurado, todo lo que es superfluo.

(**6**) El dirigente político de una nación (aquel que ejerce de Primer Ministro o de Presidente) se dice *the Premier* (con o sin mayúscula) en los medios : *the Soviet premier, the British premier,* etc. Todos conocemos la costumbre de utilizar una ciudad para representar un país.

14 a lo esencial, suprimiendo todo lo que pudiera ser superfluo.
15 La primera víctima es el verbo **to be** en sus conjugaciones diversas,
16 y sobre todo cuando el mismo se utiliza para formar los tiempos progresivos. Aunque usted o yo diríamos, por ejemplo :
17 El Primer Ministro está de visita en la Unión Soviética, los titulares nos dirían que EL PREMIER VISITA MOSCU.
18 Además, si no existe peligro de un mal entendido, ¡se omite resueltamente **to be** !
19 La BOLSA EN BAJA o LOS NIÑOS MÁS SANOS EN EL NORTE, DICE UN MÉDICO DE MEDICINA GENERAL.
20 ¿ Esta claro ? Bueno. Ahora lea esto :
21 CAÍDA DE ACCIONES DE UNA EMPRESA DE ALTA TECNOLOGÍA. Que no cunda el pánico ; intente leerlo " al revés ".
22 El artículo trata de una caída brutal (crash) del precio de las acciones emitidas por una empresa que trabaja en el sector de la alta tecnología.

NOTAS (continuación)

(**7**) Hemos visto ya el sentido de *bull y bear* en el contexto de la bolsa (Lección 13 nota 8). *Stockmarket* se escribe cada vez más formando una sola palabra en el inglés de GB (pero no en el inglés de EU).

(**8**) *A GP = a general practitioner* (médico de medicina general). La abreviatura es inglesa, el equivalente en EU es *MD,* la expresión latina para doctor en medicina. Se utiliza con frecuencia las iniciales *GP* en Gran Bretaña para hablar de su médico : *My GP told me to go on a diet* = Mi médico me ordenó que siguiera un régimen.

(**9**) Ah sí, la lógica está en buscar bien. Tomemos por ejemplo el titular « con todas sus letras » : *A CRASH IN THE PRICE OF SHARES OF A HIGH — TECHNOLOGY COMPANY* (bajan las acciones de una empresa de alta tecnología). Comencemos por el final : a *crash ;* ¿ de qué ? De los precios *(price crash)* ; ¿ caída de los precios de qué ? De las acciones *(share price crash)* ; ¿ las acciones de qué clase de sociedad ? (De una sociedad de alta tecnología *(high-tech firm share price crash).* Al comienzo, eso parece laborioso pero ¡ se acostumbra uno ! Ponga en práctica este procedimiento : comience por el final y vuelva al principio del titular.

23 The trick is really to go to the end of the headline and to read it from the last word backwards. Try this one:
24 KEY WONDER DRUG TRIAL tells us that the article is about a vital (or key) trial involving a highly effective medicine. (**10**)
25 But is that a legal trial or a test? Remember that editors and writers sometimes leave headlines deliberately ambiguous
26 in an attempt to intrigue the reader and to make him want to read the article. (**11**)
27 One very popular device is the joke headline, a frequent failing especially in the popular press.
28 If a heavy snowfall affects (or hits) public transport, the journalist would be tempted to write SNOW JOKE. (**12**)
29 If this happens around mid-December, you will read WHITE CHRISTMAS ON THE CARDS. (**13**)
30 Joke headlines are a matter of taste (or lack of it); but we mentioned them because we don't want you to be left out in the cold.

NOTAS (continuación)

(**10**) En efecto *a trial* puede ser o un proceso legal o un ensayo. *The frigate is currently undergoing sea trials* = la fragata se somete actualmente a unas pruebas en el mar. (Se utiliza también *tests* en este contexto ; *in-flight tests* ensayos de vuelo.) El contexto se lo indicará, pero tal y como nosotros se lo explicamos en el texto, los títulos son frecuentemente « provocadores » para incitar a los lectores a leer el artículo. ¡ Aviso a quienes lo sepan !

(**11**) Un problema de los géneros que hemos evocado en las Lecciones 15 y 21. En esta frase, podíamos haber

23 La verdadera astucia consiste en ir directamente al final del titular y leerlo comenzando por la última palabra, es decir « al revés ». Inténtelo con este titular :

24 JUICIO CLAVE A PROPÓSITO DE UN MEDICAMENTO MILAGROSO nos indica que el artículo trata sobre un proceso vital (o clave) con relación a un medicamento muy eficaz.

25 ¿ Pero se trata de un proceso legal o de una prueba ? Recuerde que los redactores y los periodistas algunas veces dejan los titulares expresados de manera deliberadamente ambigua

26 en un intento de intrigar al lector y hacer que sienta deseos de leer el artículo.

27 Un artilugio muy popular es el « titular jocoso », una flaqueza corriente en la prensa popular.

28 Si una nevada fuerte afecta (o perturba) el transporte público, el periodista siente la tentación de escribir *SNOW JOKE.*

29 Si esto sucede en mitad del mes de diciembre, leerá PRESAGIAN NAVIDAD BLANCA.

30 Los « titulares jocosos » son una cuestión de gusto (o ausencia del mismo) ; pero los mencionamos ya que no queremos que le digan « FRIO ».

NOTAS (continuación)

dicho... *to intrigue readers and make them,* etc., pero cuando se utiliza un singular (más literario), estamos obligados a seleccionar el género del adjetivo posesivo, y utilizamos el masculino. Por razones coyunturales que explicamos en las lecciones ya citadas, este tipo de giro es menos utilizado actualmente (se ha empleado el plural).

(**12**) Si se pronuncia rápido *it's no joke* (no es gracia), se oye : *s'no joke,* y se produce *snow joke,* ¡ hay sólo un (falso) paso ! Ese tipo de juego de palabras se emplea con frecuencia en la prensa inglesa y americana (y no sólo ocurre en los periódicos populares).

(**13**) *A royal wedding is on the cards* = Una boda real está al caer. Las cartas en cuestión son las cartas para echar la buenaventura. El juego de palabras en este caso consiste en establecer un parangón entre las predicciones metereológicas y las Navidades nevadas (*white Christmas :* ver la película del mismo título) y... las tarjetas de Navidad. Estamos de acuerdo, no se trata de algo muy sutil, pero ¡ he aquí un buen ejemplo de economía de palabras !

EXERCISES 1. I'm afraid the book is out of print, sir. **2.** When's he going to retire? He must be nearing his seventieth birthday! **3.** The Eastern seaboard States were badly hit by Hurricane Betty. **4.** The Chairman insists that marketing reports be reduced to the barest essentials: no dead wood. **5.** We have to stick to the schedule since time is at a premium. **6.** The aim of a headline is to intrigue readers and make them want to read the article.

***

Headline interpretation

Vamos a cambiar un poco nuestras costumbres. Usted va a poner en práctica las enseñanzas de esta lección y de la lección 35, nota 4. Le ofrecemos a continuación 5 títulos, y le pedimos que adivine (y anote) el contenido de los artículos según el título.

1 *PREMIER DETENTE BID LEAVES SOVIETS COLD*

....

2 *BRITON HELD AFTER MAJOR DRUGS HAUL*

....

3 *ENERGY CHIEF QUITS CABINET*

....

4 *ROYALS IN EARTHQUAKE DRAMA*

....

5 *SUPER FRIGATE SEA-TRIAL DISASTER HITS DEFENCE SPENDING*

....

Ejercicios **1.** Lo lamento, señor, pero el libro está agotado. **2.** ¿ Cuándo se va a retirar él ? ¡ Debe estar rondando sus setenta ! **3.** Los Estados costeros del este han sido duramente afectados por el huracán Betty. **4.** El Presidente insiste en que los informes de mercado sean reducidos a un mínimo : nada de superfluo. **5.** Tenemos que respetar el programa ya que el tiempo es de importancia capital. **6.** El objetivo de un titular de periódico es intrigar a los lectores y hacer que sientan deseos de leer el artículo.

Interpretacion de titulares

Les presentamos la versión « completa » en inglés con la traducción española :

1 *ATTEMPT BY PRIME MINISTER TO ENCOURAGE DETENTE DOES NOT IMPRESS SOVIET OFFICIALS* (El primer ministro intenta un entendimiento entre su país y la Unión Soviética, pero los dirigentes soviéticos no se dejan impresionar.)

2 *BRITISH CITIZEN DETAINED BY POLICE FOLLOWING THE SEIZURE OF A LARGE QUANTITY OF DRUGS* (Un ciudadano británico es detenido por la policía como consecuencia de una importante requisa de droga.)

3 *MINISTER IN CHARGE OF ENERGY POLICY RESIGNS HIS CABINET POST* (El ministro de energía solicita su renuncia del consejo de ministros.)

4 *MEMBERS OF THE ROYAL FAMILY ARE INVOLVED IN A TENSE SITUATION DURING AN EARTHQUAKE* (Miembros de la familia real se vieron envueltos en una situación difícil durante un terremoto.)

5 *DEFENCE SPENDING PLANS ARE AFFECTED BY THE DISASTER THAT OCCURRED DURING SEA-TRIALS TO A POWERFUL NEW FRIGATE* (Los proyectos de defensa se han visto afectados por el desastre ocurrido a una nueva y potente fragata durante unas maniobras de prueba en el mar.)

Thirty-fifth lesson

REVISION AND NOTES

1. Como hemos visto, el inglés y el español tienen cosas en común, tanto por las expresiones (hemos visto, por ejemplo, en la lección 32, *scapegoat* = chivo espiatorio) como por el origen de las palabras. Vemos aquí la palabras *staple,* que viene de nuestra : etapa y que ilustra un fenómeno interesante. Cuando en español moderno tenemos palabras que comienzan por « es », es suficiente a veces remplazar la vocal por una « s » para volver a obtener la palabra inglesa. Veamos algunos ejemplos :

establo = *stable*
estola = *stole*
estable = *stable*
estado = *state*

Y cuando no se encuentra exactamente la palabra, se le acerca al menos (espiar = *to spy,* extraño, extranjero = *stranger,* etc.).
Esto no nos garantiza que encontraremos siempre en cada caso el equivalente exacto del término en inglés, pero es un pequeño « truco » para ayudar a dominar mejor esta lengua.

2. Puntualizaremos algunos detalles sobre la voz pasiva. Sabemos formar el **pasivo** con *to be,* por ejemplo :
My brother **broke** *the window* = *The window* **was broken** *by my brother.*
They **are painting** *the house* = *The house is* **being painted** *by them I* **told Peter about it** = *Peter* **has been told** *about it by me.*
Se entiende que la razón principal de la utilización del pasivo es que el complemento directo (por ejemplo, frase 2, *the house*) es más importante que el sujeto agente *(them).* Normalmente, el agente ni figura en ese tipo de frase.

El inglés utiliza el pasivo más corrientemente que el español debido a un cierto número de razones, pero la ausencia de un equivalente exacto del pronombre impersonal « se » es una de las principales (ver tambien N3 más adelante). En una frase como : « se habla alemán », no tenemos mucha elección : si « se » reemplaza a « nosotros », ningún problema : *We speak German :* pero si la frase es : « En esta región, se habla alemán », sin vivir uno mismo allí, no se puede decir *we* : tenemos entonces dos posibilidades :

In that region, they speak German, o
German is spoken in that region

¿ Cuál escoger ? El primer caso sería más familiar, el pasivo más formal. Observe entonces un ejemplo : Se tendrá todo hecho de aquí al final de mes = *Everything will have been done by the end of the month* (en lugar de *we,* porque no se sabe quizás a quién atribuir el pronombre).
Otro ejemplo con « se » se da en el caso en que la frase en inglés se pueda elegir : ya sea utilizar el pasivo, o volver a formular la frase, es el empleo de : se dice que... En un contexto formal (ejemplo : Se dice que ese criminal es muy peligroso), se utilizaría un pasivo = *This criminal is said to be very dangerous.* Por el contrario, cuando se trata de un caso más familiar, el pasivo resultaría muy rebuscado : se dice que tú eres un magnífico cocinero podría entonces decirse = *I hear that you're a wonderful cook* o también *Apparently, you're a wonderful cook.*
Finalmente, otra construcción que exige el pasivo inglés con « se ». Ejemplos : Este coche se vende por todas partes en Europa, esa palabra no se emplea. Observe los equivalentes ingleses, luego puede usted pensar en otros ejemplos :

This car is sold throughout Europe
This word isn't used

3. One : el pronombre impersonal existe perfectamente, sólo que no se utiliza mucho, porque preferimos atribuir la acción a alguien (como hemos visto más arriba). Veamos dos casos típicos :

Cuando *one* reemplaza *you,* puede parecer pretencioso. *One never wears black at a wedding* toma de repente un tono imperativo ; dicho de otra manera *You shouldn't* (o *musn't) wear black at a wedding,* la frase es más bien un consejo. Observe : ¿ Cómo se abre eso ? = *How does one open this thing ?* parece más elegante que *How do I open this thing ?* En esos contextos, el empleo de *one* tiene connotaciones sociales ; es una forma de hablar que frecuentemente se identifica con la gran burguesía (la clase alta) y de hecho de escaso empleo en la conversación corriente.

El segundo caso se presenta cuando se hacen grandes generalizaciones, para las cuales no sería apropiado atribuir una identidad al pronombre ; ejemplo : *One should always respect authority* = Se deberá siempre respetar la autoridad. El « se » se interpreta como todo el mundo. *One should always recognize the importance of chance* = Todo el mundo debería reconocer la importancia de la oportunidad. Como usted ve, a partir de esos ejemplos, se trata más bien de un lenguaje utilizado en la escritura y muy rebuscado.

Una última precisión, que tiene que ver con el inglés americano (que tiene menos problemas de clase que el inglés británico, y utiliza *one* con menos reticencia) : se trata de un compromiso. Si se comienza una frase con *One...* el locutor « precisa » después en la frase otro pronombre : *One should always be grateful to his parents* = Se debe siempre estar agradecido a sus padres. Como en muchos casos en este libro, no se trata de dar reglas, sino de explicar los razonamientos de la práctica.

4. Los títulos de los periódicos americanos, pero sobre todo británicos, dejan perplejos a buen número de lectores. Es necesario saber que el lenguaje utilizado es una especie de código, del cual le damos algunos elementos más adelante, que tiene por meta reducir en lo posible el espacio que se cogen los títulares. Un efecto secundario es que, a veces, se está tentado de leer el artículo más abajo, ¡para comprender el títular!

Sepa primero que ciertas palabras son escogidas por ser cortas: así *to hit* reemplaza *to affect, to damage, to upset; to axe (ax* en inglés americano) reemplaza *to cancel, to dismiss,* etc.

Otras palabras preferidas de los periodistas son: *a blaze* por *a fire* (incendio): *a pact* por *agreement* (acuerdo); *a poll* por elección; *a probe* por *investigation*; *to slam* por *to criticize; a supremo* por *person in charge, minister* (el responsable de una actividad, ya sea un político o un particular); *to/a bid* por *to/an attempt* (intentar, una tentativa). (Para ver esas palabras en la prática, observe el último ejercicio de la lección 34.) Está claro que uno se habitua muy rápidamente a esa moda, pero es necesario mentalizarse al hecho de que esas palabras « periodísticas » no son siempre precisas y frecuentemente sólo dan una noción del contenido del artículo.

Por otro lado, los títulares respetan muy poco las reglas de gramática. Primero, casi no hay artículos definidos o indefinidos. Además, el verbo *to be* es casi sistemáticamente omitido (salvo allí donde hay un riesgo de contrasentido). Además, ciertas palabras que tenemos la costumbre de utilizar en la forma nominal se encuentran en la forma verbal (ver *near/to near* en la frase 6). Esta costumbre es ya desconcertante cuando el verbo está en la 3a persona (es decir toma una s) pero tratándose de otras formas, se hace a veces impenetrable a primera vista. Observe: *TORIES HEAD CRASH PROBE.* Concretamente, es necesario saber que *to head* quiere decir aquí: dirigir, conducir. Nuestra frase « al completo » sería: *CONSERVATIVES ARE IN CHARGE OF INVESTIGATION INTO CRASH* (los Conservadores se responsabilizan de la investigación sobre la colisión).

Otro ejemplo: *to top* = sobrepasar. *BRAZILIAN*

DEBT TOPS 30 BILLION (La deuda brasileña sobrepasa los 30 mil millones) está más claro que *AMERICANS TOP TOURIST POLL* (los americanos van a la cabeza en el número de turistas).
Lo más difícil, lo hemos visto, es el caso en el que el título está compuesto de varios nombres, sin verbo ni otra explicación : *GOVERNMENT BACKED HOUSING PLAN SHOCK.* Como le hemos explicado es

Thirty-sixth lesson

Politics and economics

1 The general economic situation in the member-States of the EC over the last year is far from rosy. (**1**)
2 In Britain, inflation rose by one percent (1 %) and that increase was reflected in consumer prices.
3 Unemployment continued its upward movement to reach record levels, and the government is unable to find a lasting solution.
4 Over the Channel in France, unemployment appears to have peaked at twelve percent (12 %) of the population, (**2**)
5 while inflation dropped from four to three point six percent (3.6 %).
6 However, GNP shrank slightly last year, and manufacturing output remains sluggish. (**3**) (**4**)

NOTAS

(**1**) *Rosy* es el adjetivo de rosa, la flor. *To be rosy* significa : llevar buen camino, en buenas condiciones. Tenga en cuenta también el giro de ... *is far from (being) perfect* = está lejos de ser perfecto.

necesario comenzar por el fin del titular. ¡Nos topamos con una sorpresa desagradable *(shock)* a propósito de un proyecto *(plan)* de vivienda *(housing)* que había apoyado *(backed)* el gobierno *(government)!* A veces es mejor no tratar de descifrar como si fuese usted Champollion y leer inmediatamente el artículo eso sí, procure servirse de esta clase para comprender mejor las *headline news.*

Trigésimo sexta lección

La política y la economía

1 La situación económica global de los Estados miembros de la CEE durante el año pasado está lejos de ser favorable.
2 En Gran Bretaña, la inflación ha aumentado el uno por ciento (1 %) y ese aumento está reflejado en los precios al consumo.
3 El desempleo continuó su ascenso hasta llegar a niveles nunca antes alcanzados y el gobierno es incapaz de encontrar una solución duradera.
4 Al otro lado de la Mancha, en Francia, el desempleo parece que ha alcanzado su punto máximo : el doce por ciento (12 %) de la población
5 mientras que la inflación se ha reducido pasando del cuatro al tres punto seis por ciento (3.6 %).
6 Sin embargo, el PNB disminuyó ligeramente el año pasado, y la producción de productos manufacturados permanece estancada.

NOTAS (continuación)

(**2**) *A peak* = una cima de montaña. *To peak* se emplea en el lenguaje periodístico para significar : llegar al máximo. *The share price peaked at $ 15* = EL precio de las acciones alcanzó un máximo de $ 15 (ver también la nota 12).

(**3**) *GNP = gross national product* (producto nacional bruto) ; el otro indicador económico, el producto interior bruto, se dice *gross domestic product (GDP).*

(**4**) *A slug* = una babosa. El adjetivo significa : perezoso o aletargado. *The engine is sluggish* = El motor es débil.

7 In Spain, after a post-election economic boom had led to a consumer spending spree, (**5**)

8 the government was obliged to introduce a prices and wages policy to curb galloping inflation. (**6**)

9 Spain's neighbour on the Iberian peninsula, Portugal, is seeking to turn around its economy

10 by encouraging foreign investment, which showed a somewhat more optimistic trend than in the past few years. (**7**)

11 The government is seeking a broader economic base and is moving away from its traditional reliance on tourism.

12 In Italy, a dramatic increase in the official unemployment figures

13 has fuelled further speculation as to the real extent of the black economy. (**8**)

14 In Greece, further signs of economic recovery have encouraged foreign investments,

15 which soared to new levels: an encouraging sign in a country with aging plant and equipment. (**9**)

NOTAS (continuación)

(**5**) *A spree* = un partida de placer, un frenesí. *When he received his exam results, they all went out on a spree* = Cuando le comunicaron a él los resultados de sus exámenes, se fueron todos de juerga. Encontramos esa palabra con mucha frecuencia en la expresión *a spending spree*: hacer compras extravagantes o superfluas.

(**6**) *A curb* (en E.U. *Kerb*) = el borde de la acera. *You mustn't park if there is a double yellow line on the curb* = Usted no debe aparcar si existe una doble

7 En España, después de un florecimiento económico post-electoral que provocó un frenético crecimiento en los gastos de artículos de consumo,

8 el gobierno se vió obligado a introducir una política sobre precios y salarios con el fin de contener una inflación galopante.

9 El vecino de España en la península ibérica, Portugal, busca poner en marcha su economía

10 alentando las inversiones extranjeras que evidencian una tendencia bastante más optimista que en los últimos años.

11 El gobierno busca una base económica más amplia que permita separarse de su dependencia tradicional del turismo.

12 En Italia, un aumento dramático en las cifras oficiales de desempleo

13 ha alimentado una mayor especulación con respecto al alcance real de la economía sumergida.

14 En Grecia, existen otros signos de recuperación de la economía que han alentado las inversiones extranjeras las

15 que han crecido hasta nuevos niveles : un signo alentador en un país con una infraestructura industrial y un equipamiento vetustos.

NOTAS (continuación)

línea amarilla a lo largo de la acera. *To curb* = restringir, reducir. *The government is attempting to curb consumer spending* = El gobierno intenta restringir los gastos de consumo.

(**7**) *Somewhat* es un adjetivo muy elegante que significa : un poco. *It's somewhat difficult to explain* = Es un poco difícil explicárselo. Una variante más corriente es *rather.*

(**8**) *Atención a un falso amigo : fuel* = carburante (el gasoleo se dice : *fuel oil*). *To fuel* apenas utilizado hoy día en un sentido figurado : añadir a. *His latest book has fueled rumours that he is divorced* = Su último libro ha alimentado los rumores sobre su divorcio.

(**9**) Aparte del sentido botánico, *a plant* es también una fábrica (encontramos también la palabra *factory*). En el sentido macroeconómico, *plant* significa la infraestructura industrial de un país. *The country has to renew its aging plant to remain competitive* = El país está obligado a renovar su estructura industrial antigua para permanecer competitivo (*aging* o *ageing* : que envejece).

16 West Germany, traditionally the locomotive of Europe's economy, showed few signs of euphoria,

17 although the number of jobless tumbled to its lowest level in ten years. (**10**)

18 Growth remained constant at one percent (1 %) annually, but capital investment slipped three points.

19 Across the border, Belgium shows signs of substantial improvements compared to the doldrums of the last few years. (**11**)

20 Job creation has kept pace with the surge in the labour force: some thirty thousand (30,000) new jobs were created

21 over a period of six months, a remarkable performance.

22 Denmark provides an example of stability and steady growth.

23 Unit labour costs lifted only slightly, and wage demands remained well below inflation.

24 Elsewhere, the situation was very much the same. The outlook is not so gloomy as it sounds, however.

NOTAS (continuación)

(**10**) *To tumble* (caer rodando, venirse abajo) es sinónimo de *to fall,* pero se emplea casi siempre en sentido figurado : *Prices tumbled after Christmas* = Los precios han sucumbido pasada la Navidad.

(**11**) *The doldrums :* es, en términos náuticos, la zona de calma. Se utiliza en ese contexto periodístico para expresar la idea de marasmo. *Britain's economy was in the doldrums at the beginning of the decade* = La economía británica estaba en un marasmo al comienzo de la década.

16 la R.F.A., considerada tradicionalmente como la locomotora de la economía europea, mostró pocos signos de euforia,
17 aunque el número de desempleados alcanzó su nivel más bajo en diez años.
18 El crecimiento permaneció constante en un uno por ciento (1 %) anual, pero las inversiones de capital disminuyeron en tres puntos.
19 Al otro lado de la frontera, Bélgica muestra signos de mejoría sustancial comparada con la calma de los últimos años.

20 La creación de empleo ha mantenido el ritmo paralelamente con el desarrollo de la mano de obra : se han creado alrededor de treinta mil (30.000) nuevos empleos
21 en un período de seis meses, un resultado notable.
22 Dinamarca ofrece un ejemplo de estabilidad y de crecimiento regulares.
23 Los costos unitarios de producción sólo se han incrementado ligeramente, y las demandas de aumento de salarios permanecieron muy por debajo de la inflación.
24 En otros lugares, la situación es en general muy parecida. Entretanto, las perspectivas no son tan desfavorables como parecen.

25 Overall, inflation is on the decrease and labour costs appear to be bottoming out. (**12**)

26 Only unemployment spirals inexorably upwards, which leads most observers to wonder whether the solution to the problem

27 is to be found at the pan-European level.

***

EXERCISES **1.** Unemployment peaked at twelve percent of the active population **2.** Two important economic indicators are the gross national product (GNP) and the gross domestic product (GDP). **3.** The economy is sluggish and new investments are desperately needed. **4.** When he received his first pay packet he went on a shopping spree... and spent everything. **5.** The law is an attempt to curb the influence of the trade unions. **6.** — What fuel do you use in that engine? — Diesel oil.

***

Fill in the missing words

1. *Su empresa está prácticamente paralizada.*

His company is really . . . .

2. *La inflación por fin ha tocado fondo.*

Inflation . . . at last . . . .

3. *La economía es una ciencia bastante complicada.*

Economics . . . . complicated science.

25 Globalmente la inflación cede terreno y los costos de producción parecen estabilizarse en el nivel más bajo.

26 Sólo queda el desempleo que continua su espiral inexorable hacia arriba, lo que lleva a la mayoría de los observadores a preguntarse si la solución del problema

27 se encontrará a nivel europeo.

NOTAS (continuación)

(**12**) Hemos visto *to peak;* he aquí lo contrario *to bottom out:* alcanzar su nivel más bajo (y por lo tanto dejar de caer) : *The unemployment rate has bottomed out at 3 %* = La tasa de desempleo ha alcanzado su nivel más bajo en el 3 %. Observe que la posposición es obligatoria.

***

Ejercicios 1. El desempleo llegó a su nivel más alto del doce por ciento (12 %) de la población activa. **2.** Dos indicadores económicos muy importantes son el producto nacional bruto (PNB) y el producto interior bruto (PIB). **3.** La economía es lenta y hay una necesidad urgente de nuevas inversiones. **4.** Cuando él recibió su primer salario, se fué a hacer un recorrido frenético por las tiendas... y lo gastó todo. **5.** La ley es un intento de restringir la influencia de los sindicatos. **6.** — ¿ Qué carburante utiliza usted en su motor ? — Gasóleo.

***

4. *La enfermedad del Presidente ha alimentado los rumores de que puede dimitir.*

The President's illness ... . that he may resign.

5. *El desempleo ha evolucionado hasta su más alto nivel después de la guerra.*

.... to its highest level ..... the war.

The missing words

1. in the doldrums **2.** has...bottomed out **3.** is a somewhat **4.** has fuelled rumours **5.** Unemployment soared... since

Thirty-seventh lesson

Stress (N 1)

1 — Have you seen the sugar content of this soft drink? — He won't be content with anything less than perfection. (**1**)
2 He finally found a job with a London-based import-export company.
3 The firm imports gold and exports false teeth — a highly cost effective operation!
4 — Have you heard the new record by the Thugs? It's terrible! A real flop. (**2**)
5 Since they changed lead singers, they haven't been able to record a decent album. (**3**)
6 — I've decided to go and spend a month in New York to perfect my English. What do you think?
7 — Why bother? Your English is perfect as it is. Anyway, New York is so expensive. (**4**)

NOTAS

(**1**) *A soft drink:* una bebida sin alcohol ; lo contrario es an *alcoholic drink.* En E.U. se habla también de *hard liquor* para designar las bebidas fuertemente alcoholizadas (whisky, bourbon...). A propósito, si se pide *a whisky* en G.B., se le servirá un *scotch ;* si la misma petición se realiza en los E.U. le servirán un bourbon.

(**2**) *Terrible* quiere decir muy malo. *A flop* = un fracaso, una birria. *His latest film was a flop* = Su última película fué una birria. (Atención, en E.U. se diría *His latest film bombed,* pero los británicos lo tomarían por un cumplido, ya que esta expresión en Gran Bretaña significa tener éxito, triunfar estruendosamente.)

Trigésimo septima lección

El acento

1 — ¿ Has visto el contenido de azúcar de esta bebida no alcohólica ? — Él no se contentará si no está menos que perfecta.

2 Él finalmente encontró un empleo en una empresa londinense de importación — exportación.

3 La empresa importa oro y exporta dientes postizos — ¡ una operación altamente rentable !

4 — ¿ Ha escuchado el nuevo disco de los Thugs ? ¡ Es horrible ! ¡ Una verdadera birria !

5 Desde que ellos cambiaron a los cantantes-estrellas, no han sido capaces de grabar un buen álbum.

6 — He decidido ir a pasarme un mes en New York para perfeccionar mi inglés. ¿ Qué opina usted ?

7 — ¿ Por qué se inquieta usted ? Su inglés es perfecto como está. Y de todas maneras, New York es muy caro.

NOTAS (continuación)

(3) *An album* ha tomado desde hace varios años el sentido de un disco de 33 revoluciones, pero se sigue hablando de un *photo album.*

(4) *Why bother* o aún más rotundo *Don't bother !* significa : déjalo pasar, ¿ por qué hacerlo ? — *Let me explain — Don't bother, it's too late* (— Déjeme explicarle. — No merece la pena, es demasiado tarde). Atención : *Don't bother him, he's busy* = No lo moleste, está ocupado.

8 When the headmaster left the school, the staff wanted to give him a suitable present.

9 After much discussion, they decided to present him with a computer and some software. (**5**)

10 He took part in the trans-Africa rally... and got lost in the desert! (**N 2**)

11 Things were so bad that even his guide wanted to desert him, but they were both rescued in time.

12 — Since he left college, our son has been working for the mayor's office.

13 — And just what is the mayor's official policy on local education?

14 Following the riots last year, more police were sent into the inner cities (**6**)

15 and the local authorities adopted a new law and order policy based on community interaction.

16 — What an interesting painting! It must be eighteenth century, but I'm not familiar with the artist. (**7**)

17 — Neither am I. I think it's an eyesore, but it is a family heirloom so I have to keep it. (**8**)

18 — When the chief accountant resigned, we had to replace him quickly so we advertised in the Economic Digest.

19 — Really? I've never found their advertisements that effective. We usually rely on word of mouth.

NOTAS (continuación)

(**5**) *Software :* se utiliza con frecuencia para designar el sistema operativo de una computadora más los pro-

8 Cuando el director se marchó del colegio, el personal quería obsequiarle con un regalo conveniente.
9 Después de numerosas discusiones, decidieron obsequiarle un ordenador y el « software ».
10 Él participó en un rallye transafricano... y se perdió en el desierto.
11 Las cosas se presentaban tan mal que el propio guía quería abandonarle, pero ambos fueron rescatados a tiempo.
12 — Desde que dejó la universidad, nuestro hijo trabaja en la oficina del alcalde.
13 — Y dígame más exactamente, ¿ cuál es la política oficial del alcalde sobre la educación local ?
14 Después de los motines del año pasado, se decidió enviar más policías al centro de las zonas urbanas
15 y las autoridades locales adoptaron una nueva política de orden (público) basada en la interacción de la comunidad.
16 — ¡ Qué cuadro más interesante ! Debe ser del siglo XVIII, pero no conozco al artista.
17 — Ni yo tampoco. Creo que es abominable, pero es una herencia de familia y debo conservarlo.
18 — Cuando el jefe contable renunció, tuvimos que reemplazarlo rápidamente, así que pusimos un anuncio en el « Economic Digest ».
19 — ¿ De verdad ? Yo jamás he encontrado su publicidad totalmente efectiva. Nos fiamos habitualmente de palabra.

NOTAS (continuación)

gramas que traducen lenguajes de alto nivel en lenguaje máquina. *A software package.* Lo contrario se llama *hardware.*

(**6**) *Inner city* es una expresión cada vez más empleada en GB y en E.U. ; significa el centro de una zona urbana, es la parte más sufrida y abandonada económicamente.

(**7**) *Are you familiar with...* ? es una forma un poco rebuscada de decir : *Do you know...* ? La expresión es más corriente en el inglés americano.

(**8**) El adjetivo *sore* es muy útil : ¡ eso duele ! *Ooh ! my back's sore after all that gardening* = Dios me duele la espalda después de todo ese trabajo de jardinería. *An eyesore* es alguna cosa que molesta la vista por su fealdad.

20 — They came to the realisation that it was necessary to upgrade the company image. (**9**)

21 — Yes, but the problem is that they're too late. It took them five years to realise what a mess they were in. (**10**)

22 — I sent off a load of photographs to a magazine in the hope that they would be published. (**11**)

23 — But they have a permanent staff of twenty photographers, and photographic journalism is a cut-throat profession.

24 A new generation of workers is revolutionising the car industry — robots.

25 — I'm sorry, I had no idea she was married.
— Don't worry, neither does her husband.

26 He doesn't possess the right qualities for a career in advertising. He's not aggressive enough.

NOTAS (continuación)

(**9**) Otra palabra bastante mancillada, *to upgrade* significa : mejorar (literalmente, pasar a un grado superior). Se utiliza a menudo el verbo cuando se habla de mejorar los sistemas. *The system was upgraded to meet new standards* = El sistema se mejoró para satisfacer las nuevas normas.

***

EXERCISES 1. The group's last album was terrible, a real flop. **2.** — I'll call him at home. — Don't bother; he left for the weekend. **3.** — Are you familiar with this author? — I've never heard of him, I'm afraid. **4.** My ankle was sore for a week after the fall. **5.** The firm's in a terrible financial mess; they're almost bankrupt. **6.** Come and sit down. I've got loads to tell you.

20 — Ellos se convencieron de que era necesario mejorar la imagen de la empresa.
21 — Sí, pero el problema es que se convencieron demasiado tarde. Les tomó cinco años para darse cuenta de la miseria en que estaban metidos.
22 — Envié un montón de fotos a una revista con la esperanza de que fueran publicadas.
23 — Pero tienen un equipo permanente de veinte fotógrafos y el periodismo fotográfico es una profesión peligrosa.
24 Una nueva generación de trabajadores está en camino de revolucionar la industria automovilista : los robots.
25 — Lo siento, yo no sabía que ella estaba casada. — No se inquiete usted, su marido tampoco.
26 Él no posee las cualidades necesarias para hacer carrera en la publicidad. No es lo suficiente agresivo.

NOTAS (continuación)
(**10**) *Your room is a mess. Clear it up !* = Tu habitación es una verdadera leonera. ¡ Arréglala ! *I am afraid we're in a terrible mess ; my wife has discovered the truth* = Vaya lío ; mi mujer ha descubierto la verdad.
(**11**) *A load :* una carga. Aquí la palabra se emplea con un sentido familiar de : un montón de. *I've got a load of things to do* = Tengo un montón de cosas que hacer.

***

Ejercicios 1. El último álbum del grupo es muy malo, un verdadero fiasco. **2.** Yo le llamaré por teléfono a casa — No pierda su tiempo ; él se ha marchado durante el fin de semana. **3.** ¿ Conoce usted a este autor ? — Lo lamento, pero nunca oí hablar de él. **4.** Después de la caída me estuvo doliendo el tobillo toda la semana caída. **5.** La empresa está en una posición financiera desastrosa ; están al borde de la bancarrota. **6.** Ven y siéntate. Tengo un montón de cosas que decirte.

Fill in the missing words

1. *¿ Tendré que comprarme una camisa nueva ? — ¿ Por qué preocuparse ? Esa está perfecta.*

— Shall I buy a new shirt ? — . . . . ? That one's fine.

2. *Ellos participaron en el « rallye » y se perdieron.*

They . . . . in the rally and . . . .

3. *Desde que abandonó el colegio, él trabaja para una empresa de « software ».*

. . . . . he left school, he . . . . for a software firm.

Thirty-eighth lesson

The time machine (1)

1 Let's imagine a person who is transported from the 1920s to today's hi-tech world. (2)

2 Just think of all the new devices, processes and industries that have sprung up in the last half-century;

NOTAS

(1) *The Time Machine* (La Máquina del tiempo) es una de las novelas más célebres de uno de los grandes escritores ingleses H. G. Wells (1866-1946), que fué un gran educador y que creía en el progreso del hombre a través del progreso científico.

(2) *Hi-tech,* contracción de : *high technology,* recordemos *hi-fi* (para *high fidelity,* la alta fidelidad). El fenómeno que consiste en escribir las palabras de forma fonética (ejemplo : *hi* para *high, lo* para *low,* etc.) está muy difundido (sobre todo en E.U.), y se encuentra frecuentemente en los nombres de productos, etc.

4. — *No conozco al artista.* — *Ni yo tampoco.*

— I don't know the artist. — . . . .

5. *Me fué preciso una semana para arreglar el desorden.*

It took me a week to . . . .

The missing words

1. Why bother (no *Don't* a causa del signo de interrogación) **2.** took part...got lost **3.** Since...has been working **4.** Neither do I **5.** clear up the mess.

Trigésimo octava lección

La Máquina del tiempo

1 Imaginemos a una persona que es transportada desde los años 20 hasta el mundo de alta tecnología de hoy día.

2 Piense simplemente en todos los nuevos equipos, procesos e industrias que han proliferado en la última mitad de siglo ;

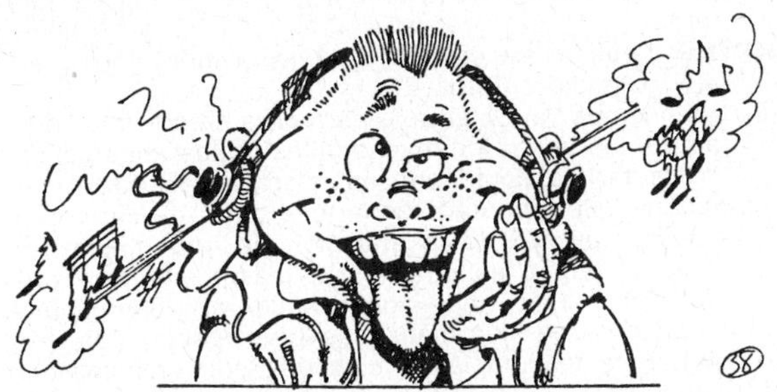
JUST THINK OF ALL THE NEW DEVICES ...
38

3 from energy-efficient jumbo jets to compact disks, from space shuttles to smart cards — (**3**) (**4**) (**5**)
4 a bewildering array of new and constantly developing products that have changed the way we live and speak.
5 The twilight industries of the industrial heartlands are swiftly being replaced by Silicon Valleys (and Glens) (**6**) (**7**),
6 manufacturing is increasingly making way for service industries,
7 and jobs that once were unthought of are now commonplace. (**8**)
8 Heart transplant surgeons, astronauts, computer programmers, rock stars,

NOTAS (continuación)

(**3**) *Jumbo* es el diminutivo cariñoso dado a un elefante, y que se encuentra a menudo aplicado a los productos, sobre todo para describir el formato. *The jumbo jet* es el más grande de los aviones a reacción *(jet)*. Hemos oído también un verbo (horripilante) *to jumboize,* que se emplea para describir el proceso que consiste en agrandar la capacidad de carga para recibir contenedores.

(**4**) *Disk* también se escribe *disc,* la primera forma está muy extendida en los E.U.

(**5**) Conocemos la palabra *smart* para decir *intelligent ;* una de las invenciones más útiles de los años ochenta fué la tarjeta dotada de un microprocesador « inteligente », que permite al usuario, a partir de un terminal el conocimiento de la situación de una cuenta, etc. Esta utilización está cada vez más difundida : *smart munitions* (las municiones auto-dirigidas), *smart houses* (casas informatizadas que economizan energía). Esta tecnología es conocida con el nombre de « domótica » en español.

3 desde los aviones a reacción gigantes y económicos en carburante hasta los discos compactos, desde los vehículos espaciales hasta las tarjetas dotadas de microprocesadores —

4 una variedad sorprendente de productos nuevos y en evolución constante, que han cambiado nuestra propia manera de vivir y de hablar.

5 Las industrias moribundas situadas en las regiones industriales son rápidamente reemplazadas por los Silicon Valleys (y Glens),

6 la fabricación está siendo reemplazada cada vez más por las industrias terciarias (de servicios),

7 y ciertos empleos que antes eran inimaginables son ahora una cosa corriente.

8 Los cirujanos que practican los transplantes de corazón, los astronautas, los programadores de ordenadores, las estrellas de rock,

NOTAS (continuación)

(**6**) *Twilight* = crepúsculo. Las industrias pesadas (siderúrgica, etc.) que eran denominadas *smokestack industries* en razón de sus enormes chimeneas, están en proceso de desaparición en toda Europa, en beneficio del sector terciario (*tertiary sector* o *service industries*). Se les llama ahora a estos dinosaurios las *twilight industries*.

(**7**) El muy célebre *Silicon Valley,* cuna de la micro-informática, es de hecho la región al sur de San Francisco. En los años ochenta, la industria de la informática (empezando por las sociedades japonesas) comenzó a instalarse en Escocia, debido a los costos reducidos de instalación y de una mano de obra capacitada y disponible. En gaélico, la palabra *valley* se dice : *glen* (¡ como bien conocen los aficionados al whisky !) se habló pues de *Silicon Glen* para describir este fenómeno de la transhumancia.

(**8**) *In my day, it was unthought of for a woman to go to work* = En mi época, era impensable que una mujer fuera a trabajar. Observe que se necesita mantener la posposición *of.* Encontramos también la *expresión unheard of* con casi el mismo sentido. (*In my day, it was unheard of,* etc.).

9 fast food outlet workers or aerobics teachers are all inhabitants of the global village that our world has become. (**9**) (**10**)

10 English has become the global language, and the last few decades have altered it significantly (**11**)

11 because English is now the language of change and progress.

12 If our particular time traveller were British, he or she would have a lot to learn — and fast! (**N3**)

13 By the end of the second world war, American English had become the vehicle for conveying technological advances

14 in state-of-the-art industries such as avionics, telecommunications and computers. (**12**)

15 In our time traveller's day, a manager (generally a man) would dictate a letter to his secretary (almost always a woman),

16 who would take notes in shorthand, type the letter, and send it by post to the firm's subsidiary in New York.

17 The operation could take up to a week to complete. Today's scenario is somewhat different :

18 the manager (man or woman) could dictate the letter into a dictaphone. A " text specialist " (generally a woman : some things don't change!) (**13**)

9 los trabajadores de la restauración rápida o los profesores de aerobic son todos habitantes de la aldea global en que se ha convertido nuestro mundo.

10 El inglés se ha convertido en el idioma global, y se ha modificado de manera significativa en el curso de las últimas décadas

11 debido a que el inglés es ahora el idioma del cambio y del progreso.

12 Si nuestro particular viajero en el tiempo fuera británico, él o ella tendría mucho que aprender... ¡ y en poco tiempo !

13 Al final de la segunda guerra mundial, el inglés americano se había convertido en el vehículo para transmitir los avances tecnológicos

14 en las industrias punta tales como la aeronautica, las telecomunicaciones y la informática.

15 En la época de nuestro viajero, un director (habitualmente un hombre) dictaba una carta a su secretaria (casi siempre una mujer),

16 quien tomaba las notas en taquigrafía, mecanografiaba la carta, y la enviaba por correo a la filial de la firma en New York.

17 La operación necesitaba a veces una semana para darse por terminada. El escenario de hoy día es bastante diferente :

18 el director (hombre o mujer) pudiera dictar la carta en un magnetófono. Un « especialista de texto » (generalmente una mujer : ¡ ciertas cosas no cambian !)

NOTAS (continuación)

(**9**) *Outlet* (literalmente : salida) se emplea en un contexto comercial para : salidas de mercancías.

(**10**) Ver lección 29, nota 11.

(**11**) Recordemos que : *a decade* = un decenio.

(**12**) *State-of-the-art,* un adjetivo compuesto que significa : en punta : *Our state-of-the-art technology is famous worldwide* = Nuestra maestría tecnológica es célebre en el mundo entero. Encontramos también la expresión *leading edge technology* (de *leading edge* = borde de ataque de un ala de avión). Esas expresiones están muy de moda y son utilizadas por todos en la publicidad de promoción.

(**13**) *A text specialist* es un término muy rimbombante para decir : *¡ a secretary !*

19 would write the letter on a word processor, and send the final result down the telephone line,

20 using either a modem or a fax machine : the whole operation takes no more than ten minutes. (**14**)

21 The underlying need remains the same, but the procedure is radically different.

22 Technology, from computers to superconductivity, has changed the lives of most people in the developed world,

23 and efforts are also being made to apply new discoveries to the developing world. (**15**)

24 However, some people are worried about the dehumanizing effect of automation,

25 and the economic effect of more work being done by fewer people.

26 Only time will tell, but meanwhile we are perfectly justified in taking an admiring glance at progress over the last years.

27 Let's follow our time traveller, who, like a fly on the wall, is following a typical day in the life

28 of a dweller in the late twentieth century...

***

19 escribiría la carta en una máquina para el tratamiento de textos, y el resultado definitivo será enviado telefónicamente,

20 utilizando la vía del « modem » o por la máquina de « fax » : la operación completa no sobrepasa los diez minutos.

21 La necesidad fundamental es la misma, pero el procedimiento es radicalmente diferente.

22 La tecnología, desde los ordenadores hasta la superconductividad, ha cambiado la vida de la mayoría de los habitantes en el mundo desarrollado,

23 y también se hacen esfuerzos para aplicar los nuevos descubrimientos en los países en vías de desarrollo, igualmente,

24 Sin embargo, algunas personas se inquietan por el efecto de deshumanización provocada por la automatización,

25 y las consecuencias económicas que resultan de hacer más trabajo con menos gentes.

26 Sólo el tiempo nos lo dirá, pero mientras tanto tenemos perfecto derecho a observar con admiración el progreso de los últimos años.

27 Sigamos a nuestro viajero en el tiempo, que, como una mosca en la pared, observa un día típico en la vida

28 de un habitante de la última mitad del siglo 20...

NOTAS (continuación)

(14) Esos dos florones de la era tecnológica se extienden cada vez más. Se trata de dos medios de enviar unos datos por la red conmutada. *Modem,* una contracción de *modulation-demodulation,* es un dispositivo que permite enviar datos numéricos de un ordenador a otro por teléfono. Fax es una contracción *hi-tech* de *facsimile machine,* dicho de otra forma, ¡ una telecopiadora simplemente !

(15) Esas dos expresiones desgraciadamente forman parte de nuestro argot de eufemismos de fin de siglo. No se habla ya de países pobres, ni de países subdesarrollados, sino de *developing countries.* Entre estos últimos y los *developed* countries, encontramos los LDC : *lesser developed countries.*

EXERCISES 1. He's really smart. He finished the crossword in three minutes. **2.** Ten years ago, it was unheard of for a teenager to own a computer. **3.** We have ten sales outlets in the State of Georgia alone. **4.** The smart card contains state-of-the-art microprocessors. **5.** When I've finished writing the report, I'll fax it to you. **6.** Exporting to developing countries can be a risky operation.

***

Fill in the missing words

1. *Cientos de empresas han surgido en el Silicon Valley.*

. . . . of companies . . . . in Silicon Valley.

2. *Entre las novedades encontramos unos motores cerámicos eficientes y unos « disquettes » de 3 pulgadas y media.*

Recent developments include . . . . - . . . . ceramic engines and 3 1/2 inch floppy . . . . .

3. *Las industrias moribundas fueron rápidamente remplazadas por las empresas de alta tecnología.*

. . . . industries were . . . . replaced by . . - . . . . firms.

4. *En otros tiempos, era inimaginable, ahora (ellas) son corrientes.*

They were once . . . ., now they are . . . .

5. *Existirá menos trabajo y menos gentes para realizarlo.*

There will be . . . . work and . . . . . people to do it.

Ejercicios 1. Él es verdaderamente listo. Él terminó el crucigrama en tres minutos. **2.** Hace diez años, era impensable que un joven pudiera poseer un ordenador. **3.** Tenemos diez puntos de venta sólo en el Estado de Georgia. **4.** La tarjeta « inteligente » está dotada de microprocesadores punta. **5.** Cuando termine de escribir el informe, se lo enviaré por medio del fax. **6.** Exportar a los países en vías de desarrollo puede ser una operación arriesgada.

***

NOTAS PERSONALES

***

The missing words

1. Hundreds...sprang up **2.** fuel-efficient...disks/discs **3.** Twilight... swiftly...hi-tech **4.** unthought of...commonplace **5.** less...fewer

Thirty-ninth lesson

Big brother is watching you... (**1**)

1 Our subject — let's call him Mr Newman — is a Eurobond dealer who works on the 130 th floor of an office building on Wall Street. (**2**) (**3**)

2 He is awakened at 6.00 a.m. by his electronic alarm, and claps his hands to turn on the television.

3 The dish antenna on his roof brings him direct satellite pictures of what is happening around the world. (**4**)

4 After showering, he breakfasts on yoghurt and kiwis, dons his roller skates and walkman and skates in to the office. (**5**)

5 On arrival, he sits on his ergonomic stool, turns on the VDU of his computer terminal and consults prices in Tokyo and Hong Kong: (**6**)

6 The global stockmarket never closes! (**7**)

NOTAS

(Este texto comprende muchas expresiones americanas : veremos las diferencias entre las dos « lenguas » a partir de la lección 50 ; Por otra parte, la lección 55 está dedicada al lenguaje informático.)

(**1**) El célebre eslogan, que viene de la novela de George Orwell « 1984 », recuerda que la sociedad vigila a sus ciudadanos...

(**2**) *A bond* = un vínculo, un lazo o atadura ; en el sentido comercial. Los Eurobonds son las obligaciones que pueden comprarse o venderse en otros lugares diferentes del país de donde es la moneda en que han sido emitidas.

(**3**) *Wall Street* es la calle principal del barrio de negocios de New York, así, por extensión, el « establishment »

Trigésimo novena lección

El gran hermano le vigila

1 Nuestro hombre — llamémosle Sr. Newman — es un agente de « Eurobond » que trabaja en el piso 130 de un inmueble de oficinas en Wall Street.
2 Se despierta a las 6 gracias a su despertador electrónico, y de una palmada enciende la televisión.
3 La antena parabólica montada sobre el techo le trae las imágenes de satélites en directo de lo que pasa en el mundo.
4 Después de ducharse, se desayuna con yogurt y con kiwis, se calza sus patines de ruedas, coge su « walkman » y va patinando hasta su oficina.
5 Cuando llega, se sienta en su asiento ergonómico, enciende la pantalla de su terminal de ordenador y consulta los precios en Tokio y Hong-Kong :
6 ¡ La bolsa mundial nunca cierra !

NOTAS (continuación)

financiero americano. Su homólogo británico se encuentra en *The City*.

(**4**) Un buen ejemplo de enfoque diferente entre el inglés y el español, entre una lengua latina y una lengua sajona : la antena parabólica describe bien el objetivo... si se conoce un poco de latín. Para los anglófonos, este dispositivo tiene apariencia de un plato cóncavo, de ahí : *dish antenna.* Nota : una antena = *antenna* (E.U.) *aerial* (G.B.).

(**5**) *To don* es un verbo un poco literario que significa la misma cosa que *to put on.* No se emplea en la conversación corriente.

(**6**) *VDU* = *visual display unit* = monitor video de un terminal de ordenador. Otra sigla corriente en ese campo es *CPU* = *central processing unit* = unidad central.

(**7**) *The global stockmarket* (ésta última se escribe a veces en dos palabras) esta expresión designa la posibilidad de realizar algún juego de bolsa de poca monta en cualquier momento del día y de la noche, gracias a la informática, que facilita diariamente el acceso a una o diversas Bolsas abiertas en distintos husos horarios.

7 This morning, he sells futures and options, buying stock in London and selling it in Chicago within seconds. (**8**)

8 He only answers the phone when the video unit shows him that an important customer is on the line.

9 At lunchtime, he walks one block down to the automatic restaurant. There, he buys a steak from a vending machine

10 and cooks it in the microwave oven at his stand-up table. After a dessert of vitamin pills (**9**)

11 he walks across the street to the shopping mall. Here, he buys a videocasette for the evening.

12 He inserts his credit card into the cash register and a green light comes on: his account is in credit, and the sum is debited immediately. (**10**)

13 Mr Newman returns to his office. He checks in his mailbox to see if there are any messages,

14 and then checks the bulletin board for any bargains that may be on offer. (**11**)

15 The afternoon is calm, and at five o'clock, he leaves the office. On his way home, he stops off at his health club (**12**)

NOTAS (continuación)

(**8**) *Futures* = operación a plazo (en bolsa) ; *options* = opciones. Estas dos formas de especulación, que permiten comprar y vender los productos sin tener la suma total de dinero disponible, se desarrollaron mucho durante los años 80 — símbolo de una nueva forma de ganar dinero. Es preciso anotar también que *stock* significa los títulos (rentas, obligaciones, acciones) ; encontramos con frecuencia una dualidad con

7 Esta mañana, (él) vende títulos a plazo fijo y opciones, comprando los valores en Londres y vendiéndolos en Chicago en segundos.

8 Sólo contesta al teléfono cuando el monitor del video le informa que un cliente importante está en línea.

9 A mediodía, camina una manzana hasta un restaurante automático. Allí, compra un filete en una máquina distribuidora automática.

10 y lo cocina en un horno de microondas al pie de la mesa que ocupa. Después un postre compuesto de píldoras vitamínicas,

11 atraviesa la calle para ir a un centro comercial. Aquí, se compra un video-cassette para la noche.

12 Inserta su tarjeta de crédito en la caja registradora y una luz verde se enciende : su cuenta es crediticia y la suma es cargada en cuenta inmediatamente.

13 El Sr. Newman regresa a su oficina. Verifica en su buzón para ver si hay algunos mensajes,

14 y luego verifica el tablero de anuncios para ver si existen oportunidades de buenas ofertas.

15 La tarde está en calma, y a las 17 horas abandona la oficina. En su camino de regreso a casa, visita su club deportivo.

NOTAS (continuación)

la palabra *shares (actions) : He has invested a lot in stock and shares* = Él ha invertido mucho en su portafolio.

(**9**) El horno de micro-ondas ha dado origen también al verbo *to microwave : He took a TV dinner from the freezer and microwaved it (a TV dinner,* es una especialidad americana, es una comida servida en una bandeja que permite a un consumidor comer sin levantarse y también le evita despegar los ojos de su querida televisión...).

(**10**) Este sistema de crédito bancario instantáneo es conocido técnicamente con el nombre de EFTPOS = *electronic fund transfer at point of sale.*

(**11**) *Electronic mailbox and bulletin board :* buzón de cartas y tablero de anuncios informatizados.

(**12**) *To stop off* = hacer un alto, parar en camino : *Stop off on your way home and have a drink with us* = Haga un alto de vuelta a casa para beber una copa con nosotros.

16 for a game of squash and a jacuzzi; he then skates the ten blocks back to his apartment building.

17 This evening, Mr Newman is taking his third wife, Judy, to the airport, so he takes his car from the garage,

18 checks the route on the car's mapping unit, and the state of the traffic on the on-board computer, and sets off.

19 He picks his wife up from her office downtown and soon they are speeding out of Manhattan. (**13**)

20 He puts his wife on the plane to Denver and heads back towards New York.

21 Unfortunately, he hasn't checked the traffic reports, and it takes him over three hours to get home.

22 He parks his car and takes the elevator up to his apartment. Before going into the kitchen to fix dinner,

23 he checks the electronic mailbox on his personal computer. There is a message from Judy:

24 " Arrived safely; thanks for the ride. Love. Judy "

25 Our time traveller might just recognize, with a wry smile, that not everything changes! (**14**)

***

16 para jugar un partido de squash y tomar un baño de hidromasaje ; va patinando diez manzanas para regresar a su edificio de apartamentos.
17 Esta noche, el Sr. Newman lleva a su tercera esposa, Judy, al aeropuerto, así que saca su coche del garage,
18 verifica el camino en el dispositivo de cartografía de su coche, así como el estado de la circulación en el ordenador de a bordo, y luego parte.
19 Recoge a su mujer en su oficina del centro de la ciudad, y pronto están saliendo de Manhattan a gran velocidad.
20 Deja a su mujer en el avión para Denver y se dirige nuevamente hacia New York.
21 Infortunadamente, no ha verificado la información relativa a la circulación y le ha tomado tres horas regresar a casa.
22 Aparca su coche y toma el ascensor para ir a su apartamento. Antes de ir a la cocina para preparar su cena,
23 verifica su contestador electrónico en su ordenador personal. Hay un mensaje de Judy :
24 « Llegué bien ; gracias por haberme acompañado. Cariños. Judy ».
25 Nuestro hombre que viaja en el tiempo podría en rigor reconocer, con una sonrisa irónica, ¡ qué no todas las cosas cambian !

NOTAS (continuación)

(**13**) *Speed* = velocidad. El verbo *to speed* tiene doble sentido. Así, lo encontramos en una utilización más literaria : dirigirse rápidamente : *The police car sped to the scene of the accident* (sí, es irregular). El otro significado, más prosaico, es el de ir a una velocidad excesiva (más de lo permitido por el código de la circulación). *They fined him $ 60 for speeding* = Le multaron con $ 60 por exceso de velocidad. En la jerga de la droga, *speed* = las anfetaminas.

(**14**) *Wry* (pron : rai, como *rye,* el centeno) literalmente : torcido, idiota. Nos la encontramos utilizada en sentido figurado para definir una sonrisa o una mueca un poco idiotas, irónicas. El sentido original lo encontramos en la expresión (un poco literaria) *awry* (pron : arai) : atravesado. *He came in with his hat awry on his head* = Él entró con el sombrero atravesado sobre su cabeza.

EXERCISES 1. On Wall Street, the Dow Jones index rose by ten points last night. **2.** The global term for stocks and shares is securities. **3.** I stopped off at the supermarket on my way home. **4.** — He was fined thirty pounds for speeding. — It serves him right! **5.** He gave the answer with a wry smile. **6.** There are strong bonds between our two countries.

***

Fill in the missing words

1. *Me gusta saber qué pasa en el mundo.*

I like to know . . . . in the world.

2. *¿ Sabías que él va a la oficina en patines ?*

Did you know that he . . . . ?

3. *Todos los asientos para el concierto se vendieron en unas horas.*

The concert was sold out . . . .

4. *Si usted pulsa este interruptor una luz roja se enciende.*

If you press this button a . . . .

5. *Recógeme en mi oficina ; está en el centro de la ciudad.*

. . . . at my office ; it's . . . .

Ejercicios 1. En Wall Street, el índice Dow Jones ganó diez puntos anoche. **2.** La expresión global para los títulos y acciones es : valores. **3.** Me detuve en el supermercado de regreso a casa. **4.** Él fué multado por exceso de velocidad y pagó treinta libras. — ¡ Le está bien merecido ! **5.** Él dió la respuesta con una sonrisa irónica. **6.** Existen fuertes lazos entre nuestros dos países.

NOTAS PERSONALES

The missing words

1. what is happening **2.** skates to the office **3.** within hours **4.** red light comes on **5.** Pick me up...downtown

Fortieth lesson

Literature

1 One of the glories of the English language is its vast literature, which spans the centuries

2 and which includes so many influential names that a list would fill up a book twice this length! (**1**)

3 Indeed, some of the greatest names in English literature were not British-born, but adopted the language to write.

4 (It is an old chestnut that many of the best English authors were in fact Irish!) (**2**)

5 Of course, when one speaks of English literature, the first name that springs to mind is that of Shakespeare... (**3**)

6 and many people, British or not, shudder at the idea of reading such a difficult author.

7 In fact, Shakespeare is surprisingly easy to read — and in some ways an extremely modern writer. (**4**)

NOTAS

(**1**) Se añade a menudo una posposición al verbo *to fill*: la más corriente es *up*, lo cual incorpora una noción de plenitud. En nuestra frase, podríamos haber dicho... *would fill a book twice this length*, pero la posposición da la noción de un estado completo. Cuando se llena el tanque de combustible de un coche, se dice frecuentemente *Fill it up, please* = Llene el tanque, por favor. Podemos decir *to fill in a form* así como *to fill out* o *to fill up*. Puede escoger...

Cuadragésima lección

La literatura

1 Una de las glorias de la lengua inglesa es su vasta literatura a través de los siglos
2 que incluye nombres tan influyentes que una lista de ellos llenaría un libro ¡ dos veces el tamaño de éste !
3 De hecho, algunos de los más grandes nombres de la literatura inglesa no corresponden a británicos de nacimiento sino que han adoptado la lengua para escribir.
4 (¡ Es un hecho bien conocido que muchos de los mejores autores ingleses eran en efecto irlandeses !)
5 Por supuesto, cuando se habla de la literatura inglesa, el primer nombre que viene a la mente es el de Shakespeare...
6 y muchas personas, sean inglesas o no, se estremecen ante la idea de leer un autor tan difícil.
7 De hecho, Shakespeare es sorprendentemente fácil de leer y de alguna manera es un escritor extremadamente moderno.

NOTAS (continuación)

(**2**) *A chestnut* = una castaña comestible. Esa palabra se emplea también para significar : un hecho conocido. *That's an old chestnut* = ¡ Ya se sabe ! En efecto, es verdad que muchos de los grandes autores « ingleses » son en efecto irlandeses (Swift, Wilde, Shaw, Beckett...)

(**3**) *To spring* = saltar, brotar. Observe la expresión to spring *to mind* = venir a la mente. *He asked me to think of an Irish author and Shaw sprang to mind* = Él me ha pedido que piense en un autor irlandés, y Shaw me ha venido a la mente.

(**4**) No tenemos espacio aquí para hablar de Shakespeare (1564-1616) quizás el más grande escritor de todos los tiempos ; basta decir que leyéndolo hoy en día nos impacta la modernidad de su lenguaje, y algunas expresiones « de actualidad » tienen su origen en la obra de Shakespeare, tales como *Oh boy*!, (¡ Figúrate !) *Beat it !* (¡ Pamplinas !), etc.

8 But literature is not just made up of names from the past: the literary tradition is alive and well,

9 and authors are writing their works in English all over the world. (**5**)

10 Why do the British have such a long-standing tradition of writers, while at the same time having a reputation

11 for being reserved and reticent to discuss emotions? That is perhaps the reason!

12 An English writer of Hungarian origin described how men from different countries declare their love for a woman:

13 A Frenchman will go down on his knees and say — Darling, I love you, I want to marry you.

14 A Russian, too, will go down on his knees and declare — If you don't marry me, I will blow my brains out! (**6**)

15 Whereas an Englishman, consumed by passion, will say — I say, why don't we...? (**7**)

16 Fortunately, not all English literature is concerned with such matters.

17 Great writing transforms the minds of readers and leads them to a fuller understanding of humanity,

NOTAS (continuación)

(**5**) *A work* = una obra (literaria, etc.). Por el contrario, en plural, es la obra o mejor los trabajos : *Road Works Ahead* = Trabajos (sobre la vía pública). Un trabajo se traduce mejor por *a job* ; tengo un trabajo muy importante que concluir esta mañana = *I've an important job to finish this morning.*

8 Pero la literatura no está compuesta únicamente de nombres del pasado : la tradición literaria goza de buena salud,
9 y hay por todo el mundo autores que escriben sus obras en inglés.
10 ¿ Por qué tienen los británicos tan antigua tradición de escritores, mientras que al mismo tiempo tienen fama
11 de ser reservados y reticentes para discutir sus emociones ? ¡ Esa es quizás la razón !
12 Un escritor inglés de origen húngaro describió cómo los hombres de los distintos países declaran su amor a una mujer.
13 Un francés se arrodillará y le dirá — Querida, te amo, quiero casarme contigo.
14 Un ruso también se arrodillará y declarará — Si no te casas conmigo, ¡ me haré saltar la tapa de los sesos !
15 Mientras que un inglés, devorado por la pasión, dirá — ¿ y si nosotros... ?
16 Afortunadamente, la literatura inglesa no se preocupa únicamente de tales cuestiones.
17 La gran literatura transforma las mentes de los lectores y los lleva a una comprensión más acabada de la humanidad,

PAPER IS MADE FROM WOOD PULP

NOTAS (continuación)

(**6**) *To blow one's brains out* es una expresión familiar para : hacerse saltar la tapa de los sesos.

(**7**) Observe la pronunciación de esa palabra muy útil *whereas* (mientras que) : uear-AZ.

18 although there are some more cynical observers who suggest that literature used to be an art and finance a profession

19 whereas today the opposite is very often true: paperback rights for a popular novelist (**8**)

20 sell for millions of dollars, and book stands at airports and stations are crammed with pulp fiction. (**9**)

21 However, we would hate you to become like a professor of English who was very erudite (**10**)

22 but of whom his students used to say — He knows everything about literature... except how to enjoy it. (**N4**)

23 One of the great pleasures of mastering a language is to be able to read writers in the original.

24 In the next few lessons we will present you with some examples of the work of two twentieth-century authors,

25 and we hope you will not only appreciate the extracts but enjoy reading them, too.

***

EXERCISES 1. Fill in this form and take it to the cashier. **2.** Let me finish this job and then I'll help you with your homework. **3.** The hardback edition is too expensive; I'll wait for the paperback version to be published. **4.** Paper is made from wood pulp. **5.** He is a professor at Cambridge and his son is a primary school teacher.

18 aunque existen algunos observadores más cínicos que sugieren que la literatura era en otros tiempos un arte y las finanzas una profesión,

19 mientras que hoy en día lo contrario es muy a menudo la verdad : los derechos del libro de bolsillo para un novelista de moda

20 que se venden por millones de dólares, y los kioskos en los aeropuertos y las estaciones están repletos de obras de ficción que no valen un cuarto.

21 Sin embargo, nos disgustaría que se convirtiera usted en cierto profesor de inglés muy erudito,

22 de quien sus estudiantes decian — Lo sabe todo acerca de la literatura... excepto cómo disfrutarla.

23 Uno de los placeres mayores de dominar un idioma es el de ser capaz de leer a los autores en las versiones originales.

24 En las dos o tres lecciones siguientes le presentaremos algunos ejemplos de las obras de dos autores del siglo 20,

25 y esperamos que no solamente apreciará los pasajes, sino que disfrutará al leerlos tambien.

NOTAS (continuación)

(**8**) En el caso de los libros en inglés, se distingue entre *a hardback*: una cubierta rígida, (generalmente la primera edición) y *a paperback*: un libro de bolsillo, con cubierta floja, flexible.

(**9**) *Pulp* = pasta de papel. *A pulp novel* o más generalmente *pulp fiction*: las novelas sin calidad literaria, las novelas « de venta en estación ».

(**10**) *A teacher*: un profesor ; *a professor*: un profesor de universidad (Un maestro : *a primary school teacher*).

***

Ejercicios 1. Rellene este impreso y entréguelo en caja. **2.** Dejame terminar este trabajo y luego te ayudaré con tus deberes. **3.** La edición encuadernada es demasiado cara ; esperaré por la versión de bolsillo. **4.** El papel se fabrica a partir de la pasta de papel. **5.** Él es profesor en la universidad de Cambridge y su hijo es maestro en una escuela primaria.

Fill in the missing words

1. *La tradición literaria inglesa se remonta a varios siglos.*

   English literary tradition ....

2. *¿ Cuál es el primer nombre que le viene a la mente ?*

   What is the first name that .... ?

3. *Me entremezco ante la idea de ir al dentista.*

   I .... of ..... to the dentist.

Forty-first lesson

1984 (1) (N 5)

1 It was a bright cold day in April, and the clocks were striking thirteen. (**2**)

2 Winston Smith, his chin nuzzled into his breast in an effort to escape the vile wind, (**3**) (**4**)

3 slipped quickly through the glass doors of Victory Mansions, though not quickly enough

4 to prevent a swirl of gritty dust from entering along with him.

NOTAS

(**1**) Se trata de una de las novelas más célebres de este siglo. George Orwell (1903-1950) es uno de los más grandes escritores políticos ingleses de este siglo. Cuenta la anécdota que, él escribió el libro en 1948, con el título provisional *The Last Man in Europe*. Su editor, lo encontró demasiado rimbombante, y le sugirió que invirtiese las dos últimas cifras del año en curso. « 1984 » acababa de nacer. Muchas de las ideas y expresiones del libro se encuentran en el periodismo hoy en día. Con razón.

4. *Los americanos tienen una larga tradición en la libre empresa.*

The Americans have a ....-....... .... of free enterprise.

5. *Él no sabe cómo divertirse.*

He doesn't know ... .

The missing words

1. spans several centuries **2.** springs to mind **3.** shudder at the thought...going **4.** long-standing tradition **5.** how to enjoy himself

---

Cuadragésimo primera lección

1984

1 Era un día claro y frío de Abril y los relojes marcaban las trece horas.
2 Winston Smith, con el mentón hundido en su pecho para intentar protegerse del horroroso viento,
3 pasaba rápidamente por las puertas de cristal de Victory Mansions, aunque no lo suficientemente rápido
4 para evitar que un torbellino de polvo arenoso entrara junto con él.

NOTAS (continuación)

(**2**) Las primeras palabras del libro crean ya un ambiente extraño que hace pensar en el Continente, al utilizar horas internacionales y más adelante el sistema métrico (ver frases 7 y 20).

(**3**) El hecho de retomar el nombre (tan célebre en la Inglaterra de la posguerra) de Winston y de añadirle el apellido inglés más banal que existe (Smith) no es obra del azar.

(**4**) En nuestros días, tenemos la tendencia de decir *chest* más bien que *breast* (pecho) para un hombre. Pues, *a breast* tiene más bien el sentido de un seno.

5 The hallway smelt of boiled cabbage and old rag mats. At one end of it a coloured poster,

6 too large for indoor display, had been tacked to the wall. (**5**)

7 It depicted simply an enormous face, more than one metre wide: the face of a man about forty-five,

8 with a heavy black moustache and handsome features. Winston made for the stairs. (**6**)

9 It was no use trying the lift. Even at the best of times it was seldom working,

10 and at present the electric current was cut off during daylight hours.

11 It was part of the economy drive in preparation for Hate Week. (**7**)

12 The flat was seven flights up, and Winston, who was thirty-nine and had a varicose ulcer above his right ankle,

13 went slowly, resting several times on the way.

14 On each landing, opposite the lift-shaft, the poster with the enormous face gazed from the wall.

15 It was one of those pictures which are so contrived that the eyes follow you about when you move.

16 BIG BROTHER IS WATCHING YOU, the caption beneath it ran.

17 Outside, even through the shut windowpane, the world looked cold. This, Winston thought with a sort of vague distaste,

5 La entrada olía a col hervida y a viejos tapices de trapos. Y en un extremo un « poster » a color,
6 demasiado grande para ser colocado en el interior, había sido clavado en la pared.
7 Mostraba simplemente un rostro enorme, de más de un metro de ancho : el rostro de un hombre de alrededor de cuarenta y cinco años de edad,
8 con un bigote negro y espeso y de rasgos atractivos. Winston se dirigió a las escaleras.
9 Es inútil intentarlo por el ascensor. Aún en el mejor de los casos, funciona raramente,
10 y en el presente, la corriente eléctrica estuvo cortada durante las horas diurnas.
11 Era parte de un esfuerzo económico para preparar la Semana del Odio.
12 El apartamento está en el séptimo piso, y Winston, que tenía treinta y nueve años y tenía una úlcera varicosa encima de su tobillo derecho,
13 subió lentamente, reposando varias veces en el camino.
14 En cada descanso, frente a la cabina del ascensor, el « poster » con un rostro enorme vigilando toda la pared.
15 Es una de esas imágenes que son diseñadas de tal manera que los ojos le siguen a uno cuando se mueve frente a ellas.
16 El pie de foto proclamaba : EL GRAN HERMANO TE VIGILA.
17 Afuera, aunque la ventana estaba cerrada, el mundo parecía frío. Esto, pensó Winston con un gesto de vago disgusto,

NOTAS (continuación)

(**5**) *To display* = exponer o exhibir (mercancías, etc.). *A display window* = un escaparate de exposición. Hemos visto ya (Lección 39 Nota 6) *visual display unit* = pantalla de visualisacion.

(**6**) *To make for* : dirigirse hacia (se dice también *to head for*). *He got up from his chair and made for the door* = Él se levantó de su silla y se dirigió hacia la puerta.

(**7**) Aparte de un paseo en coche, *a drive* significa un esfuerzo particular en un cierto sentido : *an economy drive* = una campaña económica ; *an export drive* = una promoción de exportaciones. *He lacks drive* = Le falta agresividad, empuje.

18 was London. He tried to squeeze out some childhood memory that should tell him whether London had always been like this.

19 The Ministry of Truth was startlingly different from any other object in sight.

20 It was an enormous pyramidal structure of glittering white concrete, soaring up 300 metres into the air.

21 From where Winston stood it was just possible to read, picked out on its white face in elegant lettering, (**8**)

22 the three slogans of the party:

23 WAR IS PEACE, FREEDOM IS SLAVERY, IGNORANCE IS STRENGTH. (**9**)

***

EXERCISES 1. — The plane leaves at one o'clock. — In the morning or the afternoon? **2.** At Christmas we take the children to see the window displays in the department stores. **3.** The government is launching a drive to reduce energy consumption.**4.** She picked out the colour she wanted from the catalogue. **5.** British doctors have developed a new method of screening women for breast cancer. **6.** Can you give me a lift? I'm making for London.

***

Fill in the missing words

1. *Los guardias le impidieron entrar en el inmueble.*

The guards .... the building.

2. *Es inútil intentar encender las luces. No hay electricidad.*

It's . . .. the lights. There's no electricity.

3. *El apartamento estaba en el noveno piso.*

The flat was ....

18 era Londres. Él trató de desterrar de su mente algún recuerdo de la niñez que le diría si Londres había sido siempre así.
19 El Ministerio de la Verdad era sorprendentemente diferente de cualquier otro objeto a la vista.
20 Había una enorme estructura piramidal de hormigón blanco y brillante, que se elevaba hasta 300 metros en el aire.
21 Desde donde Winston se encontraba era justamente posible leer, destacado en letras elegantes se leía,
22 los tres lemas del partido :
23 LA GUERRA ES LA PAZ, LA LIBERTAD ES ESCLAVITUD, LA IGNORANCIA ES FORTALEZA.

NOTAS (continuación)

(**8**) *To pick out*: seleccionar ; *She picked out the best bananas from the bunch* = Ella ha seleccionado los mejores plátanos del racimo. Aquí, el verbo tiene el sentido más artístico de adornar. *Green cloth picked out with red* = Una tela verde adornada con rojo. El primer significado es el más corriente.

(**9**) Lea de nuevo bien los lemas : Orwell era un agudo observador del discurso político...

***

Ejercicios 1. El avión parte a la una. — ¿ De la mañana o de la tarde ? **2.** En Navidades llevamos a los niños para ver los escaparates en los grandes almacenes. **3.** El gobierno lanza una campaña para reducir el consumo de energía. **4.** Ella escogió el color que quería del catálogo. **5.** Los médicos británicos han desarrollado un método nuevo para detectar el cáncer de mama en la mujer. **6.** ¿ Puede llevarme en el coche ? Me dirijo a Londres.

***

4. *Estaba diseñado de tal manera que los ojos le seguían.*

It was .. .. the eyes followed you.

5. *Quiero saber si Londres siempre ha sido así.*

I want to know .... London ... . like this.

The missing words

1. prevented him from entering **2.** no use trying **3.** nine flights up **4.** so designed that **5.** whether...has always been

Forty-second lesson

REVISION AND NOTES

1. Hemos insistido durante todo nuestro estudio sobre la importancia de la necesidad de colocar el acento tónico (*stress*) : de todas formas hay un cierto número de palabras en las cuales el *stress* varía según que sean utilizadas como verbo o nombre, o como nombre o adjetivo. Aunque desconcertante, ese fenómeno es dominado muy rápidamente porque esas palabras no son numerosas (nosotros tratamos la mayor parte de los casos en la lección 37). Observemos primero las parejas nombre/verbo, en donde el acento está sobre la primera sílaba si la palabra es un nombre y sobre la segunda si es un verbo :

an ***ex****port* but *to ex****port***
an ***im****port* but *to im****port***
a ***pre****sent* but *to pre****sent***
a ***re****cord* but *to re****cord***
a ***de****sert* but *to de****sert***

Otras parejas de palabras con pronunciación variable son :

the ***con****tent* but *he is con****tent*** (nombre/adjetivo)
a ***per****fect day* but *to per****fect*** (adjetivo/verbo)

Otra categoría : donde el acento cambia cuando se añade una sílaba a una palabra para cambiar su función gramatical :

to ***ad****vertize* but *an adver****ti****sement*
to ***pho****tograph* but *a pho****to****grapher*
to ***re****alize* but *a reali****za****tion*

Finalmente, hay palabras que tienen una misma raíz pero cuyo acento es diferente :

*po****lice****/****po****licy*
fam*ily/fam****iliar***

Está claro que una falta de acento tónico implica también una falta gramatical (Se oye un nombre en lugar de un verbo, etc.). Observe de nuevo nuestros ejemplos y repase dos o tres veces la grabación de la lección 37 a fin de captar mejor esas diferencias.

2. He aquí de nuevo nuestros famoso *to get*, pero aqui el verbo no tiene sentido propio, reemplaza una función gramatical bien precisa : es la de poner un verbo en la forma reflexiva (o recíproca). Conocemos, es verdad, *to lose* y su forma reflexiva *to lose oneself*; pero esta forma es un poco « latina » (por lo tanto recargada). La forma más informal consiste en tomar el participio pasado del verbo y añadir *to get* delante. Por ejemplo :

She lost her keys pero *She got lost in New York*

Otros ejemplos :

She married her childhood sweetheart

Ella se ha casado con su amor de la infancia

She got married last Easter

Ella se casó por Pascua del año pasado

o bien :

They stopped the car by the side of the road

Ellos han detenido el coche al borde de la calle

They got stopped by the police

Ellos han sido detenidos por la policía

Una vez más, no se trata de reglas propiamente dichas sino más bien de práctica. Preste por lo tanto atención cuando usted encuentra el verbo *to get*, porque muy a menudo no tiene su sentido propio (tener, obtener, etc.) sino que realiza una función gramatical.

3. Hemos visto ya los problemas que pueden surgir del hecho de que los nombres ingleses no tienen género. Así, en español, la frase : « El hotel busca un nuevo cocinero ; deberá ser muy calificado » no se presta a equivocación, mientras que en inglés la frase : *« The hotel manager is looking for a new cook ; he (or she) must be well qualified »* debe precisar si se trata de un hombre o de una mujer.
La misma precisión se encuentra en los pequeños anuncios, tanto más cuanto que toda discriminación está prohibida entre los hombres y las mujeres en el caso de la mayor parte de los puestos de trabajo. Las legislaciones inglesa y americana obligan a los patronos y jefes a tomar en consideración igualmente las minorías étnicas o los minusválidos (con igual calificación) para un mismo trabajo. Así encontramos la expresión *We are an equal opportunities employer* en la parte inferior de los pequeños anuncios (Nosotros no practicamos ninguna discriminación de ningún tipo). Ver también la Lección 63, nota 1.

4. *To enjoy* forma parte de esas palabras « típicamente inglesas » para las cuales no hay traducción exacta. El sentido del verbo es más fuerte que « amar », abarca la noción de sentirse a gusto al hacer una cosa. Observe algunos ejemplos :

I really enjoyed my meal
Me ha gustado verdaderamente la comida
Did you enjoy the film ? ¿ Le ha gustado la película ?
I hope you enjoyed yourselves
Espero que se hayan divertido
How can you enjoy a good wine if you smoke?
¿ Cómo se puede saborear un buen vino fumando ?

Comprobará que estamos obligados a estudiar la situación antes de encontrar un equivalente en español.
Pero con la práctica, se hace...

5. Entramos aquí en el dominio de la literatura, así pues en el estilo propio del escritor. La elección de las palabras — y la extensión del vocabulario — son cosas extremadamente personales, y sería inútil intentar explicar cada palabra y cada matiz. Por lo tanto, se imponen dos reglas : primero, lea más por el placer (piense que, cuando usted lee un gran escritor en su lengua materna, hay palabras que se le escapan) ; segundo, tenga un buen diccionario (inglés-inglés) porque muchos matices no pueden verdaderamente « salir » en la traducción ; acostúmbrese a buscar una palabra únicamente cuando la falta de comprensión le impide apreciar el sentido del texto.

NOTAS PERSONALES :

Forty-third lesson

Newspeak (N1)

1 (In this second extract from George Orwell's 1984, we see how language can change the way people think.) (**1**)

2 — You think, I dare say, that our chief job is inventing words. But not a bit of it! (**2**)

3 We're destroying words — scores of them, hundreds of them, every day. We're cutting the language down to the bone.

4 The eleventh edition (of Newspeak) won't contain a single word that will become obsolete before the year 2050. (...)

5 It's a beautiful thing, the destruction of words. Of course the great wastage is in the verbs and adjectives,

6 but there are hundreds of nouns that can be got rid of as well. It isn't only the synonyms; there are also the antonyms. (**3**)

7 After all, what good is a word that is simply the opposite of some other word? A word contains its opposite in itself.

8 Take **good** for instance. If you have a word for **good,** what need is there for a word like **bad?**

NOTAS

Orwell era ante todo un escritor, y se apasionó por la lengua ; escribió numerosos artículos sobre la lengua y la política. *Newspeak* es su invención más genial y la más terrorífica : el Estado inventa una lengua que no permite a los ciudadanos expresar la más mínima disidencia.

(**1**) Aquí falta el relativo ; la frase completa sería... *The way in which people think.* Recuerde que cuando el

Cuadragésimo tercera lección

« Newspeak »

1 (En este fragmento de « 1984 » de George Orwell, vemos cómo la lengua puede cambiar la manera de pensar de las gentes.)

2 — Usted piensa sin duda que nuestro trabajo principal consiste en inventar las palabras. Pero nada de eso.

3 Estamos destruyendo las palabras — veintenas, centenares de ellas, todos los días. Reducimos la lengua a lo esencial.

4 La décimo primera edición (de *« Newspeak »*) no contendrá ninguna palabra que pueda convertirse en obsoleta antes del año 2050 (...).

5 Es una cosa maravillosa, la destrucción de las palabras. Por supuesto el desperdicio más grande se produce a nivel de los verbos y de los adjetivos,

6 pero existen cientos de nombres de los que también podemos desembarazarnos. No se trata solamente de los sinónimos ; sino también de los antónimos.

7 Después de todo, ¿ qué eficacia tiene una palabra que es simplemente lo contrario de alguna otra palabra ? Una palabra lleva en sí misma su antónimo.

8 Tome **bueno** como ejemplo. Si usted tiene una palabra para **bueno**, ¿ qué necesidad tiene para que exista una palabra como **malo** ?

NOTAS (continuación)

relativo separa un sujeto y un complemento directo, se **puede** suprimir ; es una cuestión de estilo.

(**2**) Una expresión hecha : *Not a bit of it !* = Nada de eso ; ¡ En absoluto ! Atención, se utiliza para contradecir una primera hipótesis. *You thought he was English ? Not a bit of it ! He's German.* Podemos utilizar *Not a bit* en un contexto de cortesía. — *Do you mind if I smoke ?* — *Not a bit.* (¿ Le molesta si fumo ? — En absoluto). No confunda las dos expresiones.

(**3**) *To get rid of* es una expresión muy útil ; como hemos dicho en nuestra lección 35, la utilización de *get* lo hace más polivalente que otros sinónimos latinos. *I don't want to see you wearing that cap. Get rid of it* = Yo no quiero verte con esa gorra. Quítatela. Observe el giro de la frase : « la cual podemos des-

9 **Ungood** will do just as well — better because it's an exact opposite, which the other is not.

10 Or again, if you want a stronger version for **good**, what use is there in having a whole string (**4**)

11 of vague useless words like **excellent** and **splendid** and all the rest of them? **Plusgood** covers the meaning; (**5**)

12 or **doubleplusgood** if you want something stronger still. (...) In the end, the whole notion of goodness and badness

13 will be covered by only six words — one word in reality. Don't you see the beauty of that, Winston? (..)

14 You don't grasp the beauty of the destruction of words. Do you know that Newspeak is the only language in the world

15 whose vocabulary gets smaller every year? (**6**)

16 Don't you see that the whole aim of Newspeak is to narrow the range of thought?

17 In the end, we shall make thoughtcrime literally impossible, because there will be no words in which to express it.

NOTAS (continuación)

echar » : *that can be god rid of.* Encontrará otros ejemplos en nuestros ejercicios.

(**4**) *What use is there...* ? o *What use is it...* ? = ¿ Para qué sirve ? La expresión es más elegante que *It's useless...* porque se introduce un sentido de introspección. *What use is there asking him ? You know he'll say no* = ¿ De que sirve preguntarle ? Sabes bien que él dirá que no.

9 **Nobueno** haría también la misma función — mejor aún debido a que es exactamente lo contrario, lo cual no es el caso de la otra.
10 O entonces, si usted desea una versión más fuerte de **bueno** ¿ de qué sirve tener una sarta completa
11 de palabras vagas e inútiles como **excelente** y **espléndido** y todas las demás ? **Plusbueno** cubre ese sentido ;
12 o **dobleplusbueno** si usted desea algo todavía más fuerte. (...) Finalmente, toda la idea del bien y del mal
13 será cubierta por seis palabras solamente — en realidad una sola palabra. ¿ No ve usted la belleza de eso, Winston ? (...)
14 Usted no es consciente de la belleza de la destrucción de palabras. ¿ Sabe usted que « *Newspeak* » es el único lenguaje del mundo
15 cuyo vocabulario se restringe todos los años ?
16 ¿ No ve usted que todo el objetivo de « *Newspeak* » es el de reducir el alcance del pensamiento ?
17 Al final, terminaremos haciendo literalmente imposible el crimen del pensamiento, debido a que no existirán palabras para expresarlo.

NOTAS (continuación)

(**5**) Preste atención a la pronunciación de *useless* : IOUSS-less. Observe la lógica implacable de esa nueva lengua de Orwell.

(**6**) Usted ya ha aprendido que el relativo posesivo *whose* no se emplea sino para las personas : *The lady whose bag was stolen*, etc. = La mujer a quien le han robado el bolso, etc. Esta regla es bastante flexible, sobre todo cuando la cosa de la cual se habla puede ser considerada como « animada » (una sociedad, un equipo...), y es ahí donde normalmente encontraremos nuestro *whose*.

18 Every concept that can ever be needed will be expressed by exactly one word
19 with its meanings rigidly defined and all its subsidiary meanings rubbed out or forgotten. (...) (**7**)
20 Every year fewer and fewer words, and the range of consciousness always a bit smaller. (**8**)
21 Even now, of course, there's no reason for thoughtcrime. It's merely a question of discipline, reality-control. (**9**)
22 But in the end there won't be any need even for that. The Revolution will be complete when the language is perfect.
23 (...) Has it ever occurred to you, Winston, that by the year 2050, at the very latest, (**10**)
24 not a single human being will be alive who could understand such a conversation as we're having now?

NOTAS (continuación)

(**7**) El adjetivo *subsidiary* quiere decir accesorio ; el nombre, como hemos visto, quiere decir filial (sucursal). *To rub out* (literalmente) = borrar con una goma. Lo encontramos también en los diálogos de ciertas películas de humor negro, con un sentido bien siniestro : *Lefty was rubbed out last night by the Capone mob* = A Lefty se lo cargó ayer la banda de Capone.

(**8**) Observe un efecto de estilo : para llegar más rápidamente al sentido profundo de la frase, se quita todo aquello que es superfluo, es decir, en este caso, ¡ el verbo ! Así en lugar de decir *Every year there are fewer and fewer words*, se quita *there are*. Ese efecto literario no es nuevo (ya en el siglo XVI el dramaturgo John Webster lo empleaba a menudo), sigue siendo sin embargo literario. Observe que *fewer* se dice por « menos cosas » que se pueden contar, y *less* por « menos cosas » que no se pueden enumerar (el caso de *much and many*). Es un punto importante, porque

18 Cada uno de los conceptos que pueden ser necesarios deberá expresarse exactamente por una palabra

19 con un significado estrictamente definido y cuyos significados complementarios serán suprimidos u olvidados (...)

20 Todos los años habrá menos y menos palabras, y el alcance de la conciencia será a diario más reducida.

21 Aún ahora, por supuesto, no hay ninguna razón para que el crimen del pensamiento exista. Se trata de una simple cuestión de disciplina, de dominio de la realidad.

22 Pero a la larga no habrá ninguna necesidad ni aún de eso. La Revolución será completa cuando la lengua sea perfecta.

23 (...) ¿ Alguna vez te ha venido a la mente, Winston, que para el año 2050, a más tardar,

24 no habrá ni un solo ser humano que sea capaz de comprender una conversación como ésta que estamos teniendo ahora ?

NOTAS (continuación)

muchos anglófonos ¡ no respetan la diferencia ! (Ver lección 38, frase 25)

(**9**) La palabra *control* tiene dos sentidos (como su homólogo español) : aquel que trata del mando, la dirección : *Who controls the firm* ? = ¿ Quién dirige la sociedad ? *The firemen managed to get the blaze under control* = Los bomberos han podido dominar el incendio. Así, Orwell habla de dominar, de influenciar la realidad. El otro sentido es el de la verificación : *The Japanese invented the concept of quality control* = Los japoneses han inventado el concepto de control de calidad. Puede producirse una confusión porque el primer sentido es el más generalizado. *The controls* = los mandos (coche, máquina).

(**10**) *To occur* es sinónimo de *to take place* (producirse, ocurrir). *A complete change has occurred in the country's economic policy* = Un cambio total se produjo en la política económica del país. Cuando se utiliza el verbo con un pronombre, se tiene la idea de « venir a la mente ». *Resign ? That would never occur to him* ! = ¿ Dimitir ? ¡ Eso no le vendría jamás a la mente ! — *Let's have another drink.* — *Has it occurred to you that you are driving tonight ?* = Vamos a tomar una copa. — ¿ se te ha ocurrido pensar que vas a conducir esta tarde ? *An occurrence* = un acontecimiento.

EXERCISES 1. — How can I get rid of this cold? — Take an aspirin and go to bed. **2.** What good is money if you don't have time to spend it? **3.** I could only grasp the basics of physics ; it's far too complicated. **4.** It's the only country whose per capita income has risen over the last year. **5.** We sell a wide range of products at highly competitive prices. **6.** Rub out the figures in the left-hand column and write down these new ones.

***

Fill in the missing words

1. *La banda de Al Capone controlaba el hampa en Chicago en los años 30.*

Al Capone's gang .... vice in Chicago in the 1930s.

2. *Lo siento pero no se me ocurrió invitarle.*

I'm ...... it never .... to invite him.

3. *Existen tantos vestigios del pasado de los cuales es necesario deshacerse.*

There are so many relics of the past to be ....

4. *Hay menos coches y menos contaminación después de la nueva ley.*

There are .... and .... since the new law.

5. *Mozart es un compositor cuya música gusta a todos.*

Mozart is a composer ..... music is universaly loved.

Ejercicios 1. — ¿Como puedo desembarazarme de este catarro? — Tome una aspirina y métase en la cama. **2.** ¿De que sirve el dinero si no se tiene el tiempo de gastarlo? **3.** Yo sólo pude comprender los principios básicos de la física; es demasiado complicada.**4.** Se trata del único país cuya renta por habitante ha aumentado desde hace un año. **5.** Vendemos una gran gama de productos con precios muy competitivos. **6.** Borre las cifras de la columna de la izquierda y ponga estas otras nuevas.

NOTAS PERSONALES

The missing words

1. controlled **2.** afraid...occurred to me **3.** got rid of **4.** fewer cars less pollution **5.** whose

Forty-fourth lesson

An Englishman in New York (1)

1 Look at Henderson Dores walking up Park Avenue in New York City. " I'm late, " he is thinking; and he is, late for work.
2 He is carrying his sabres in a thin bag over his right shoulder and trying to appear calm and at ease, (2)
3 but that permanently worried expression on his square open face gives him away rather.
4 The crowds of Americans — neat, well-dressed — stride past him purposefully, unheeding, confident. (3) (4)

NOTAS

Hemos sacado nuestro fragmento de la novela « Estrellas y Barras » de un joven escritor inglés, William Boyd, nacido en 1952. Es la historia de un inglés, Henderson Dores, que viene a vencer su timidez en los Estados Unidos y que se encuentra involucrado en una serie de aventuras extraordinarias. Observe el estilo sobrio que describe en breves líneas la apariencia física y las preocupaciones espirituales del protagonista. La utilización del presente de los verbos es bastante poco corriente en las novelas en inglés, donde se emplea más bien el pretérito.

(1) Para ser verdaderamente exacto, debería decir *New York City*, porque *New York* es el nombre del Estado (cuando se envía una carta a un habitante de esa ciudad, se le dirige a, por ejemplo, *222 Riverside Drive NYC, NY* — se comprende *New York City, (New York)*. Es evidente que en el lenguaje corriente, esa distinción se lleva a cabo pocas veces (además de que muchos neoyorquinos hablan de su ciudad como *The Big Apple*, porque todo el mundo puede sacarle algo). Otra distinción del mismo tipo es la diferencia entre

Cuadragésimo cuarta lección

Un inglés en New York

1 Observe a Henderson Dores, que sube por Park Avenue en New York. — Estoy retrasado, piensa ; y en efecto, está retrasado para el trabajo
2 Lleva sus sables en una bolsa delgada colgada en su hombro derecho y trata de dar la impresión de calma y tranquilidad
3 pero esa expresión constantemente inquieta de su cara cuadrada y franca le traiciona un poco.
4 Las multitudes de americanos — limpios y bien vestidos — se cruzan con él a pasos largos, con determinación despreocupados, confiados.

NOTAS (continuación)

Washington DC, capital de los Estados Unidos, y el Estado de Washington, en el noroeste del país. *DC* significa *District of Columbia*, un distrito federal que tiene la misma extensión que la ciudad. Las capitales de los Estados no son casi nunca las ciudades más grandes (Por ejemplo, la capital de New York State no es New York City sino Albany ; la de California no es Los Angeles sino Sacramento).

(**2**) Atención a la pronunciación de la palabra *calm* (kahm) ; la *l* desaparece. La mayor parte de las palabras que terminan en *-alm* presentan el mismo fenómeno, principalmente *palm* (palma de la mano, palma).

(**3**) *To stride* = andar a grandes pasos ; *a stride* = un paso largo, una zancada puede emplearse en sentido figurado : *Medicine has made great strides over the last few years* = la medicina ha avanzado a grandes pasos estos últimos años. El verbo se conjuga como *to ride.*

(**4**) *Purpose* tiene siempre un sentido de : meta, razón de ser. *This all-purpose tool makes life much easier* = Esa herramienta polivalente (para varios usos) hace la vida más fácil. *What is the purpose of your call* ? = ¿ Cuál es el propósito de su llamada ? *Purposefully* = con determinación, con una idea en la mente. *He strode purposefully into the office* = Se planto en la oficina con determinación en varias zancadas (Atención : *on purpose* = a propósito (a posta) : *I didn't break it on purpose* = Yo no lo rompí adrede).

5 Henderson walks on. He is nearly forty years old — birthday coming up fast — and just under six feet tall.

6 His frame is sturdy and his face is kind and agreeably attractive. To his constant surprise, people are inclined to like him on first acquaintance. (**5**) (**6**)

7 He is polite, quite smartly dressed and, apart from that slight frown buckling his forehead (**7**)

8 he seems as composed and as unconcerned as, well, as you or me. But Henderson has a complaint, a grudge, a grumble of a deep and insidious kind. (**8**)

9 He doesn't like himself any more; isn't happy with the personality he's been provided with, thank you very much.

10 Something about him isn't up to scratch, won't do. He'll keep the flesh, but he'd like to do a deal on the spirit, if nobody minds. (**9**)

NOTAS (continuación)

(**5**) *Frame* = marco de un cuadro, o armazón ; aquí el sentido es : la anchura de hombros del personaje. La expresión española : en el marco de, es extremadamente difícil de traducir (y a veces inútil) ; sin embargo, encontramos la expresión : *within the framework of*, pero esto no es exactamente una frase-pase, un « ábrete Sésamo ».

(**6**) *An acquaintance* = un conocido (persona). *He's not really a friend, more of an acquaintance* = Él no es verdaderamente un amigo, más bien un conocido. *We made his acquaintance on holiday* = Nos conocimos en vacaciones.

5 Henderson continua andando. Tiene casi cuarenta años — su aniversario está al caer — y mide un poco menos de seis pies de altura.

6 Su complexión es sólida y su cara generosa y agradablemente atractiva. Siempre le sorprende que las gentes se inclinen a simpatizar con él desde el primer encuentro.

7 Es cortés, va bastante bien vestido, y, aparte de ese ligero fruncimiento del ceño,

8 parece tan sereno y tan despreocupado como... como lo podemos estar usted y yo. Pero a Henderson le aqueja, un descontento, un rencor, un gruñido de naturaleza profunda e insidiosa.

9 Él ha dejado de estimarse ; no está contento con la personalidad que se le ha adjudicado, mil gracias.

10 Existe algo dentro de él que no está a la altura, que no le satisface. Se quedará con la envoltura material, ahora bien le gustaría llegar a un pacto respecto al espíritu, si no hay inconveniente.

NOTAS (continuación)

(**7**) *To frown* = fruncir el ceño. *He always has a frown on his face* = Él tiene siempre una expresión preocupada. *To frown on* se emplea en sentido figurado y significa : considerar alguna cosa como mala : *Smoking in public is frowned upon* = Está mal visto fumar en público. En esta frase, el verbo *to buckle* se emplea igualmente en sentido figurado ; en efecto, se aplica generalmente a un hundimiento de metal : *The bonnet buckled under the force of the impact* = El capó se hundió por la fuerza del impacto. Su empleo aquí refuerza la idea de preocupación.

(**8**) *To bear/hold a grudge against someone* = tener algo contra alguien. *He's held a grudge against me ever since I got promoted instead of him* = Él ha estado contra mí desde que me han ascendido en lugar de él. *She doesn't bear grudges* = Ella no es rencorosa. Observe los diferentes giros expresados por esos tres nombres, que traducen bien el estado de espíritu de Dores.

(**9**) La magnificencia del novelista consiste en meterse bien en la mente de sus personajes, aunque permaneciendo distante ; el *thank you very much* y el *if nobody minds* (frase 10) son tan irónicos que en realidad son las frases que nos imaginamos como las reacciones íntimas de Henderson.

11 He wants to change — he wants to be different from what he is. And that, really, is why he is here. (**10**)

12 He runs a hand through his thick fair hair, short but cut long, as it were, in the English way. (**11**)

13 To the practised observer, indeed, everything about him proclaims his Englishness. His haircut — already noted —

14 his pale-lashed eyes, the bloom on his unshaven cheekbones, his blue suit with its double vents in the jacket,

15 the dull worn signet ring on the third finger of his left hand, his navy blue ankle-length socks (only butlers and chauffeurs wear black), (**12**)

16 and his shiny, well-creased, toe-capped Oxford shoes. (**13**)

17 This knowledge — that he is so distinguishable — would distress him because, in fact, his grand and only dream is to fit in;

18 to merge and blend with the identity of these earnest, enviable people on their way to work.

NOTAS (continuación)

(**10**) ¿ Qué preposición sigue a *different* ? Es un asunto de uso, pero digamos que *from* está considerada como correcta en inglés GB y EU ; encontramos también *different to* en inglés GB y *different than* en inglés EU. Para estar seguro, prefiera *from*.

(**11**) *As it were* se emplea como « por así decir ». *We live together ; he's my husband, as it were* = Vivimos juntos ; es mi marido, por así decirlo. *Where* es aquí un subjuntivo utilizado como un condicional, que encontramos en la expresión : *If I were you...* = Si yo estuviera en su lugar...

11 Él quiere cambiar — quiere ser diferente de lo que es. Y, de hecho, por eso, es por lo que está aquí.
12 Se pasa una mano por su espesa cabellera rubia y corta aunque de corte alargado, por así decirlo, al estilo inglés.
13 Para un observador experimentado, en efecto, todo en él proclama su carácter de inglés. Su corte de pelo — ya descrito —
14 sus ojos bordeados de pestañas claras, el vello sobre sus mejillas sin afeitar, su traje azul con dos aberturas en el chaleco,
15 la sortija de oro mate y usada, en el tercer dedo de la mano izquierda, sus calcetines a media pierna de color azul marino (sólo los mayordomos y los choferes llevan negros),
16 y sus zapatos « Oxford » brillantes y arrugados, con puntera reforzada.
17 Saber esto — que él es tan fácil de reconocer — le perturbaría, debido a que en efecto, su único anhelo es el de encajar,
18 fundirse y mezclarse con la identidad de estas gentes honestas y envidiables que van a trabajar.

NOTAS (continuación)

(**12**) *A driver* = un conductor/chófer ; *a chauffeur* = un chófer privado. *Lorry driver* (EU : *truck driver*) = un chófer de camión de carga pesado ; *a taxi driver* = un chófer de taxi.

(**13**) Un buen ejemplo de la flexibilidad del inglés ; *a toe-cap* = una puntera reforzada ; *to toe-cap* = instalar o hacer poner dicha pieza. Así las palabras se fabrican todos los días sin que se debata su aprobación por los eruditos. (Otro ejemplo, más macabro, de otros verbos formados a partir de nombres es *to knee-cap* = castigar a un traidor disparándole en la rótula *[knee-cap]*. El progreso no se detiene...)

19 Just another Manhattanite, he tells him-self, as he transfers his sabres to his left shoulder, just like everybody else here.
20 He frowns again slightly and slows down. This is his problem:
21 he loves America, but will America love him back? Up ahead, the lunatic is wai-ting. (**14**)

***

EXERCISES 1. Put the book back when you've finish-ed; I'll need it later. **2.** She did her best to appear indifferent, but no one was fooled. **3.** He strode out of the room and slammed the door after him. **4.** My father frowns on my taste in clothes; he likes people who are smartly dressed. **5.** Your last report was not up to scratch; you'll have to do better. **6.** Many immigrants do not attempt to fit into the host society, which poses a number of problems.

***

Fill in the missing words

1. *Yo la amo, pero ¿ me corresponderá ella ?*

I love her but will she .... ?

2. *¿ A qué se debe su visita ?*

.... ?

3. *La vida es demasiado corta para guardar rencores.*

Life is too short .. ..

19 Justamente ser otro habitante cualquiera de Manhattan, se dice a sí mismo, cambiándose sus sables al hombro izquierdo, como todo el mundo aquí.
20 De nuevo frunce el ceño ligeramente y acorta el paso. He aquí su problema :
21 adora a América, ¿ pero acaso América le corresponderá ? Un poco más allá, el lunático le acecha.

NOTAS (continuación)

(**14**) Poner *back* después de toda una serie de verbos da la idea de reciprocidad : observe en los ejercicios... (usted puede también leer la novela y ver lo que le sucede a nuestro amigo Dores cuando encuentra al lunático)¡ !

***

Ejercicios 1. Coloca el libro en su sitio cuando hayas terminado ; lo necesitaré más tarde. **2.** Ella intentaba lo mejor que podía permanecer indiferente, pero no engañó a nadie. **3.** Él salió de la habitación a grandes pasos dando un portazo. **4.** Mi padre desaprueba mi gusto en el vestir ; gusta de las gentes que van elegantemente vestidos. **5.** Su último informe no estuvo a la altura ; tendrá que hacerlo mejor. **6.** Muchos inmigrantes no realizan esfuerzos por integrarse a la sociedad que los recibe, lo que plantea un buen número de problemas.

***

4. *Su segunda esposa es muy distinta a la primera.*

. . . second wife . . . . the first one.

5. *Si yo fuera usted, iría a vivir en New York.*

. . . . , I would . . . . in New York.

The missing words

1. love me back **2.** What is the purpose of his/her call **3.** to hold/ bear grudges **4.** His...is very different from (ver Nota 10) **5.** If I were you...go and live

Forty-fifth Lesson

Which or that? (N2)

1 Words that connect two ideas together are called relatives (by the way, your relatives are your aunts, cousins, etc.) (**1**)

2 Two such words that people confuse quite often are **which** and **that.** Look at these examples:

3 The invention that won the prize was a tilt-rotor aero-engine; and (**2**)

4 The invention, which won the prize, was developed by the American company Howlett.

5 One's first reaction may be: What is the difference? But look again at the two sentences and pick out the vital information.

6 In the first example, we *define* the invention (it is the invention that won the prize),

7 whereas in the second example, the fact that the invention won the prize is additional information;

NOTAS

(**1**) *A relative* es también — y sobre todo — un pariente (la palabra inglesa *parent* se emplea solamente para padre y madre). Se puede hablar también de *relations*, porque el verbo *to be related to* quiere decir : estar emparentado con. *They have the same surname but they are not related* = Tienen el mismo apellido pero no están emparentados. *My name's Shakespeare... no relation* ! = Yo me llamo Shakespeare... ¡ no tengo nada que ver con el otro !

Cuadragésimo quinta lección

« Which » o « that » ?

1 Se llaman relativos las palabras que vinculan dos ideas (a propósito, vuestros parientes *(relatives)* son vuestros tios, primos, etc.).
2 Dos de estas palabras que las gentes tienen tendencia a confundir son *which* y *that*. Observe estos ejemplos :
3 El invento que *(that)* ganó el premio era un motor de avión giratorio ; y
4 el invento, el cual *(which)* ganó el premio, fué perfeccionado por la compañía americana Howlett.
5 Una primera reacción pudiera ser : ¿ Cuál es la diferencia ? Pero considere de nuevo las dos frases y elija la información más importante.
6 En el primer ejemplo, definimos el invento (es el invento el que ganó el premio),
7 mientras que en el segundo ejemplo, el hecho de que el invento ganara el premio es una información complementaria ;

THE CAR THAT OVERTOOK ME WAS DOING OVER 100 MILES PER HOUR

NOTAS (continuación)

(2) *A motor* es generalmente más pequeño que *an engine*, aunque los dos se traducen por : motor (para demostrar hasta que punto los anglófonos no son cartesianos, se habla de *the engine* de un coche, ¡ que se dice a veces *motor car* !). Aquí, se trata de un motor que está a medio camino entre el motor de un avión y el de un helicóptero. *To tilt* = bascular (dar vueltas, volcar).

8 so much so that we put the words between commas: you can remove that information without changing the meaning. (**3**)
9 Let's look at some more examples that may make this problem easier to understand.
10 The car that overtook me was doing over 100 miles per hour.
11 The car, which overtook me, was driven by the most beautiful woman I have ever seen.
12 It is obvious that, in the second sentence, the fact that the car overtook him was less important than the beautiful driver!
13 In other words, if you remove the words *which overtook me* from the second sentence, the meaning will not change.
14 But you cannot remove the words *that overtook me* without losing vital information: the words " define " the car.
15 Look one last time and see how we use commas to isolate the words that do not define (we call this a clause). (**4**)
16 But enough theory — Lesson Forty-Nine will give you more information; let's look at some more examples of these clauses.
17 Play a little game with our sentences: take out the words following **which** or **that,** and see if the meaning changes.
18 The thing that worries me is the fuel consumption; twenty miles per gallon is too high. (**5**)

NOTAS (continuación)
(**3**) *So much so*, le recordamos que quiere decir « tanto ».

8 tanto que nosotros separamos las palabras con dos comas : se puede eliminar esta información sin cambiar el sentido de la frase.
9 Veamos algunos otros ejemplos para que el problema sea más fácil de comprender.
10 El coche que *(that)* me adelantó sobrepasaba los 160 km/hora.
11 El coche, el cual *(which)* me adelantó, estaba conducido por la mujer más bella que jamás he visto.
12 Es evidente que, en la segunda frase, el hecho de que el coche le adelantó era menos importante ¡ que la bella conductora !
13 En otros términos, si usted retira las palabras *which overtook me* de la segunda frase, el sentido no cambiará.
14 Pero usted no puede retirar las palabras *that overtook me* sin perder información vital : las palabras « definen » el coche.
15 Observe por última vez y compruebe cómo utilizamos las comas para aislar las palabras que no definen (le llamamos a esto una oración o proposición).
16 Pero basta ya de teoría — la lección 49 le facilitará más información ; observemos a algunos otros ejemplos de estas oraciones.
17 Ensaye un pequeño juego con nuestras frases : retire las palabras que siguen a **which** o **that** y compruebe si el sentido cambia.
18 Lo que me inquieta es el consumo de combustible ; trece litros cada cien es demasiado.

(**4**) *A clause* es una cláusula en un contrato ; en gramática, es un componente de la frase o una proposición. Las proposiciones que nosotros llamamos *defining* y *non-defining clauses* (que se llaman « determinativas » y « no determinativas ») pueden también llamarse *restrictive* y *non-restrictive clauses* (ver lección 49 N2).

(**5**) El consumo de carburante de los coches en G-B y en los E-U se mide por millas recorridas con un galón de gasolina. Desgraciadamente (ya se lo supondría usted), el galón inglés (llamado *imperial gallon*) es diferente de su homónimo americano, ¡ que no tiene nada de imperial ! El primero equivale a 4,5 litros, mientras que el segundo tiene solamente 3,7. Sin embargo, en los dos países, se compra cada vez más la gasolina por litro (aúnque continuemos hablando de galón...).

19 The fuel consumption of the car is very high, which worries me.

20 The houses, which belonged to the municipal authorities, were badly in need of repair.

21 The houses that belonged to the authorities were dilapidated; all the others were in a good state of repair. (**6**)

22 Here is the project that he has been working on for the last seven months.

23 The project, which he has been working on for seven months, will be discussed by the research committee tomorrow.

24 One last point — if the relative appears in a defining clause, we can leave it out if we want. (**7**)

25 The house I looked at last month is now worth another twenty thousand pounds.

26 You cannot do this if the words are between commas: The house, which I bought last year, is now worth £ 800,000.

***

EXERCISES 1. Are you any relation to the author of the same name? **2.** The engine tilts backwards to force the aircraft upwards. **3.** Take special care if you are overtaking on slippery roads. **4.** The thing that really worries me is the maintenance: it costs a fortune to repair. **5.** The house was in an excellent state of repair; we were able to move in straight away. **6.** How many miles do you get to the gallon with that new sports car?

19 El consumo de combustible del coche es muy alto, lo cual me inquieta.
20 Las casas, que pertenecían a la municipalidad, tenían necesidad urgente de reparación.
21 Las casas que pertenecían a las autoridades estaban estropeadas ; las otras estaban en buen estado.
22 Aquí está el proyecto en el que lleva trabajando siete meses.
23 El proyecto, en el que él trabaja desde hace siete meses, se discutirá mañana por el Comité de investigación.
24 Una última cosa — si el relativo está presente en una oración restrictiva, podemos desecharlo si queremos.
25 La casa (que) yo miré el mes pasado vale ahora veinte mil libras más.
26 No puedes hacer esto si las palabras están separadas por dos comas : La casa, que compré el año pasado, vale ahora 800.000 libras.

NOTAS (continuación)

(**6**) *To repair* = reparar. *To be in a good/bad state of repair* = estar en buen o mal estado. *I didn't pay much for the car, but it was in a terrible state of repair* = No he pagado caro el coche, pero estaba en muy mal estado. Menos elaborado diríamos *to be in good/bad condition*. Observe que esta primera expresión no se puede emplear para las personas.

(**7**) *To leave out* = omitir — Su equivalente latino es *to omit. You can use this recipe if you're slimming : just leave out the sugar and the butter* = Usted puede utilizar esta receta si está haciendo régimen : omita solamente el azúcar y la mantequilla. *Why didn't you invite him ? You know he hates to be left out* = ¿ por qué no le ha invitado ? Ya sabe usted que le horripila que le dejen fuera.

***

Ejercicios 1. ¿ Tiene usted algún parentesco con el autor del mismo nombre ? **2.** El motor bascula hacia atrás para propulsar el avión hacia arriba. **3.** Ponga toda su atención si hace un adelantamiento en una carretera resbaladiza. **4.** Lo que más me inquieta en realidad, es el mantenimiento : cuesta una fortuna su reparación. **5.** La casa estaba en un excelente estado ; pudimos instalarnos de inmediato. **6.** ¿ Cuántos litros cada cien kilómetros gasta su nuevo coche deportivo ?

Fill in the missing words

1. *La embarcación, que está registrada en España, se hundió cerca de la costa francesa.*

   The ship, ... was registered in Spain, sank off the French coast.

2. *El barco que llevó a mi abuelo a América ¡era el Titanic!*

   The ship . . . . took my grandfather to America was the Titanic!

3. *La casa que compré el año pasado ha doblado de precio.*

   The house . . . . I bought last year has doubled in price.

Forty-sixth lesson

God save the Queen! (N3)

1 A crowd had gathered outside Buckingham Palace, waiting for the Queen to appear on the balcony. (**1**)
2 When she finally came out, the crowd shouted — God save the Queen!
3 Perplexed, a young German student took his grammar book from his pocket, opened it and said aloud:
4 — That's wrong! — You don't like the Queen?, came the ominous reply. (**2**)

NOTAS

(**1**) *Buckingham Palace* es la residencia oficial del soberano inglés en Londres. Con relación a otros palacios reales, esta vivienda del siglo XVIII, comprada a los duques de Buckingham, es bastante modesta. Otras

4. *Hacía mucho calor, tanto que me sentía muy mal.*

The weather was very hot, ... that I was very sick.

5. *Ella odia que se la deje fuera.*

She ....

The missing words

1 which. **2.** that. **3.** that (o se suprime, ver frase 24). **4.** so much so. **5.** hates to be left out.

Cuadragésimo sexta lección

¡ Dios salve a la Reina !

(Es evidente que los matices de la grabación no se pueden traducir de forma precisa ; ¡ pedimos disculpas por adelantado !)

1 Una muchedumbre se había reunido delante del Buckingham Palace, esperando que la Reina apareciera en el balcón.

2 Cuando salió al fin, la muchedumbre clamó — ¡ Dios salve a la Reina !

3 Perplejo, un joven estudiante alemán sacó su libro de gramática del bolsillo, lo abrió y dijo en alta voz :

4 — ¡ Eso es falso ! — ¿ No te agrada la Reina ?, le preguntó alguien con tono amenazador.

NOTAS (continuación)

« residencias » vinculadas a determinadas funciones políticas son *10 Downing Street* (residencia del Primer Ministro), *11 Downing Street* (residencia del Ministro de Economía y Hacienda). En los Estados Unidos, se conoce bien *The White House* (residencia del Presidente).

(**2**) *Ominous* (de *omen*, pron : Oumin = augurio), significa más bien alguna cosa de mal agüero, siniestra. *The sky looks ominous* = El cielo está amenazante. Por el contrario, se habla de *good* así como de *bad omens.*

5 — No, it's not that. Look, you say: the lifeguard saves the drowning swimmer, right? (**3**)

6 — Yes, replied the crowd. — So why do you say: God save the queen?

7 — Listen, son, the twenty thousand people here can't be wrong. Don't try and be too clever.

8 — If I were you, I wouldn't worry about it, an old man rejoined. — Ah! There you go again!, cried the German.

9 — You say: when I was in London, but: if I were you. Help! I'm going crazy. Can someone help me? (**4**)

10 If anyone here is a grammar teacher, I insist that he tells me the answer.

11 — That should be " insist that he tell ", actually, said an elegantly dressed gentleman. (**5**)

12 — That's the last straw! Explain why. — Subjunctive, old fellow, came the answer. (**6**)

13 Yes, the subjunctive. Don't see it around much any more. It sounds too posh. Other languages have it, though. (**7**)

NOTAS (continuación)

(**3**) Observe la utilización del participio : *a drowning man* = un hombre ahogándose ; *a barking dog* = un perro ladrando. El participio dá el sentido de una acción que se está realizando.

(**4**) *Crazy* es una palabra casi perteneciente al argot que quiere decir : loco. *You can't talk to him ; he's crazy* = No puedes hablarle ; es un loco. Normalmente se emplea en el sentido de : loco por alguna cosa (o por alguien). *I'm crazy about you* = Estoy loco por tí. *A craze* : una manía, una moda. *Pink hair seems to be*

5 — No, no es eso. Mira, tú dices : el socorrista salva al nadador que se estaba ahogando, ¡ no es cierto !

6 — Sí, contestó la muchedumbre. — ¿ Entonces por qué dices : Dios salve a la reina ?

7 — Escucha, hijo, las veinte mil personas que se encuentran aquí no pueden estar equivocadas. No trates de pasarte de listo.

8 — Si yo estuviera en tu lugar, no me inquietaría, añadió un anciano — ¡ Ah ! Vuelta a lo mismo, gritó el alemán.

9 — Tú dices : cuando yo estaba en Londres, pero : Si estuviera en tu lugar. ¡ Socorro ! Me estoy volviendo loco. ¿ Puede alguien ayudarme ?

10 Si hay alguien aquí que sea profesor de gramática, insisto que me diga la respuesta.

11 — ¡ Bueno ! Eso debería ser « insisto en que él me diga », dijo un hombre elegantemente vestido.

12 — ¡ Eso es el colmo ! Explique porqué. — El subjuntivo, amigo, fué la respuesta.

13 Sí, el subjuntivo. No se le ve mucho actualmente. Demasiado esnob, al parecer. Sin embargo, otros idiomas lo utilizan.

NOTAS (continuación)

the latest craze among the young = Los cabellos rosados parecen ser la útilma moda entre los jóvenes.

(**5**) El famoso *actually* a menudo no es más que una especie de interjección (como : De hecho (¡ Bueno !...) — *What are you doing at the moment ? — Actually, I am looking for a job* =... De hecho, (¡ Bueno !), ando buscando trabajo. La palabra sirve para captar la conversación sin responder verdaderamente a una pregunta. Por supuesto, a vuestro nivel, ya no la confundís más con : actualmente (*now*) ; pero no siempre nos damos cuenta de que *actually* es a menudo una muletilla del lenguaje.

(**6**) La expresión completa es : *The last straw that breaks the camel's back*. Es nuestra « última gota que colma el vaso ». Se dice generalmente : *That's the last straw* !

(**7**) Observe el estilo un poco telescópico : *Don't see* en lugar de *You don't see*, etc. Es una muletilla del lenguaje que se identifica con la gran burguesía inglesa. No lo imite, a menos que...

14 You see, English does like to simplify matters, and the subjunctive is a tricky beast. (**8**)

15 First it's got the same form as the infinitive, without the **to,** of course. Do you follow me? — Yes.

16 — That means that you only really notice the subjunctive in the third person. No **s**, you see.

17 You also find it with verbs like: to demand, to ask, or to request. (**9**)

18 So when a person says " I insist that... " or " He demanded that... "

19 we put a subjunctive after it. I insist that he tell me, or, The judge insisted that the witness answer the question.

20 Are you still with me? Before our diligent student could answer, another voice butted in: (**10**)

21 — Don't listen to that old fuddy-duddy! A crowd of curious onlookers had gathered to listen to the impromptu lesson. (**11**)

NOTAS (continuación)

(**8**) *Does* refuerza el verbo. *I do like your new hat* = Me gusta mucho su nuevo sombrero.

(**9**) Hay unos matices entre esos verbos : *to demand*, es realmente « exigir » : *I demand an answer* (yo exijo una respuesta) ; *to ask* = preguntar ; mientras que *to request* quiere decir solicitar, pedir cortésmente ; la encontramos en los contextos más bien formales : *You are requested not to smoke* = Se ruega no fumar. *He did it at my request* = Él lo ha hecho a solicitud mía. En la radio o la televisión, *a request show* es una emisión confeccionada en base a las solicitudes de la audiencia. Una parada de autobús facultativa = *a request stop.*

14 Ve usted, el inglés tiende verdaderamente a simplificar las cosas, y el subjuntivo es un tema difícil.
15 Primero tiene la misma forma que el infinitivo, sin el **to**, por supuesto. ¿ Me sigues ? — Sí.
16 — Eso significa que uno solamente se da cuenta del subjuntivo en la tercera persona. No tiene s ¿ ves ?
17 También lo encuentra con verbos como demandar, pedir, o solicitar.
18 De manera que cuando una persona dice : Yo insisto en que... o él exigió que...
20 colocamos el subjuntivo después. He insistido para que él me diga ; o, el juez insistió para que el testigo respondiera a la pregunta.
20 ¿ Sigues entendiendo ? Antes que nuestro circunspecto estudiante pudiera responder, otra voz interrumpió :
21 — ¡ No escuches a esa especie de fósil ! Una muchedumbre de curiosos se había agolpado para escuchar la improvisada lección.

NOTAS (continuación)

(**10**) *To butt in* : interrumpir, intervenir sin haber sido invitado. *Don't butt into our conversation* = No te metas en nuestra conversación. (Observe que unimos *in* y el *to* en una sola palabra.)

(**11**) *A fuddy-duddy* : argot que se utiliza para un viejo fósil, testarudo, alguien que es chapado a la antigua. *Don't listen to that old fuddy-duddy.*

22 A young man in jeans and a sweat shirt was waving a finger at the older man. (**12**)

23 — What this bloke says is all well and good in theory, but no one talks like that nowadays. (**13**)

24 We find ways around the subjunctive. Here, take the examples that old fossil gave you.

25 " I insist that he tells me " is perfectly OK, and " The judge insisted that the witness should answer the question "

26 sounds much less pompous than the other sentence. — I object, you ruffian, said the older man, I insist that...

27 — ...he apologize, retorted the German student. The crowd applauded.

***

EXERCISES 1. — I'm crazy about him! she cried. There was an ominous silence. **2.** The major problem facing the country at the present time is the falling dollar. **3.** Actually, I really don't know what to tell you. **4.** Do you have any last requests? **5.** Excuse me for butting in, but did you say your name was Bridgewater? **6.** It's all well and good in theory, but we don't have enough money.

22 Un joven en pantalones vaqueros y chaleco de punto estaba agitando la mano en dirección al hombre de más edad.
23 — Lo que dice este tío (tipo) está muy bien en teoría, pero nadie habla así en la actualidad.
24 Encontramos formas de esquivar el subjuntivo. Veamos los ejemplos que ese viejo fósil acaba de darle.
25 « Yo insisto en que él me diga » (sin subjuntivo) es perfectamente aceptable, y « el insistió en que el testigo debería responder a la pregunta » (sin subjuntivo)
26 suena mucho menos pomposo que la otra frase — Yo protesto, especie de rufián dijo el hombre de más edad, insisto en que...
27 — ... él se disculpe, respondió el estudiante alemán. La muchedumbre apludió.

NOTAS (continuación)

(**12**) Observe que, al igual que *a pair of trousers, a pair of jeans* toma siempre una *s* ; *Why do you always wear those old jeans* ? = ¿ Por qué te pones siempre esos vaqueros viejos ? = (Es interesante observar que la palabra es de origen francés, porque esos pantalones eran fabricados en tela de Génova. En inglés esa tela se llama *denim*, que viene de la sarga de Nîmes... ¿ Quién imita a quién en esa historia ?

(**13**) *A bloke* = argot británico para un tío (tipo). En EU, se dice *a guy* (la palabra existe también en inglés G-B).

***

Ejercicios 1. — ¡ Estoy loca por él ! gritó ella. Se hizo un silencio sepulcral. **2.** El problema principal que amenaza el país es la caída del dólar. **3.** ¡ Bueno !, yo no sé realmente qué decirle. **4.**¿ Tiene usted alguna última petición ? **5.** Discúlpeme por interrumpirle, pero ha dicho usted que se llamaba Bridgewater ? **6.** Todo está bien en teoría, pero no tenemos suficiente dinero.

Fill in the missing words

1. *¡ Basta ! He tenido suficiente con su tontería.*

   . . . . ' . . . . ! I've had enough of your nonsense.

2. *Ella verdaderamente quiere cambiar de trabajo. ¿ Puede usted ayudarla ?*

   She . . . . to change jobs. Can you help her ?

3. *Si estuviera en su lugar, no me inquietaría por eso.*

   . . . . , ... ' . . . .

Forty-seventh lesson

A rose is a rose is a rose... (N4)

1 We've got a lot of nice things to show you in the next few lessons.

2 — Stop!! How dare you be so sloppy? Use your vocabulary, for heaven's sake. (**1**) (**2**)

3 English is such a rich language — even a simple noise can be described in a host of ways. Look...

4 The generator was humming quietly in the corner of the room. (**3**)

NOTAS

(**1**) *To dare* : osar. Es un verbo curioso en el sentido que tiene dos formas — una regular y una modal (como *can, must*). De hecho, *dare* no es muy utilizado en el lenguaje corriente, ¡ así los giros sutiles pierden su valor ! No obstante, observe las siguientes expresiones idiomáticas : — *I'm going to borrow Dad's car.* —

4. *Un cierto número de personas se habían reunido delante de la fábrica.*

A number of people ... . the factory.

5. *¡ Dios guarde a la Reina ! gritó la multitud.*

... .! ....

The missing words

1. That's the last straw **2.** really does want **3.** If I were you, I wouldn't worry about it. **4.** had gathered outside **5.** God save the Queen! shouted the crowd

---

Cuadragésimo septima lección

Una rosa es una rosa es una rosa...

1 Tenemos muchas cosas fantásticas que mostrarle en las próximas lecciones.
2 — ¡ Alto ahí ! ¿ Cómo puede ser tan descuidado ? Utilice su vocabulario, por amor de Dios.
3 El inglés es un idioma tan rico — incluso un simple ruido se puede describir de muchas maneras distintas. Fíjese...
4 El grupo electrógeno ronroneaba dulcemente en el rincón de la alcoba.

NOTAS (continuación)

Don't you dare ! = ¡ Te lo prohibo ! *How dare you talk like that to me ?* = ¿ Con qué derecho me hablas así ? *I dare say you must be tired after the drive* = Supongo que estés fatigado después del viaje en coche. Esas expresiones son invariables.

(**2**) *Sloppy* = descuidado. *He used to be very meticulous, but now he's so sloppy he forgets everything* = Él era muy meticuloso, pero ahora es tan descuidado que lo olvida todo. ¡ Atención ! *a sloppy film* = una película llorona (sobre todo en inglés GB).

(**3**) *To hum* (aquí) tiene el sentido de ronronear ; también se utiliza para tararear : *He was humming a little tune* = Él tarareaba una tonadilla.

5 In the background you could hear the steady ticking of the huge grandfather clock. (**4**)

6 A log fire crackled and hissed in the grate: it was too quiet! Holmes was on his guard. (**5**)

7 Suddenly, there was a ping from the alarm in the kitchen.

8 Outside, footsteps clattered over the roof of the adjacent house. (**6**)

9 Somewhere in the distance, a door banged shut. There was a rattle of gunfire
10 followed by a scream of pain. A heavy weight thudded into the bushes with a noise of snapping branches. (**7**)

11 — Victory to the just! There was the pop of a cork and the fizz of champagne. (**8**)

12 — To crime! said Dr Watson, we'll prove it doesn't pay!

NOTAS (continuación)

(**4**) *To tick* = hacer tic-tac ; si el reloj hace ese sonido, significa que funciona ; de ahí la expresión *What makes him tick* ? = ¿ Qué es lo que le mueve, lo que le hace continuar ?

(**5**) *To hiss* es una palabra onomatopéyica importante : ¡ dígalo en alta voz para darse cuenta ! Se puede emplear para todo lo silbante. Por otra parte cuando se chifla una obra de teatro, etc., se dice *The audience hissed. The grate* (que se pronuncia como el adjetivo *great*) = Reja del hogar.

(**6**) *To clatter* : armar jaleo ; se dice muy corrientemente para referirse al ruido seco y duro de los pasos. *The horse hooves clattered on the cobbles* = Los cascos del caballo retumbaban con estrépito en el pavimento. ¿ Comprende usted ahora cómo en inglés existen palabras muy precisas que necesitan a menudo una perífrasis en español ? Por lo tanto, es doblemente importante aprender la palabra en su contexto apropiado.

5 Al fondo podía escuchar el tic-tac regular del enorme reloj de pared.
6 Un fuego de leña chisporroteaba y silbaba en la parrilla del hogar: ¡había un gran silencio! Holmes estaba en guardia.
7 De repente se oyó el sonido de la alarma de la cocina.
8 Afuera, se escucharon pasos sobre el techo de la casa vecina.
9 En algún sitio en la lejanía, se cerró una puerta dando un portazo. Hubo una ráfaga de un arma de fuego,
10 seguida de un grito de dolor. Algo pesado cayó sobre los arbustos haciendo un ruido sordo al romperse las ramas.
11 — ¡Victoria al justo! Hubo un sonido al descorchar la botella y se oyó el burbujear del « champagne ».
12 — ¡Brindo por el crimen! dijo el Dr. Watson, ¡Probaremos que el crimen no queda impune!

NOTAS (continuación)

(**7**) *To thud*: hacer un ruido sordo. Si usted tira un plato de metal, *it will clatter*; si usted tira un saco de tela lleno de ropas, *it will thud. The body thudded to the ground* = El cuerpo cayó al suelo con un ruido sordo.

(**8**) Dos onomatopeyas más: *to pop* = hacer un ruido seco, que se produce al sacar el tapón de corcho de una botella. *To fizz* = burbujear (diga esas dos palabras en alta voz). Una publicidad muy célebre en E.U. para un producto efervescente contra los males estomacales describe bien el sonido de las tabletas que caen en el agua y se ponen a burbujear: *Plop, plop, fizz, fizz... oh what a relief it is!* ¡En alta voz, por favor!

13 Moonlight shimmered on the surface of the lake, while above his head, the stars twinkled in the velvet sky. (**9**)

14 A torch snapped on behind him and he was dazzled by the powerful beam of light.

15 He caught a glimpse of a tall dark figure disappearing into the night. (**10**)

16 In the distance, he could see the comforting glow of the city lights.

17 He turned around, staring out to sea. A light winked in the darkness — a boat was coming into the harbour. (**11**)

18 He shone his own torch onto his watch. Four o'clock. The gold watch strap glittered.

19 Pearls of dew glistened on the grass as dawn began to rise.

20 A triumphant gleam came into his eyes. — He's going to try and escape by sea. I'll catch him at the port. (**12**)

NOTAS (continuación)

(**9**) Dos verbos con un sentido muy preciso : *to shimmer* = reflejar, reverberar ; se dice del efecto de la luz sobre el agua, o del efecto del calor intenso sobre una superficie. *The road shimmered in the desert sun. To twinkle* = centellear, se dice de una luz que brilla con intermitencia. Si la luz es más intensa, se dice *to sparkle*, etc. Recuerde el contexto.

***

EXERCISES 1. All that glitters is not gold. **2.** How dare you use such language? **3.** The room was silent except for the steady ticking of the clock. **4.** The cat jumped out from behind the armchair, hissing in anger. **5.** His gun clattered to the ground. **6.** He snapped on the torch : the vase gleamed in the powerful light.

13 La luz de la luna se reflejaba sobre la superficie del lago, y por encima de su cabeza, las estrellas centelleaban en el cielo satinado.
14 De repente una linterna se encendió detrás de él y quedó deslumbrado por el potente rayo de luz.
15 Vislumbró una gran figura negra que desapareció en la noche.
16 A lo lejos, podía ver el reconfortante reflejo de las luces de la ciudad.
17 Se dió la vuelta, escudriñando el mar. Una luz parpadeó en la obscuridad — un barco entraba en el puerto.
18 Alumbró su reloj con su propia linterna. Las cuatro. La pulsera de oro del reloj brilló.
19 Las perlas de rocío resplandecían aquí y allá sobre la hierba a medida que comenzaba a amanecer.
20 Una mirada centelleante de triunfo apareció en sus ojos. — Él va a tratar de escapar por el mar. Le atraparé en el puerto.

NOTAS (continuación)

(**10**) *To catch a glimpse of* = echar una mirada (entrever) *People came from all over the State to catch a glimpse of the President* = Las gentes han venido de todas partes del Estado para echar una mirada al Presidente.

(**11**) *To wink* = parpadear, (además, en japonés, las luces intermitentes de un coche ¡se llaman win-kah!). A pesar de eso, me ha hecho un guiño de ojo, *That man winked at me* = Ese hombre me ha hecho un guiño de ojo.

(**12**) *To gleam*: se dice de alguna cosa que brilla como si la hubieran frotado. *His teeth were gleaming white* = Sus dientes eran de un blanco reluciente. También es la luz que se vislumbra en los ojos (de satisfacción, de maldad, etc.) *His eye gleamed with anger* = Sus ojos brillaban de furia.

***

Ejercicios 1. Todo lo que brilla no es oro. **2.** ¿Cómo te atreves a utilizar semejante lenguaje? **3.** La habitación estaba en silencio salvo el tic-tac regular del reloj. **4.** El gato saltó de detrás del sillón, silbando con furia. **5.** Su pistola cayó a tierra con un golpe seco. **6.** Encendió la linterna con brusquedad: el jarrón resplandeció al recibir la fuerte luz.

Fill in the missing words

1. *Intenté echarle una mirada, pero la muchedumbre era demasiado grande.*

   I tried .. .. him but the crowd was too big.

2. *Me atrevo a decir que debes estar hambriento después de ese largo paseo.*

   . ... after that long walk.

3. *¿ Cuál es esa canción que estás tarareando ?*

   What is that .... you ... . ?

Forty-eighth lesson

The English and the Americans

1 A Frenchman decided to adopt British citizenship. After the ceremony, which was very moving,

2 the clerk asked him if he was proud of his new nationality. The ex-Frenchman replied: (**1**)

3 — Of course I am. You see, he said in a confidential tone, now I can say that **we** won the Battle of Waterloo. (**2**)

NOTAS

(**1**) *A clerk* es una palabra muy útil, que significa : empleado de oficina, dependiente, etc. *A bank clerk*: empleado de banco. Observe la diferencia de pronunciación entre el inglés GB (klahk) y el inglés de EU (clerk). Escuche la grabación del texto y de los ejercicios.

4. *Sus ojos brillaron de placer.*

Her eyes .... pleasure.

5. *La luna relucía sobre el lago y las estrellas centelleaban más arriba.*

The moon .... on the lake and the stars .... overhead.

The missing words

1. to catch a glimpse of **2.** I dare say you must be hungry **3.** tune... are humming **4.** gleamed with **5.** shimmered... twinkled

---

Cuadragésimo octava lección

Los Ingleses y los Americanos

1 Un francés decidió adoptar la ciudadanía británica. Después de la ceremonia, la cual fué muy emotiva,
2 el empleado le preguntó si estaba orgulloso de su nueva nacionalidad. El ex-francés respondió :
3 — Por supuesto que sí. Vea usted, dijo en un tono confidencial, ahora puedo decir que **nosotros** ganamos la batalla de Waterloo.

NOTAS (continuación)

(**2**) De nuevo observe cómo se apoya sobre una palabra para acentuar la frase, justo donde el español estaría obligado a emplear palabras suplementarias, tales como : pero, bien, etc. *You're the person who made the mistake, not me* = Eres tú mismo la persona que cometió la falta, no yo.

4 A couple of Polish émigrés to the United States had been waiting for ten years to be granted American nationality. (**3**)

5 One day, the husband came running into the kitchen, waving a letter and shouting — We're Americans! We're Americans!

6 His wife turned, took off her apron and said — How wonderful! Now **you** can wash the dishes!

7 When asked if his fellow countrymen were chauvinistic, an American economist replied:

8 — Yes and no. An American is someone who wears English suits, Italian shoes and French silk ties.

9 He drinks Brazilian coffee, eats Swiss cheese with Austrian bread, and drives a German car.

10 Then he takes a Japanese ballpoint pen and Chinese notepaper to write to his congressman, (**N5**)

11 demanding that he do something about foreign companies taking away our foreign markets. (**4**)

NOTAS (continuación)

(**3**) *To grant* = conceder, otorgar. *India was granted independence in 1947* = En 1947 se le concedió la independencia a la India. *A grant* = una subvención, una beca (en economía : una donación). *The government is cutting student grants this year* = El gobierno reduce las becas universitarias este año.

4 Una pareja de emigrantes polacos a los Estados Unidos ha estado esperando durante diez años para que le sea concedida la nacionalidad norteamericana.
5 Un día, el marido vino corriendo a la cocina, agitando una carta y gritando — ¡ Somos americanos ! ¡ Somos americanos !
6 Su mujer se dió la vuelta, se quitó el delantal y dijo — ¡ Qué maravilla ! ¡ Ahora puedes lavar los platos tú !

7 Cuando se le preguntó que si sus compatriotas eran chauvinistas, un economista americano respondió :
8 — Sí y no. Un americano es alguien que usa trajes ingleses, zapatos italianos y corbatas francesas de seda.
9 Bebe café brasileño, come queso suizo con pan austriaco y conduce un coche alemán.
10 Luego coge un bolígrafo japonés y papel de carta chino para escribir a su diputado,
11 y pedirle que haga algo con relación a las compañías extranjeras que están arrebatándonos nuestros mercados extranjeros.

NOTAS (continuación)

(4) Ver la lección 46 sobre el subjuntivo. *I demand that he do something about this problem.*

12 Americans have a reputation for being wealthy and generous tourists (though not always willingly...).

13 An American tourist stopped in a tiny French village for lunch at the local inn.

14 He ordered an omelette, which was delicious. But when the bill came, he got the shock of his life.

15 — Tell me, he asked the owner of the restaurant, are eggs scarce in this part of the world? (**5**)

16 — No, replied the owner, but American tourists are! (**6**)

17 One problem that faces the British when they visit the USA is what to call « the smallest room in the house ». (**7**)

18 The Americans shudder at the word toilet; they call it *the bathroom,* which for English people

19 is where one goes to wash one's hands or to take a bath. The problem is well illustrated by the following true story.

20 In a very chic Manhattan restaurant, an Englishman visiting the USA for the very first time asked the head waiter:

NOTAS (continuación)

(**5**) *Scarce* es casi sinónimo de *rare*, pero además comporta una idea de penuria, de escasez. *Because of the heavy rains, corn is scarce this year* = A causa de las fuertes lluvias, el maiz es escaso este año (Observe la pronunciación : skaerss). El adverbio *scarcely* significa « apenas ». *He was so upset he could scarcely speak* = Estaba tan turbado que apenas podía hablar.

12 Los americanos tienen fama de ser turistas ricos y generosos (aunque no siempre voluntariamente...).
13 Un turista americano se detuvo en una minúscula aldea francesa para comer en una posada local.
14 Pidió una tortilla que estaba deliciosa. Pero cuando le trajeron la cuenta, se llevó el susto de su vida.
15 — Dígame, preguntó al propietario del restaurante, ¿ Hay escasez de huevos en esta parte del mundo ?
16 — De huevos, no, respondió el propietario, ¡ pero de turistas americanos, sí !

17 Un problema que los británicos confrontan cuando visitan EU es ¡ cómo llamar « a la habitación más pequeña de la casa » !
18 Los americanos se horrorizan ante la palabra *« toilet »* ; ellos le llaman *« the bathroom »* (el baño), lo que para los ingleses
19 es el lugar donde uno va a lavarse las manos o a tomar un baño. El problema queda ilustrado por esta auténtica historieta :
20 En un elegante restaurante de Manhattan, un inglés que visitaba EU por primera vez le preguntó al camarero jefe :

NOTAS (continuación)

(6) Observe bien la traducción de esa frase y deléitese con el giro idiomático.

(7) Es cierto que es un problema socio-lingüístico. Basta con decir que se puede preguntar *the toilet(s)* en todos los lugares de GB (aunque el nombre « oficial » sea *« public conveniences »*). En EU, en una casa particular, se preguntaría por *the bathroom*, y en sitio público *the restroom*. En cuanto a los sobrenombres — numerosos — ¡ ya lo verá !

21 — Excuse me, my man, where are the toilets? The waiter was outraged and replied in a haughty tone:

22 — Go up the stairs, turn right and walk to the back of the room. On your left you will see a door marked « Gentlemen ».

23 But pay no attention. You can go in all the same. (**8**)

24 Not all Americans are proud of their founder Christopher Columbus, although there is a national holiday named after him. (**9**)

25 When he set off, he did not know where he was going; when he arrived, he did not know where he was; (**10**)

26 and when he returned, he could not tell anybody where he had been! Some heritage! (**11**)

NOTAS (continuación)

(**8**) *All the same* = a pesar de todo. *He said I couldn't go, but I went all the same* = Me dijo que no podía ir, pero de todas formas fuí.

***

EXERCISES 1. If you need a receipt you'll have to ask the desk clerk. **2.** Of course it's a nice restaurant: *you* don't have to pay the bill! **3.** Because of the economic crisis, money is scarce at the moment. **4.** Pay no attention to the sign. Turn left all the same. **5.** Pack your bags tonight because I want to set off very early in the morning. **6.** Some picnic ! We sat in the car and ate a hamburger!

21 — Discúlpeme, amigo mío, ¿ dónde están los aseos ? El camarero se escandalizó y respondió en un tono arrogante :

22 — Suba las escaleras, gire a la derecha y camine hasta el fondo del salón. A su izquierda verá una puerta con un rótulo que dice « Gentlemen ».

23 Pero, descuide usted. Puede entrar a pesar de todo.

24 No todos los americanos están orgullosos de su descubridor Cristóbal Colón, aunque exista un día de fiesta nacional que se celebra en su nombre.

25 Cuando este partió, no sabía a dónde se dirigía ; cuando llegó, no sabía dónde estaba ;

26 y cuando regresó, no pudo decirle a nadie dónde había estado. ¡ Qué herencia !

NOTAS (continuación)

(**9**) *Columbus Day* (el 8 de octubre) en memoria de la llegada de Cristóbal Colón a las Bahamas en 1492, es un día de fiesta en EU.

(**10**) *To set off = to leave.*

(**11**) ¡ La utilización de *Some...* ! en una exclamación es bastante irónica, y corresponde a nuestro español : ¡ Que dices ! Some vacation ! *It rained for two weeks !* = ¡ Vaya vacaciones ! ¡ Ha estado lloviendo durante dos semanas ! (El matiz es más bien americano ; por otra parte, los americanos hablan de *vacation* mientras que los ingleses, hablan de *holiday*.)

***

Ejercicios 1. Si necesita un recibo tendrá que pedírselo al empleado de recepción. **2.** Por supuesto es un buen restaurante : ¡ Uno no tiene que pagar la cuenta ! **3.** Debido a la crisis económica, el dinero está escaso actualmente. **4.** No respete la señal. Gire a la izquierda a pesar de todo. **5.** Haga sus maletas esta noche ya que quiero salir temprano en la mañana. **6.** ¡ Vaya con la gira campestre ! Nos hemos quedado dentro del coche y hemos comido una hamburguesa.

Fill in the missing words

1. *Yo estaba tan encolerizado que apenas pude contestar la pregunta.*

   . ... the question.

2. *Él entró corriendo en la cocina agitando en su mano una carta.*

   .. .. a letter.

3. *Su madre es brasileña y su padre es austríaco.*

   His mother is .... and his father is ....

Forty-ninth lesson

REVISION AND NOTES

1. La evolución de la lengua inglesa durante siglos, y el hecho de que la hablan más de 350 millones de personas, han permitido que se haya podido prescindir de las irregularidades y dificultades (signos diacríticos, tiempos de verbos arcaicos...) que perturban otras lenguas ; así el inglés se ha convertido en la lengua universal no oficial.

Ese es uno de los puntos de vista posibles ; otro sería que el inglés es en efecto una lengua « simple », pero que esa simplicidad puede ser negativa y puede atenuar los matices de ideas, etc. Orwell tenía más bien esta opinión. Peor aún, él veía en la evolución de la lengua inglesa (sobre todo en los medios políticos u oficiales) la desaparición de las ideas contrarias a las del gobierno en el poder. Escribió además « Si el pensamiento co-

4. *Los americanos tienen fama de ser grandes viajeros.*

The Americans .... great travellers.

5. *Cuando llegó la cuenta, ellos se dieron el susto de su vida.*

When the bill came, they ... ...

The missing words

1. I was so angry I could scarcely answer **2.** He came running into the kitchen waving **3.** Brazilian... Austrian (atención a las mayúsculas) **4.** have a reputation for being **5.** got the shock of their lives (plural porque son dos !)

---

rrompe la lengua, ésta puede corromper el pensamiento ». En este sentido, el lenguaje (o más bien la lengua) que imaginó para *1984* era de una lógica implacable (ver el texto de la Lección 43).

Pero esa lógica hecha de simplicidad no se aparta verdaderamente de la realidad : entre 1926 y 1930, el escritor y lingüista inglés Charles Kay Ogden estableció una variante del inglés, que bautizó *Basic English*. Esa nueva lengua, cuyo vocabulario y también la gramática se derivan del inglés, contenía solamente 850 palabras de vocabulario (600 nombres, 150 adjetivos y 100 palabras « funcionales » como *can, to, if*, etc.). *Basic English* aspiraba a ser la « segunda lengua » internacional y, como tal, recibió el apoyo de Winston Churchill y de Franklin Roosevelt en 1943. Afortunadamente, se puede decir, que « ese pariente pobre » suscitó poco interés y que, aún cuando se piensa a veces que hay muchas palabras en inglés, no tomaremos el camino de un *1984* en un futuro probable.

2. La idea básica de las proposiciones u oraciones relativas es simple y, a pesar de los términos poco atractivos que son « determinado » e « indeterminado », es fácil de poner en práctica. Sin embargo, hay una confusión (en la que caen, por otro lado, los anglófonos autóctonos) en cuanto al relativo a emplear. Vamos a ser (por una vez en Assimil) « gramáticos » con el fin de dejar bien aclarada la situación. Le indicamos que encontrará variantes, tanto en la literatura como en la prensa, pero que nuestras reglas tienen la ventaja de ser nítidas.

Primero, tomemos las proposiciones determinativas : son aquellas que precisan el antecedente *(who, that)* añadiendo un elemento indispensable al sentido de la frase. No se separan del antecedente por una coma.

Cuando el **antecedente es una persona**, utilizamos who :

The woman who won the rally was driving a French car

La mujer que ganó el rallye conducía un coche francés

Usted puede apreciar que no podemos eliminar la proposición sin perder el sentido de la frase.

Cuando el **antecedente es neutro**, utilizamos **that** :

The computers that process the accounts have broken down

Los ordenadores que procesan la contabilidad se han averiado.

Está claro, ¿ no ? Aclaremos una observación que se hizo en la frase 24 de la Lección 45 : cuando ese relativo separa el sujeto y el complemento de la frase, se puede quitar (es decir, si el ejemplo fuera : *The computers that they use to process the accounts*, etc., podríamos también escribir : *The computers they use*, etc. Este es más bien un matiz que se utiliza al hablar que cuando se escribe).

Examinemos ahora las proposiciones no determinativas, es decir las proposiciones que aportan una información complementaria, y que se colocan normalmente entre dos comas. Se puede omitir la pro-

posición sin que por ello cambie el sentido de la frase.
Cuando el **antecedente es una persona**, utilizamos who :
The astronaut, who is 45, has spent over a year in space
El astronauta, que tiene 45 años, ha pasado más de un año en el espacio.
Usted puede suprimir la proposición sin perder el sentido de la frase. (Por lo demás, cuando se utiliza el giro en cuestión en la prensa, sólo encontramos : *The astronaut, 45, has spent...*)
Cuando el **antecedente es neutro**, utilizamos **which** :
The factory, which was built last year, has closed down
La fábrica, que se construyó el año pasado, ha cerrado.
En resumen, el problema se plantea a nivel de los antecedentes neutros. Tenemos una regla en ese caso :

DETERMINATIVE = THAT
NON DETERMINATIVE = WHICH

Teniendo en cuenta esto, podemos examinar un último punto muy importante : *which* (y jamás *that*) puede también representar una proposición completa QUE DEBE ESTAR SEPARADA POR UNA COMA :
He told me that he was a pilot, which is not true
Me dijo que era piloto, lo cual no es verdad
¿ Por qué hemos insistido en la coma ? Observe bien el riesgo de ambigüedad : *He went to see a film which I didn't approve of.* Entonces, ¿ usted ha desaprobado la película o el hecho de que la haya visto ? Veamos :
He went to see a film, which I didn't approve of
Fué a ver una película, lo cual no me ha gustado.
De este modo, si reservamos *which* para las proposiciones no determinativas, y si prestamos atención a nuestras comas, las proposiciones de relativo no tendrán ningún misterio para nosotros.

3. Un poco más de gramática, más a título de información que de otra cosa : vamos a hablar del subjuntivo. Como hemos dicho muchas veces (y como lo ilustra la Lección 46), la lengua ha evolucionado, y el subjuntivo se ha reemplazado sutilmente por otros giros, también correctos pero que no agradan siempre a los puristas y a los encargados de preservar la pureza lingüística (¡ un trabajo precario en el mundo anglófono !).
La forma del subjuntivo presente es la misma que el infinitivo sin *to (be, go)*, etc. y se le distingue solamente en la tercera persona del singular :
Long live the king !
El subjuntivo se emplea en las expresiones consagradas, tales como *God save the queen*, o *Be that as it may...* (así las cosas) o *if I were you...*
Se emplea normalmente después de los verbos como *to command, to insist, to order*, etc., pero como hemos visto, se substituye a menudo por *should* + el infinitivo sin *to* (lo que, habrá que confesarlo, es bastante vicioso, porque el subjuntivo ¡ tiene exactamente la misma forma !) Así :
I insist that he come = I insist that he should come
The accountant recommended that the company buy... = should buy...
O también, encontramos giros para evitar el problema completamente : *The accountant recommended the company to buy a new machine.*
Así pues, aparte de las expresiones consagradas, encontramos poco el subjuntivo (¡ y a veces cuando lo vemos, no lo reconocemos !), y los ingleses encuentran inconscientemente la manera de substituirlo (en un estilo formal, los americanos tienen menos tendencia a evitar ese modo ; ver Lección 56).

4. El título *A rose is a rose is a rose*, es una cita célebre de la escritora de nacionalidad americana Gertrude Stein (que residió mucho tiempo en París), y que pronunció la frase en respuesta a alguien que le dijo que la rosa era más bella que las otras flores. Se podría traducir por : Una rosa es sólo una

rosa. En particular, la meta de esta lección es la de hacerle adquirir conciencia de la extensión del vocabulario inglés y, por consiguiente, la de evitarle la tentación de « desenvolverse » con palabras comodines que se parecen todas.
En efecto *to get, a lot,* y *nice* son muy utilizadas porque evitan buscar una palabra más apropiada, y sobre todo *nice*, el adjetivo ubicuo que quiere decirlo todo y no dice nada. Mejor que decir : *He's a nice man*, precisemos : *charming, delightful, entertaining, witty, generous...* En el comienzo de su aprendizaje, las palabras simples le han sido muy útiles, pero ya es la hora de evolucionar.
En esta lección cuarenta y siete, vemos unas palabras muy precisas para describir los ruidos y las luces. Hay tantas otras, que hacen del inglés una lengua sensual más bien que intelectual (¡ y por tanto... !) Le recomendamos con insistencia que desarrolle su vocabulario leyendo y tomando nota de las nuevas palabras, *pero siempre dentro de su contexto.*

5. Los sistemas parlamentarios inglés y americanos son semejantes (por ejemplo, los dos son bicamerales), pero teniendo en cuenta que se trata de una monarquía y de una república, las modalidades políticas son algo diferentes.
En Gran Bretaña, el parlamento (*Parliament*: atención a la pronunciación, PAHlement) está compuesto de dos cámaras : *The House of Commons y the House of Lords.* La primera cuenta con 650 diputados (*Members of Parliament* o *MPs*) elegidos por sufragio universal cada cinco años. La Cámara de los Lores está compuesta de alrededor de 1200 pares (*peers*), que son ya sea *hereditary peers* (el título de nobleza pasa de generación a generación) o *life peers* (son nombrados por el monarca, y su título desaparece con ellos). Los pares no son por lo tanto elegidos por el pueblo. El jefe del gobierno es el Primer Ministro (*Prime Minister*) ; no hay límite para el mandato de un Primer Ministro. Gran Bretaña no posee una constitución escrita.

En los Estados Unidos, el parlamento se llama *Congress*; se compone de *The House of Representatives* y *the Senate*. La primera cámara está formada por 435 diputados (*representatives* llamados corrientemente *congressmen*), los escaños son asignados sobre la base de la población de cada Estado. Los representantes se eligen cada dos años mediante sufragio universal. Los 100 miembros (dos por Estado) del Senado — *senators* — se eligen por seis años, el mandato de un tercio de esta cámara llega a término cada dos años. El jefe de Estado es *The President* (llamado a veces *The Chief Executive*),

Fiftieth lesson

America the beautiful!

1 This land is your land, this land is my land, from California to the New York islands... (**1**)

2 So sang Woody Guthrie, and many millions of people both American and non-American

3 echo his sentiments about this most fascinating of countries. (**2**)

4 Its influence is felt throughout the world, but America is a land of such diversity,

5 of so many contrasts, that it is impossible to think of the United States as a unique entity. (**3**)

NOTAS

(**1**) Es la primera línea de una célebre canción escrita por un cantante popular no menos célebre, Woody Guthrie (1912-1967), cuyas canciones se han hecho clásicas. Esta, que se llama *This Land is Your Land* y que fué adoptada por el movimiento de los derechos

elegido por cuatro años, con un límite de dos mandatos. La Constitución de los Estados Unidos se ratificó en 1787, ahora bien puede ser modificada por enmienda (*Amendment*). Ver también la Lección 59.

A partir de mañana, emprendemos el descubrimiento de los Estados Unidos y de su lengua. Adoptaremos la ortografía americana, señalando con un asterisco las palabras que se escriben de manera distinta en inglés GB y en inglés EU. Refiérase al apéndice *Spelling* al final del libro para conocer algunas reglas básicas.

Quincuagésima lección

La bella América

1 Esta tierra es la vuestra, esta tierra es la mía, desde California hasta las islas de New York...
2 Así cantó Woody Guthrie, y muchos millones de gentes, americanos o no,
3 se hacen eco de estos sentimientos con relación al más apasionante de los países.
4 Su influencia se siente por todas partes del mundo, pero Norteamérica es un país de tal diversidad,
5 de tantos contrastes, que es imposible considerar a los Estados Unidos como una entidad única.

NOTAS (continuación)

cívicos durante los años sesenta, es quizás la más conocida, y canta la belleza de los Estados Unidos.

(**2**) Este giro un poco literario podría escribirse simplemente... *this most fascinating country*, pero se perdería entonces el matiz superlativo. *Shaw, that most intelectual of authors, wrote passionately about social reform* = Shaw, el más intelectual de los autores, escribió apasionadamente sobre la reforma social.

(**3**) No olvide que *to think* of es también sinónimo de *to consider: He was born in Poland but he thinks of himself as an American* = Él nació en Polonia, pero se considera americano.

6 From the golden beaches of California, through the sun-baked deserts of Arizona, (**4**)

7 across the vast, flat plains of the Midwest to the covered bridges of Vermont (**5**)

8 and the eclectic atmosphere and towering skyscrapers of New York:

9 a journey across America is a journey through a bewildering array

10 of scenery and cultures that leaves the traveler* with a host of conflicting impressions and opinions.

11 This lesson is not intended to be a travelogue, so let's stop for a moment (**6**)

12 at a place where so many people caught their first — and sometimes last — glimpse (**7**)

13 of the land that opened its gates to the « tired and poor »: Ellis Island in New York Sound. (**8**)

14 Popularly known as the Isle of Tears, Ellis Island was the processing center* for newly arrived immigrants from the Old World. (**9**)

NOTAS (continuación)

(**4**) *To bake*, para nosotros tiene el sentido de hornear ; pero se utiliza a menudo de forma imaginativa : *Turn on the air conditioning ; it's baking* ! = Enciende el aire acondicionado ; ¡ nos estamos asando ! *Sun-baked* = dorado al sol.

(**5**) *The Middle West* o *The Midwest*, el centro de los Estados Unidos, es a veces llamados *the breadbasket of America* (el « granero » de los EU) debido a su producción agrícola. La palabra se utiliza también para describir un estilo de vida más tradicionalista y conservador que el de los habitantes de las dos costas.

6 Desde las playas doradas de California, hasta los desiertos resecos por el sol de Arizona,
7 a través de las vastas llanuras planas del centro hasta los puentes cubiertos de Vermont
8 y la atmósfera ecléctica y los rascacielos enormes de New York :
9 un viaje a través de los EU es un viaje a través de un conjunto desconcertante
10 de paisajes y de culturas, que dejan al viajero con una multitud de impresiones y de opiniones contradictorias.
11 Esta lección no pretende servir de documental para viajeros, así que detengámonos por un instante
12 en un lugar donde tanta gente ha visto por primera y a veces por útilma vez
13 la tierra que abrió sus puertas a los « fatigados y pobres » : Ellis Island, en el estrecho de New York.
14 Conocida popularmente como la Isla de las Lágrimas, Ellis Island era el centro donde se acogía a los inmigrantes que recién desembarcaban procedentes del Viejo Mundo.

NOTAS (continuación)

(**6**) Un neologismo que ha echado raíz, *a travelogue*, es una conferencia ilustrada o una emisión difundida por la tele o la radio sobre los viajes, los países extranjeros, etc.

(**7**) *A glimpse* = una mirada fugaz ; *He caught a glimpse of the plane before it disappeared into the clouds* = Él vislumbró el avión antes de que éste desapareciera en las nubes.

(**8**) Esta invitación célebre de los Estados Unidos a los pueblos del Viejo Continente (« *Give me your tired, your poor, your huddled masses learning to be free* » = Dadme vuestras gentes fatigadas, vuestras gentes pobres, vuestras multitudes de gentes apiñadas que sueñan con la libertad...) es en efecto un resumen del poema de Emma Lazarus que aparece inscrito sobre el pedestal de la Estatua de la Libertad.

(**9**) A partir de esta lección, señalaremos con un aterisco las palabras cuya ortografía difiere entre el inglés de GB y el inglés de EU ; refiérase al apéndice sobre esta materia al final del libro. Para tener una primera referencia, ver la Lección 52.

15 From 1892 to 1943, would-be « new Americans » had to pass through the center*

16 where the fateful decision would be made: could they or could they not enter the country and start a new life? (**10**)

17 Age, infirmity, a criminal record — any of these was enough to send hopeful immigrants back to where they came from. (**11**)

18 Others, more fortunate, were allowed to enter, but often with a new name

19 because the immigration officials were unable to read or to pronounce the exotic foreign names.

20 All this went on under the gaze of the symbol of the United States: the statue of Liberty Guiding the World.

21 Today's traveler* jets into New York's JFK airport without even noticing the island; (**12**)

22 but it is worth taking the time to visit the Isle of Tears, and to imagine yourself arriving there one hundred years ago

23 in the hope of starting afresh in the New World. (**13**)

24 It is a good way to begin to understand the making of the United States of America.

NOTAS (continuación)

(**10**) Hay una pequeña diferencia entre GB y EU ; el primero diría *to take a decision* mientras que el americano dice *to make a decision*. Por el contrario, cuando se habla de alguien que decide, los dos utilizan el término *decision-makers* (a veces se escribe formando una sola palabra).

15 De 1892 a 1943, los futuros « nuevos americanos » tuvieron que pasar a través del centro

16 donde se iba a tomar la decisión fatídica : ¿ podrían o no entrar al país y comenzar una nueva vida ?

17 La edad, la enfermedad, o los antecedentes penales — sólo hacía falta uno de estos elementos para que el inmigrante lleno de esperanza fuera enviado a su punto de partida.

18 Otras personas, más afortunadas, pudieron entrar, pero a veces con un nuevo nombre

19 debido a que los funcionarios de inmigración eran incapaces de leer o de pronunciar los nombres extranjeros.

20 Todo esto ocurría bajo la mirada del símbolo de los Estados Unidos : la estatua de la Libertad que guía al mundo.

21 El viajero de hoy día, que llega por avión al aeropuerto de Kennedy, en New York ni siquiera se da cuenta de la isla ;

22 pero vale la pena hacer tiempo para visitar la Isla de las Lágrimas, e imaginarse que uno llega como hace cien años

23 con la esperanza de recomenzar una nueva vida en el Nuevo Mundo.

24 Este es un buen sistema para comenzar a comprender cómo se fueron formando los Estados Unidos de América.

NOTAS (continuación)

(**11**) Una diferencia de orden social entre los países anglosajones y los países latinos ; en estos últimos, se habla de un registro de antecedentes penales vírgen mientras que en GB o en los EU sólo existe la mención antecedentes penales (cuyo equivalente más cercano es *criminal record*) únicamente en el caso de que se haya cometido algún delito.

(**12**) Observe esta utilización de *jet* como verbo ; es poco ortodoxa pero totalmente comprensible.

(**13**) *To start afresh* o *to start anew* son expresiones bastante literarias para : recomenzar alguna cosa de nuevo. *She got divorced and moved back to New York to start her life afresh* = Ella se divorció y ha regresado a N.Y. para recomenzar su vida. Se les utiliza sobre todo para expresar la idea de « recomenzar » una vida, una carrera, etc. Corrientemente, se diría *to start again.*

EXERCISES 1. I echo your sentiments entirely, but what can we do to help? **2.** Faithful Muslims must make a pilgrimage to Mecca, that holiest of places. **3.** The most striking feature of Yosemite Park is its towering redwood trees. **4.** I just managed to catch a glimpse of him before he ran into the building. **5.** Would-be rock stars flock to New York in the hope of making a fortune. **6.** The police computer showed that he had a criminal record as long as your arm.

***

Fill in the missing words

1. *El tablero de instrumentos era un conjunto desconcertante de esferas y de botones.*

The dashboard was . . . . of dials and buttons.

2. *Los viajeros llegaron al centro de la ciudad en autobus.*

The . . . . arrived in the . . . . . . of the city by bus.

3. *Él me pasó por delante sin ni siquiera darse cuenta.*

He walked past . . . .

4. *Todo eso sucedió a mis espaldas.*

. . . . behind my back.

5. *Vale la pena hacer tiempo para visitar el museo.*

. . ' . . . . to visit the museum.

Ejercicios 1. Comparto totalmente sus sentimientos, pero ¿ qué podemos hacer (para ayudar) ? **2.** Los musulmanes fieles deben hacer una peregrinación a la Meca, el más santo de los lugares. **3.** La característica más sorprendente del parque de Yosemite, son las sequoias gigantes. **4.** Le entreví justo antes de que entrara corriendo en el edificio. **5.** Las estrellas « en ciernes » del rock se precipitan a New York con la esperanza de hacer fortuna allí. **6.** El ordenador de la policía indicó que él tenía un montón de antecedentes penales.

THROUGH THE SUN-BAKED
DESERT OF ARIZONA...

The missing words

1. a bewildering array **2.** travellers... center **3.** without even noticing me **4.** All this went on **5.** It's worth taking the time

Fifty-first lesson

Does the American language exist? (N1)

1 A famous writer once said that Britain and America were divided by the same language, (**1**)

2 and even today, hundreds of books and articles pour onto the market (**2**)

3 affirming or denying the existence of a true American language.

4 Some say that the differences between British and American English are merely lexical,

5 while others insist that in a hundred years time, Britons and Americans will need an interpreter to understand each other.

6 So what is the truth behind the great debate? Frankly, it is difficult to be definitive.

7 Of course, there are many differences in word usage, and a British visitor

8 may often have more difficulty understanding his American « cousins » than non-native speakers would. (**3**)

NOTAS

(**1**) En realidad esta « cita » es de Oscar Wilde, pero numerosos escritores han repetido lo mismo. Basta con decir que ¡ nadie está de acuerdo !

Quincuagésima primera lección

¿ Existe el idioma americano ?

1 Un escritor célebre dijo un día que Gran Bretaña y América estaban divididas por el mismo idioma ;
2 y aún hoy en día, cientos de libros y artículos inundan el mercado
3 afirmando o negando la existencia de una genuina lengua americana.
4 Algunos dicen que las diferencias entre el inglés británico y norteamericano son meramente de léxico,
5 mientras que otros insisten en que dentro de cien años, los británicos y los norteamericanos necesitarán un intérprete para entenderse.
6 De manera que, ¿ qué hay de cierto detrás de ese gran debate ? Francamente, es difícil concluir.
7 Por supuesto, existen muchas diferencias en el uso de las palabras, y un visitante británico
8 puede a veces tener más dificultad para entender a sus « primos » los americanos que algunos extranjeros cuya lengua materna no es el inglés.

NOTAS (continuación)

(**2**) *To pour* = verter (un líquido, etc.). Conocemos ya la utilización figurada de *It's pouring! (with rain)* = Llueve a cántaros. Utilizamos también el verbo para describir los movimientos de la multitud. *In summer, people pour to beaches of the West Coast* = En verano, las gentes se precipitan hacia las playas de la costa oeste (Se dice también, lo hemos visto, *to flock*). En nuestra frase, utilizamos el verbo en el sentido de « inundar el mercado ».

(**3**) *A native speaker* = una persona de tal lengua materna ; la palabra indica algo o alguien de origen. Así : *He returned to his native New York* = Él regresó a su New York natal. La palabra *cousin* (que no tiene forma femenina, lo que evidencia el delicado trabajo del traductor de una película que ha tenido mucho éxito en los EU : *Cousin, Cousine...*) puede aplicarse a una persona de una raza o de un pueblo que tiene lazos étnicos o culturales con otro.

9 He walks along a sidewalk to his hotel, where he takes an elevator to his room. (**4**)

10 If the plumbing is out of order, he asks reception to fix the faucet. (**5**)

11 When he gets hungry, he will go to a restaurant, where a maitre d' will show him to his table — (**6**)

12 or perhaps he will prefer a simpler establishment like a diner or a fast food joint. (**7**)

13 All of these « new » words may appear confusing at first,

14 but one soon gets used to them — and they scarcely constitute a separate language.

15 There are other differences, in grammar and spelling, which we will see in the following lessons. (**8**)

16 Perhaps the major difficulty, for a person who has learned British English,

NOTAS (continuación)

(**4**) He aquí algunas palabras que son diferentes en inglés de US. Acera : *the sidewalk* se dice *the pavement* en GB ; *elevator/lift* para ascensor, y *fauce/tap* para grifo. En lo adelante, no comentaremos esas diferencias (salvo excepción), pero se las señalaremos con un asterisco, y les invitamos a referirse a la sección **Vocabulary** al final de esta obra.

(**5**) *To fix* se emplea en las dos « lenguas » para : reparar (ver nuestra frase) ; por el contrario, su empleo es más amplio en americano, donde significa también « preparar » (*You sit down and I'll fix you something to eat* = Siéntese y yo le prepararé algo de comer) o también « arreglar » (*You won't have to pay the fine. I fixed things with the police* = Usted no tendrá que pagar la multa. He arreglado las cosas con la policía). En síntesis, *to fix* es un verbo que lo arregla todo...

9 Él deambula a lo largo de la acera hasta su hotel, donde toma un ascensor para subir a su habitación.
10 Si la fontanería no marcha, él le pide a la recepción que repare el grifo.
11 Cuando tenga hambre, irá a un restaurante, donde el « maître » le indicará su mesa —
12 o quizás él preferirá un establecimiento más modesto como una tasca o un restaurante de comida rápida.
13 Todas estas « nuevas » palabras pueden parecer confusas de entrada,
14 pero uno se habitúa rápidamente a ellas — y apenas constituyen una lengua aparte.
15 Existen otras diferencias, en gramática y ortografía, lo cual veremos en las lecciones siguientes.
16 Quizás la mayor dificultad, para una persona que haya aprendido el inglés británico,

NOTAS (continuación)

(**6**) Sí, ¡ la influencia de la lengua francesa es fuerte ! Un « maître d'hôtel » se dice... *maître d'.* El término británico es *the head waiter.*

(**7**) *A diner* es un restaurante simple con un gran mostrador donde se puede comer a cualquier hora. *A joint* (literal : una articulación) es un término peyorativo para designar un lugar (restaurante, sala de baile) con mala fama. Esta utilización tiende ahora a tener otro sentido (vease, un porro o cigarrillo de marijuana). Observe que para los ingleses, *The Sunday joint* no tiene nada de reprochable, el *joint* en cuestión es un asado.

(**8**) *Grammar* y *spelling* sería la traducción más cercana de nuestra palabra ortografía. En efecto, no hay una palabra única en inglés que exprese el conjunto de las reglas que rigen la grafía de las palabras.

17 is the pronunciation, but it is hardly fair to talk about a different language.
18 Let's say instead that the Americans have an approach to their language that is more dynamic and creative,
19 that is less respectful of conventions than the British speaker.
20 We shall try and give you some useful and, where possible, amusing examples, in later lessons.
21 An American was driving through New York with a British friend when it started to rain.
22 — I can hardly see through the windshield, said the American. — You mean the windscreen, said the Englishman. (**9**)
23 After all, we did invent the language. The American looked at his passenger and replied firmly: (**10**)
24 — I mean windshield. After all, we did invent the automobile!

NOTAS (continuación)

(**9**) *A windscreen* (GB) = *a windshield* (EU) = un parabrisas. Es evidente que cuando una cosa se desarrolla de forma diferente en dos países distintos, las palabras para designarlas se parecerán, quizás, pero no serán obligatoriamente las mismas. El coche es un ejemplo muy claro (ver Lección 57) de ese fenómeno, pero existe en muchos otros campos. (A propósito, *a screen* = una pantalla ; *a shield* = un escudo.)

17 es la pronunciación, pero no es verdaderamente justo hablar de un idioma diferente.
18 Digamos en cambio que los americanos tienen una forma de enfocar su lengua que es más dinámica y creativa,
19 que es menos respetuosa de las convenciones que la lengua hablada por los británicos.
20 Intentaremos darle algunos ejemplos útiles, y donde sea posible, divertidos, en las lecciones que vienen.
21 Un americano iba conduciendo su coche a través de New York con un amigo inglés, justo cuando comenzó a llover.
22 — Apenas puedo ver a través del parabrisas (*windshield*, palabra americana), dijo el americano — Tu quieres decir el parabrisas (*windscreen*, palabra inglesa) dijo el inglés.
23 Después de todo, fuimos nosotros quienes inventamos la lengua. El americano observó a su pasajero y respondió firmemente :
24 — Yo quiero decir « windshield ». Después de todo, ¡ somos nosotros quienes hemos inventado el automóvil !

NOTAS (continuación)

(**10**) *Did* sirve para dar énfasis : Después de todo, no cabe duda de que fuimos nosotros, etc. Escuche bien la grabación.

EXERCISES 1. At five o'clock sharp, the workers came pouring out of the factory on their bicycles. **2.** In twenty years time there will be no such thing as the type of factory we know today. **3.** I'm so thirsty; I'll fix us both a drink. **4.** It takes a few weeks but you soon get used to living in a big city like Los Angeles. **5.** You can wash up. After all, I did cook the dinner. **6.** The air conditioning is out of order. Will you please send someone to fix it?

***

Fill in the missing words

1. *En América, nosotros decimos « — » por ascensor y « — » por pavimento.*

   In America, we say .... for lift and .... for pavement.

2. *Dime cuando tengas hambre y te prepararé un bocadillo.*

   Tell me .... and I'll ... ... a sandwich.

3. *No es verdaderamente justo hablar de una lengua aparte.*

   .. .. a separate language.

4. *Yo estaba conduciendo el coche por las afueras de la ciudad cuando comenzó a llover.*

   . ... the outskirts when it ....

5. *Dentro de dos semanas regresará a Londres, de donde es nativo.*

   .. .. he's returning to ... . London.

Ejercicios **1.** A la cinco en punto exactamente, los trabajadores salieron precipitadamente de la fábrica en sus bicicletas. **2.** Dentro de veinte años dejarán de existir fábricas tales como las que conocemos ahora. **3.** Tengo tanta sed ; voy a buscarnos algo de beber. **4.** Se necesitarán algunas semanas, pero uno se habitúa pronto a vivir en una gran ciudad como Los Angeles. **5.** Puede fregar los platos. Después de todo, he sido yo quien preparó la cena. **6.** El aire acondicionado está averiado. Por favor ¿ puede enviar a alguien para repararlo ?

NOTAS PERSONALES

The missing words

1. elevator...sidewalk **2.** when you get hungry...fix you **3.** It is hardly fair to talk about **4.** I was driving through...started to rain **5.** In two weeks time...his native.

Fifty-second lesson

Some differences in spelling (1)

1 English became the official language of the United States almost by accident!

2 In the aftermath of the War of Independence and the creation of the new country, there were several contenders for the title. (**2**)

3 French (thanks to Lafayette), Dutch and a native Indian language were seriously considered

4 but English was the most practical solution, even though it was the language of the former colonial power. (**3**)

5 In 1828, the lexicographer Noah Webster published his *American Dictionary of the English Language,* (**4**)

NOTAS

(**1**) Le recordamos que se trata únicamente de la ortografía de las palabras y no de la gramática (ver Lección 53 Nota 8). Las principales diferencias de ortografía entre los dos tipos de inglés aparecen catalogadas en la sección **Spelling** al final de este libro.

(**2**) *An aftermath* es una palabra que tiene sus orígenes en la agricultura : se trata de la hierba que crece de nuevo en un prado después de la siega. Pero ese sentido es bastante esotérico y nosotros lo utilizamos más bien de dos maneras : primero para describir las consecuencias — sobre todo nefastas — de un acontecimiento : *The aftermath of the accident was terrible : twenty people died of their injuries* = Las consecuencias del accidente fueron terribles : veinte personas murieron a consecuencia de sus heridas, la segunda utilización es bastante específica (se trata de un período posterior a la guerra) : *In the aftermath of the Second World War, millions of people were left homeless* = Al terminarse la segunda guerra mundial,

Quincuagésima segunda lección

Algunas diferencias de ortografía

1 El inglés se ha convertido en la lengua oficial de los Estados Unidos ¡ casi por accidente !
2 Al final de la Guerra de Independencia y al iniciarse la creación del nuevo país, existieron varios pretendientes al título.
3 El francés (gracias a Lafayette), tanto como el holandés y una lengua india nativa fueron seriamente considerados
4 pero el inglés resultaba la solución más práctica, aunque se trataba del idioma del antiguo poder colonial.
5 En 1828, el lexicógrafo Noah Webster publicó su *Diccionario americano de la lengua inglesa*,

NOTAS (continuación)

quedaron millones sin hogar. La palabra puede ser reemplazada en el primer caso por *consequences* y en el segundo por simplemente, *just after*.

(**3**) *Former*, se lo recordamos, quiere decir « antiguo ». *He is a former head of State* = Es un antiguo jefe de Estado. *Ancient*, ¡ es verdaderamente antiguo/a ! *Ancient Greece* = La Grecia antigua.

(**4**) A la vez patriota y perseverante, Noah Webster (1758-1843) decidió que su nuevo país debía tener una lengua nacional para unificar la nación. Pasó más de veinte años para « sacar » su diccionario, que actualmente es el diccionario de referencia para la lengua americana (como lo es *The Oxford English Dictionary* para el inglés británico).

6 which contained a number of innovations; most especially, he attempted to bring American spelling closer to pronunciation.

7 (English people should be the first to admit that their spelling is totally chaotic!) (**5**)

8 Many logical changes were proposed, and a good number of them still exist today.

9 For example, in Britain you pay by *cheque* and in the US by *check.*

10 If you are a tourist, of course, this will probably be a *travelers'* check (not a *travellers'* check).

11 The British go to the *theatre* while the Americans prefer the *theater,*

12 which is often located in the *centre,* or rather, the *center* of the town. (**6**)

13 A computer expert in Los Angeles will write a *program* whereas his counterpart in London will write a *programme.* (**7**)

14 These differences can be seen but not heard, and, if you compare the sound to the spelling,

15 you will have to admit that the American innovations are more logical than the original forms.

16 Unfortunately (or fortunately, depending on your point of view), not all Webster's reforms took root:

NOTAS (continuación)

(**5**) Fíjese en la pronunciación de este adjetivo y del nombre asociado *chaos* = (KAY-oss) ; *chaotic* (kay-O-tik). ¡ Escuche bien los ejercicios !

6 que contenía un buen número de innovaciones ; él intentó particularmente acercar la ortografía americana a la pronunciación.

7 (¡ Los ingleses deberían ser los primeros en admitir que su ortografía es completamente caótica !)

8 Se propusieron muchos cambios lógicos y un buen número de ellos subsisten hoy día.

9 Por ejemplo, en Gran Bretaña usted paga por *cheque* y en los Estados Unidos por *check*.

10 Si usted es turista, por supuesto, se tratará probablemente de un cheque de viajeros (*traveler* en inglés americano, *traveller* en inglés GB).

11 Los británicos van al teatro (*theatre*) mientras que los americanos prefieren el *theater*,

12 el cual está a veces situado en el centro de la ciudad (*center* en americano, *centre* en inglés).

13 Un experto en informática de Los Angeles escribirá un programa (*program*) mientras que su homólogo de Londres escribirá un *programme*.

14 Podemos ver esas diferencias, pero no oirlas ; y si usted compara el sonido con la ortografía,

15 deberá admitir que las innovaciones americanas son más lógicas que las formas originales.

16 Infortunadamente (o afortunadamente, depende de su punto de vista), no todas las reformas de Webster prendieron.

NOTAS (continuación)

(6) Además, en los EU se tiene tendencia a hablar de *downtown. They have a brownstone in downtown Manhattan* = Tienen una residencia particular en el centro de Manhattan.

(7) Un campo donde tratamos de esforzarnos con más o menos éxito para evitar demasiados anglicismos es la informática. La palabra (y sus derivados) no tiene verdadera traducción, y se habla de *data processing* o simplemente de *computers*. Para el experto en informática, se habla ya sea de *computer expert*, o de *data processing specialist*, etc. escogiendo el término que corresponde exactamente a la actividad. Nos extenderemos más en el vocabulario informático en la Lección 55.

17 *laugh* is still written the same in both countries, and not « *larf* » as Noah suggested.

18 But the approach had a lasting impact, and some words have an « unofficial » spelling that apes pronunciation: (**8**)

19 many American shops will post a sign saying that they are open from nine *thru* five (instead of *through*)

20 and the ubiquitous *U* is widely used in names of corporations to replace: you. (**9**)

21 In California, you have to be eighteen to buy liquor; (**10**)

22 a bar owner had placed a car license plate over the door to remind potential patrons of the law. The number on the plate? (**11**)

23 RU 18.

NOTAS (continuación)

(**8**) Conocemos el término *monkey* para designar a un mono. Las especies de simios más grandes (y normalmente sin cola) se llaman *apes*. (Todo el mundo ha oído hablar de *Tarzan of the Apes*.) Para cuando algo (o alguien) imita otra cosa, se ha creado un verbo : *to ape. What a brilliant mimic ! He aped the President perfectly !* = ¡ Que imitador más prodigioso ! ¡ Imitó a la perfección al Presidente ! También hay un

***

EXERCISES 1. The place was in chaos when I arrived. — With their three children, the house is always chaotic. **2.** Many people emigrated from Ireland to the US in the past and a good number still do. **3.** I don't know exactly what he does, but he's a computer specialist of sorts. **4.** We're open nine through five all week. **5.** In Britain we buy alcohol in an off-licence and in the States you buy liquor in a liquor store. **6.** He is a contender for the world heavyweight boxing title.

17 *Laugh* (reir) sigue estando escrito de la misma manera en ambos países, y no « larf » como sugirió Noah.
18 Pero este enfoque tuvo un impacto duradero, y algunas palabras tienen una ortografía « no oficial » que imita la pronunciación :
19 muchas tiendas americanas exhiben carteles que dicen que están abiertas de 9 de la mañana a 5 de la tarde (con la palabra *thru* en lugar de *through*)
20 y la *U* ubicua está ampliamente utilizada en los nombres de empresas para sustituir a *you*.
21 En California, usted tiene que tener 18 años para comprar bebidas alcohólicas ;
22 un propietario de un bar había colocado una placa de matrícula de coche sobre la puerta para recordar la ley a los clientes potenciales. ¿ El número sobre la matrícula ?
23 RU 18 (¿ tiene usted 18 años ?).

verbo *to monkey around*, que equivale a « hacer el tonto, el idiota » (Evítese el uso).

(**9**) *U-Need-Us, U-Drive* serían dos ejemplos ficticios, el primero para una empresa de reparaciones y el segundo para los coches de alquiler. El fenómeno es muy corriente.

(**10**) Tratándose de un país federal, cada Estado en Norteamérica se rige por sus propias leyes además de las leyes federales, lo que puede ocasionar problemas para los abogados que desean mudarse de un Estado a otro. Así, en ciertos Estados es necesario tener 21 años para poder comprar alcohol (*alcohol* en GB, donde se puede comprar en un *off-licence*, y *liquor* en los EU, donde se va a un *liquor store*).

(**11**) En GB, la placa de matrícula de un coche es *the number plate* y en los EU *the license plate*. Observe la diferencia de ortografía entre *license* aquí y en nuestro ejemplo al final de la Nota 10.

***

Ejercicios 1. El lugar era un caos cuando yo llegué. — Con sus tres pequeños, la casa está siempre en una situación caótica. **2.** Muchas gentes emigraron desde Irlanda a los EU en el pasado y un buen número sigue haciéndolo. **3.** Yo no sé lo que hace exactamente, pero es algo así como especialista en informática. **4.** Estamos abierto de 9 de la mañana a 5 de la tarde todos los días. **5.** En Gran Bretaña compramos bebidas alcohólicas en un lugar llamado « *off-licence* » y en los EU usted las compra en un « *liquor store* ». **6.** Es un contendiente por el título de boxeo de peso pesado.

Fill in the missing words

1. *Al final de la primera guerra mundial, millones de gentes murieron de la gripe.*

   .. .. the Great War, millions died of 'flu.

2. *¿ Cómo los americanos ortografían las palabras licencia, centro y reir ?*

   How do the Americans spell ...., ... and ..... ?

3. *Burkina Faso, antiguamente el Alto Volta, está en Africa Occidental.*

   Burkina Faso, ... Upper Volta, is in West Africa.

Fifty-third lesson

California, here I come

1 Despite what we told you in Lesson 51, the differences between English in Britain and the US

2 are most noticeable in simple everyday conversation.

3 Let's listen to Mr Willard's secretary, who is preparing a business trip to San Francisco for her boss.

4 We will point out major differences in usage in the accompanying notes.

5 (Voice on phone) — Good morning, Union Airlines, Maria speaking. May I help you? (**1**)

4. *Me robaron mis cheques de viajero de la habitación de mi hotel.*

I had my .... '. .... from my hotel room.

5. *Jamás compro un programa cuando voy al teatro.*

....

The missing words

1. In the aftermath of **2.** licence, center...laugh **3.** formerly **4.** traveler's checks stolen **5.** I never buy a program when I go to the theater

---

Quincuagésima tercera lección

California, aquí estoy...

1 A pesar de lo que le dijimos en la Lección 51, las diferencias entre el inglés en Gran Bretaña y en los EU
2 son más notorias en las conversaciones simples de todos los días.
3 Escuchemos a la secretaria del Sr. Willard, que prepara un viaje de negocios a San Francisco para su jefe.
4 Les indicaremos las principales diferencias de uso en las notas adjuntas.
5 (Voz en el teléfono) — Buenos días. La compañía aerea Union, María al teléfono. ¿En qué puedo servirla?

NOTAS

(1) El contraste entre la gramática estrictamente formal y la conversación cotidiana bastante familiar puede ser desconcertante. El empleo del nombre es muy frecuente, aún en los contextos comerciales (en muchas sociedades americanas el tuteo es de rigor, es una forma de reproducir esta familiaridad un poco engañosa, porque las jerarquías persisten).

6 — Hi. I'd like to make a reservation, round trip New York to San Francisco, for Thursday around noon. (**2**) (**3**)

7 — Sure. Will that be first class, business or economy? (**4**)

8 — Business class, non-smoking, please. No, sorry, make that smoking: he gave up giving up!

9 — No problem. What name, please? — Willard, Peter J. (**5**)

10 — Thank you. OK. Mr Willard is confirmed on Union flight Z 607 out of JFK at eleven-twenty on May second, (**6**)

11 arriving at San Francisco International at twelve-ten.

12 — Thank you. Will you charge our account, Willard International Inc.? — Sure. Thank you for choosing Union. (**7**) (**8**)

13 — Did you make the reservations yet, Marcia? — Uh huh. Let's check your schedule, Mr Willard. (**9**) (**10**)

NOTAS (continuación)

(**2**) Ver la observación hecha más arriba. *Hi*! (¡ Hola !) se utiliza ampliamente (aún cuando no se conoce al interlocutor) y substituye alegremente el *Good morning* o *Good afternoom* más conservador.

(**3**) El billete de ida y vuelta se dice *round trip ticket* en inglés EU y *return ticket* en inglés GB.

(**4**) En inglés GB se diría más bien *Would you like...* ? en lugar del americano *Will that be...* ?

(**5**) El uso de la inicial del segundo nombre es muy corriente entre los hombres en los EU.

(**6**) Observe la pronunciación de la letra *z*: en inglés GB se pronuncia « zed » y en inglés EU « zi ». Es necesario comprender que los transportes aéreos son de uso corriente para la mayoría de la población americana (debido a las distancias, está más acostumbrada a una mayor movilidad). Los aeropuertos tienen pues sobrenombres muy utilizados, y en New York se habla

6 — Hola. Me gustaría hacer una reserva, ida y vuelta via New York a San Francisco, para el jueves alrededor del mediodía.
7 — Entendido ¿ Qué clase desea, 1ª, comercial o económica ?
8 — Clase comercial, no fumadores por favor. No, espere, cámbielo a fumadores : ¡ él dejó de intentarlo !
9 — No hay problema. ¿ A qué nombre, por favor ? — Willard, Peter J.
10 — Gracias. Bien. Sr. Willard está confirmado en el vuelo Z 607 de Union que sale del aeropuerto Kennedy a las 11 h 20 el 2 de mayo
11 llegando al aeropuerto internacional de San Francisco a las 12 h 10.
12 — Gracias. ¿ Quiere usted facturarlo a nuestra cuenta de Willard International Inc. ? — De acuerdo. Gracias por volar con la compañía Union.
13 — ¿ Ya has hecho las reservas, Marcia ? — Sí. Comprobemos su itinerario, Sr. Willard.

NOTAS (continuación)

de *JFK* por *John Fitzgerald Kennedy International Airport*, y en Los Angeles de *LAX* con referencia al aeropuerto de esa ciudad. (Un poco como se dice el Metro para el Metropolitano...)

(**7**) *Please charge my account* = Póngalo en mi cuenta. *A charge card* = una tarjeta de pago (¡ y no una tarjeta de crédito !). Cuando usted compra en los EU, oirá a menudo *Is this cash or charge*? (comprenda : ¿ Usted paga al contado o con una tarjeta ?) Observe igualmente la palabra — más familiar — *plastic* para las tarjetas de pago : *Sorry, we don't take plastic* = lo siento, no aceptamos pagos con las tarjetas de crédito. El pago por cheque personal, en cambio, es mucho menos corriente que en Europa.

(**8**) Mientras que el inglés GB no tiene verdaderamente equivalente para nuestro « No hay de qué » para servirle en respuesta a un agradecimiento, el inglés EU utiliza *Sure* (con una entònación descendente). — *Thanks for your help*. — Sure.

(**9**) El inglés GB diría más bien *Have you made the reservations yet*? (lo que, por una vez, es más correcto gramaticalmente).

(**10**) Diferencia de pronunciación para la palabra *schedule* (programa, horario). En inglés EU es (*SHEdiul*) mientras que en inglés GB se dice (*SKEdiul*).

14 Arrive San Francisco at twelve-ten. I've reserved a hire car. You're checked into the Continental Hotel at Geary and Broadway, room 1712. (**11**)

15 Your first meeting's at three with the realtor, then you're seeing your attorney at four-twenty. (**12**)

16 You have an appointment with the City Manager at five and a reception at the Chamber of Commerce after that. (**13**)

17 If you're hungry after all that, I've reserved a table at Moe's for seven.

18 — What would I do without you, Marcia? — Probably miss the plane, Mr Willard.

19 OK so far? Right, let's go to the next lesson and see what happens to Mr Willard in Babylon-by-the-Bay, (**14**)

20 otherwise known as San Francisco!

NOTAS (continuación)

(**11**) Cuando se anuncian los nombres de las calles en los EU, se omite muy a menudo la palabra *street*, *avenue*, etc. (salvo cuando hay una calle y una avenida que tienen el mismo nombre). La mayor parte de las ciudades americanas están construídas sobre un « cuadriculado » de calles horizontales y transversales ; casi siempre se indica la intersección o cruce (*cross street*) más próximos.

(**12**) *Real estate* (inglés GB) = inmobiliaria ; en inglés EU se dice más bien *realty*. Por consiguiente, un agente inmobiliario en los EU se llama *realtor* y en GB *en estate agent*. De la misma forma, se habla de *an attorney* inglés (aunque esta última palabra se aplica también al otro lado del Atlántico).

(**13**) Un *city manager* es un concepto americano : se trata de un responsable empleado por un concejo municipal para llevar la administración de la municipalidad. No hay equivalente británico. En el periodismo americano, *the city editor* es el redactor de la crónica del día,

14 Llega a San Francisco a las 12 h 10. He reservado un coche de alquiler. Tiene reserva en el Hotel Continental en la calle Geary esquina Broadway, habitación número 1712.
15 Su primera reunión es a las 15 h con el agente inmobiliario, luego verá a su abogado a las 16 h 20.
16 Tiene una entrevista con el Responsable de la Ciudad a las 17 h y una recepción en la Cámara de Comercio a continuación.
17 Si tiene hambre después de todo eso, he reservado una mesa en Moe a las 19 h.
18 — ¿ Qué haría sin usted, Marcia ? — Probablemente perdería su avión, Sr. Willard.

19 ¿ Todo va bien hasta ahora ? Bueno, pasemos a la lección siguiente para ver que le pasa al Sr. Willard en Babilonia junto a la Bahía,
20 ¡ de otro modo conocida bajo el nombre de San Francisco !

NOTAS (continuación)

pero en GB es el redactor de la sección financiera (ver *The City*).

(**14**) No se trata solamente de aeropuertos (ver Nota 6) ; las ciudades americanas tiene también sus sobrenombres. Conocemos *The Big Apple* (New York, ver Lección 44, nota 1) ; Chicago es conocida como *The Second City* (es decir, 2ª después de New York) o también the *Windy city* (y ¡ con razón !). San Francisco tiene muchos sobrenombres (como, « Babilonia junto a la Bahía », a causa de su reputación licenciosa), pero ¡ por favor no la llame nunca *Frisco* !

EXERCISES 1. — May I help you? — Hi, I'd like some information about flights to LA. **2.** You're confirmed on flight Z 230 out of LAX leaving January 4 at three p.m. **3.** — Will that be cash or charge? — Please charge it to my account. **4.** Did you see Spielberg's latest movie yet? **5.** The hotel's located downtown at ninth and Broadway. **6.** —What would I do without you? — I really hate to think.

***

Fill in the missing words

1. *¿ Desea usted un billete de ida o de ida y vuelta ?*

.... one way or .... ?

2. *John es abogado y su hermano es agente inmobiliario.*

John's .. .. and his brother is . ...

3. *Usted tiene reservado en el Hotel Continental.*

...'.. .... the Continental Hotel.

Fifty-fourth lesson

Time out (1)

1 — Phew! I'm beat! Two solid days of meetings. I'm going to take a break. What is there to see? (**2**)

2 — Are you kidding? This is San Francisco. Babylon-by-the-Bay! You can do anything you want.

NOTAS

(**1**) *OK, time out !* = ¡ Ya está, hacemos una pausa ! *Time out* es en realidad una pausa en un combate de boxeo, etc. pero se utiliza corrientemente para expresar la idea de un breve descanso. Un semanario londinense

Ejercicios 1. — ¿ Me permite ayudarle ? — Hola, desearía que me informara acerca de los vuelos a Los Angeles. **2.** Usted tiene una reserva en el vuelo Z 230 que sale del aeropuerto internacional de Los Angeles el 4 de Enero a las 3 de la tarde. **3.** — ¿ Pagará al contado o con tarjeta ? — Por favor cárguelo a mi cuenta. **4.** ¿ Ha visto usted ya la última película de Spielberg ? **5.** El hotel está situado en el centro de la ciudad en la calle 9 esquina a Broadway. **6.** — ¿ Qué haría sin usted ? — No quiero ni pensarlo.

***

4. *Usted ve al responsable municipal a las 5 de la tarde.*

. . . ' . . . .

5. *¿ Todo va bien hasta ahora ? Pasemos al siguiente grupo de ejercicios.*

. . . . ? . . . ' . . . . . the next set of exercices.

The missing words

1. Will that be...round trip **2.** an attorney...a realtor **3.** You're checked into **4.** You're seeing the city manager at five p.m. **5.** OK so far? Let's go to

---

Quincuagésima cuarta lección

La pausa

1 — ¡ Uf ! ¡ Estoy deshecho ! Dos días completos de reuniones.

2 — ¿ Me estás tomando el pelo ? Esto es San Francisco. ¡ Babilonia junto a la Bahía ! Puedes hacer lo que te plazca.

NOTAS (continuación)

ha escogido esta expresión como título : está especializado en los programas de cines, teatros, etc.

(2) *I'm beat* (literal Estoy apaleado). El sentido más extendido de esta expresión es : estoy muerto de fatiga. *Let's call it a day : I'm beat* = Dejémoslo por hoy. Estoy muerto.

3 — Suggest something peaceful, Jack. I'm a country boy from back East. I'm not used to decadent California. (**3**)
4 — OK. Why don't you go over to Berkeley? That's quiet enough these days. Do you have a car? (**4**) (**5**)
5 — Yes, but I'd prefer not to drive. Is there any public transportation? (**6**)
6 — Sure. Take BART from the Montgomery Street station and you'll be in Berkeley in twenty minutes.
7 You can walk around, check out the campus, look at the book stores, you know, just hang out. (**7**)

NOTAS (continuación)

(**3**) Observe que el inglés y sobre todo el americano, utilizan los adverbios como *up, down, back* etc. con los verbos de movimiento para dar más precisión con relación al locutor (piense en nuestro : suba a Barcelona/baje a Sevilla, etc.) Observe también los ejemplos en las frases 4 y 9 (*over*), 8 y 11 (*down*), 13 (*up*). No se les traduce. *I'm from back East* = Yo soy de la costa Este.

(**4**) La ciudad de Berkeley, que se encuentra enfrente de la ciudad de San Francisco al otro lado de la Bahía, fué célebre durante el final de los años sesenta por su movimiento estudiantil contestario. Berkeley sigue siendo célebre debido a su universidad prestigiosa, pero los habitantes se han calmado desde hace algunos años (aunque la ciudad mantiene una reputación de vanguardia).

(**5**) Una diferencia entre el inglés GB y el inglés EU que ilustra la gran pureza gramatical de este último se refleja en la pregunta : ¿Tiene usted coche ? un inglés diría, *Have you got a car*? (donde el *got* es superfluo ya que el verdadero verbo es *to have*). Un americano construirá su frase según las reglas de gramática : *Do you have a car*? Una distinción sutil pero sin embargo (casi) sistemática.

(**6**) Cuando el inglés GB dice *transport*, el inglés EU dice *transportation : The problem with many American cities*

3 — Sugiéreme algo tranquilo, Jack. Soy un chico de la costa Este. No estoy habituado a la decadente California.
4 — De acuerdo. ¿Por qué no vas hasta Berkeley? Está bastante tranquilo en la actualidad. ¿Tienes coche?
5 — Sí, pero preferiría no conducir. ¿Existe algún transporte colectivo?
6 — Seguramente. Toma el BART en la estación Montgomery Street y estarás en Berkeley en veinte minutos.
7 Puedes pasear, ver el campus, visitar las librerías, darte buena vida.

NOTAS (continuación)

is the lack of public transportation. (Como siempre, la distinción es sólo parcialmente sistemática.)

(7) Dos expresiones muy americanas (y bastante familiares): *to check out* (literal marcharse de su hotel): *Guests must check out before 11 a.m.* = Los clientes deben dejar la habitación antes de las 11 se utiliza para « ver lo que pasa, mirar por sí mismo ». *If you don't believe me, check it out for yourself* = Si no me crees, ve a ver tú mismo. (*A check-out*: la caja en un supermercado). *To hang out*: matar el tiempo, perder el tiempo. *When I'm on vacation, I don't do anything. I just hang out, read, you know?* = Cuando tengo vacaciones, no hago nada, holgazaneo, leo, ¿ves lo que quiero decir? *A hang out*: un lugar que se frecuenta habitualmente. *That bar on fifty-seventh street was one of Pete's favorite hang-outs* = Ese bar en la calle 57 era uno de los lugares preferidos de Pete en una época. Como siempre les presentamos estas expresiones más o menos utilizadas en el « argot » porque son muy corrientes, pero no le aconsejamos utilizarlas antes de tener un buen dominio del inglés « standard ».

8 — What about something closer to home?
— Well, since you're a tourist, why not ride a cable car down to Fisherman's Wharf? (**8**)

9 Or visit Chinatown? Or drive over the Golden Gate Bridge into Marin County or... (**9**)

10 — Whoah! Maybe I'll just stay in the hotel, watch a movie and rest up for a while. The West Coast's so hectic! (**10**)

11 — You've never been down to LA, have you? We could take a long weekend and go stay with my cousin. (**11**) (**12**)

12 She lives real close to the beach. You can lay out and sun yourself, (**13**)

NOTAS (continuación)

(**8**) *The cable car* es un medio de transporte colectivo (ver Nota 6) único en San Francisco : se trata de un funicular tirado por cable, que sube y baja las colinas asombrosas de la ciudad. Recuerde que el inglés EU dice *to ride the subway, cable car*, etc. mientras que el inglés GB dice *to take* cuando se trata de desplazarse en Metro ; ahora bien ambos utilizan *to take* con la idea de subir a bordo *(Take BART as Powell St.)* ; *a cable car* es también la palabra utilizada para una cabina de teleférico. Observe de paso la palabra *wharf* (embarcadero), que se pronuncia *OUORF*.

(**9**) Gran Bretaña e Irlanda están divididas en regiones administrativas, que se llaman *counties* (sing : *county*). Hay unos sesenta en Gran Bretaña y veinte y seis en Irlanda. De hecho, cuando se escribe a alguien, se pone siempre el nombre del *county* en el sobre. En los EU, los cincuenta Estados están divididos en *counties*, pero el número puede variar de 254 para Texas a 5 para el Estado de Rhode Island. El *county* es mucho más una unidad administrativa en los EU que en GB.

(**10**) De nuevo un matiz americano (aparte de la palabra *movie* por *film*, que hemos visto ya) : *to rest up* (descansar) cuando el inglés GB diría ya sea *to take a rest*, o *to rest* simplemente.

8 — ¿ Qué tal algo más cerca de la casa ? — Bien, ya que eres un turista, ¿ por qué no coger el funicular para bajar hasta Fisherman's Wharf ?

9 ¿ O visitar el barrio chino ? ¿ O cruzar en coche sobre el Golden Gate para ir al Martin County ?, o bien...

10 — ¡ Vaya ! quizás me quede simplemente en el hotel, para ver una película y descansar un poco. ¡ La Costa Oeste es totalmente frenética !

11 — Tú nunca has ido a Los Angeles, ¿ no es cierto ? Podríamos « hacer un puente » de fin de semana y quedarnos con mi prima.

12 Vive muy cerca de la playa. Podrás tomar el sol,

NOTAS (continuación)

(**11**) *A Long weekend* es el equivalente más próximo de nuestro famoso « puente » de tres (¡ o « acueducto » de cuatro !) días de vacaciones. Sin embargo, esto no es una práctica corriente al otro lado del Atlántico. Las vacaciones pagadas son un concepto todavía más curioso, porque el americano medio toma dos semanas de vacaciones al año (alrededor de cuatro semanas en GB). Digamos de paso algo sobre la ciudad de Los Angeles (ver Lección 53 Nota 14) que podemos llamar *LA* (pron : EL AY) sin escrúpulo.

(**12**) De nuevo un rasgo americano : cuando hay dos verbos consecutivos (ejemplo *Let's go and stay with my cousin*), el inglés EU tendría tendencia a omitir la conjunción, lo que se convierte en *Let's go stay with my cousin.* No es muy elegante, pero muy corriente.

(**13**) Aunque se ha dicho que el americano es más puro gramaticalmente que su homólogo inglés, debemos precisar que se trata de la lengua escrita (que se mantiene quizás más conservadora — pura — debido a las irregularidades de la lengua hablada). Un rasgo corriente (que es una falta de gramática) es la utilización de un adjetivo en lugar de un adverbio. Así, en esta frase, oímos *real close to the beach* allí donde debería decir *really close* (inglés GB standard). Otro ejemplo, también muy corriente, es la confusión entre *good y well.* Muchos americanos (y por consiguiente muchos personajes en las series televisivas, las novelas, etc. que propagan la lengua americana) utilizan el adjetivo en lugar del adverbio : *She sings good* en lugar de *She sings well. She sings real good* en lugar de *She sings really well.* Es inútil precisar que solamente señalamos ese fenómeno del idioma de uso diario ; le instamos a que nunca lo imite.

13 or maybe go up to an amusement park. Disneyland is fantastic. Hey, Peter, wake up!

14 — It's true that there's a real difference between the East and the West Coast.
15 My grandmother's from San Francisco, and when I was a kid, I used to take the Red-Eye Special from New York to go visit her. (**14**)
16 One time, I woke up in the plane, in pitch darkness over Nebraska or somewhere (**15**)
17 and I said to my mom, — What's down there? Know what she said? — Nothing! (**16**)
18 So, we hope that « slice of life » gave you some idea of the basic difference between conversational English and American.
19 In the next few lessons, we'll look at some more features of the United States, and how they have influenced language.
20 It's true that there is a certain antipathy between the inhabitants of the two coasts.
21 The older, longer-established East considers California as brash, upstart and eccentric,
22 while the inhabitants of the Golden State look at the East Coasters as old-fashioned and fuddy-duddy.

NOTAS (continuación)

(**14**) Un ejemplo de la inspiración de la lengua americana que no cesamos de evocar. A ese avión que ponia en

13 o quizás ir a un parque de atracciones. Disneyland es fantástico. ¡ Oye, Peter ! ¡ Despierta !

14 — Es verdad que existe una real diferencia entre la costa Este y la costa Oeste.
15 Mi abuela es de San Francisco, y cuando era niño, yo tomaba el avión de noche de New York (Red-Eye Special) para ir a visitarla.
16 En una ocasión, me desperté en el avión, en plena obscuridad cuando sobrevolábamos Nebraska o algún otro sitio.
17 Y le dije a mi madre, — ¿ Qué hay allá abajo ? ¿ Sabes qué me respondió ? — ¡ Nada !
18 Así pues, esperamos que este « trozo de vida » le haya dado alguna idea de las diferencias básicas entre el inglés corriente y el americano.
19 En las próximas lecciones, observaremos con atención otras características de los Estados Unidos y cómo han influido en el idioma.
20 Es verdad que existe una cierta antipatía entre los habitantes de las dos costas.
21 Los del Este, más antiguo y arraigado, consideran a los de California como descarados, advenedizos y excéntricos,
22 mientras que los habitantes del Estado Dorado (California) consideran a los « orientales » de la Costa Este como conservadores y chapados a la antigua.

NOTAS (continuación)

comunicación las dos costas (a veces ocho horas de vuelo) se le valoraba mucho porque era menos caro que los vuelos de día. Por el contrario, se dormía apenas (y muy mal) y se llegaba con los ojos rojos. El nombre oficioso de ese tipo de vuelo es ¡ *The Red-Eye Special* (o *Express*) !

(**15**) Los aficionados al *baseball* (ver Lección 60) sabrán que *the pitcher* es el que lanza la pelota. Entre los otros sentidos de *pitch*, encontramos aquel de la pez (una materia viscosa a base de resina), que es generalmente negra. Y así es como cuando se habla de una noche negra, se dice *It was pitch black* (o...*as black as pitch*).

(**16**) « Mamá » en inglés EU se escribe *mom* y en inglés GB *mum*. Por el contrario, la utilización por los adultos de ese diminutivo está más extendida en los EU que en GB.

23 One favorite* way of putting across the message is through bumper stickers.
24 (Seen in Los Angeles) « New Yorkers, welcome to California. Now go home! »;
25 to which the retort may be the message contained on a bumper sticker seen in upstate New York: (**17**)
26 « Speed limit 55 mph. For Californians: 70 mph — you can't get out of our State quickly enough for us! »

***

EXERCISES 1. I just want to hang out by the pool. I'm beat after two solid days of meetings. **2.** We moved out to California from New England, but after two years in LA we moved back East because life had become too hectic. **3.** If you're in New York, do check out the Guggenheim Museum: it's real interesting. **4.** When I was a kid I used to go visit my grandparents in Connecticut * **5.** The lights went out and the house was plunged into pitch black darkness. **6.** The long-established aristocracy looked with disdain on the brash upstart from California.

***

Fill in the missing words

1. *— ¿ Tiene usted coche ? — No, utilizo los transportes públicos.*

.. .. ? — No, I use ....

2. *Por favor deje libre la habitación antes del mediodía.*

.... before ....

3. *Nosotros tomamos el Metro hasta la calle 27 esquina a Montgomery.*

.. .. 27th and Montgomery.

23 Una forma favorita de hacer llegar el mensaje es a través de los « bumper stickers » (pegatinas colocadas en los parachoques).
24 (Vistas en Los Angeles) « Neoyorquinos, bienvenidos a California. ¡ Márchense a casa ahora ! »
25 cuya contrapartida podría ser un mensaje de una pegatina que se vió en el norte del Estado de NY :
26 « Límite de velocidad 55 millas por hora. Para los Californianos : 70 m/h — en nuestra opinión, ¡ no abandona usted el Estado lo bastante deprisa ! ».

NOTAS (continuación)

(**17**) Recuerde que, aunque se hable corrientemente de New York en calidad de ciudad, es también el nombre del Estado (ver Lección 44, Nota 1). Se utiliza el adjetivo *upstate* para designar la parte superior de un Estado ; por el contrario, no hay equivalente para hablar de la parte inferior.

***

Ejercicios 1. Quiero simplemente holgazanear junto a la piscina. Estoy extenuado después de dos días completos de reuniones. **2.** Nos mudamos de Nueva Inglaterra a California, pero al cabo de dos años en LA hemos regresado al Este porque la vida se hacía demasiado frenética. **3.** Si estás en New York visita el Museo Guggenheim : es verdaderamente apasionante. **4.** Cuando era niño visitaba a mis abuelos en Connecticut *. **5.** Se apagaron las luces y en la casa se hizo la obscuridad total. **6.** La aristocracia bien asentada considera con desdén al californiano advenedizo y descarado.

***

4. *He leído todos sus libros. Él escribe verdaderamente bien.*

I've read all his books . . . .

5. *¿ Por qué no alquilar un coche y entonces ir a visitar los bosques de Muir ?*

. . . . a car then . . . . Muir Woods ?

The missing words

1. Do you have a car...public transportation **2.** Please check out...noon **3.** We rode the subway to **4.** He writes really well (y no « writes real good »!) **5.** Why not rent...go visit (aunque sea más americano omitir *and*)

* Escuche bien la pronunciación de este Estado — la 2ª c es muda : keh-NEH-ti-ket.

Fifty-fifth lesson

Are you computer literate? (1)

1 Are you computer literate or do you have a read-only memory? (2)
2 The huge changes that information technology has brought to our everyday lives have extended to the way we speak.
3 Within one generation, words like *chip* and *menu* moved from the kitchen to the workplace. (3)
4 The speed and extent of the changes leave many people bewildered and at a loss to understand the new jargon. (4)
5 The work of mainframe computers, which used to fill entire rooms, is now handled by tiny microcomputers

NOTAS

La informática es una ciencia que evoluciona cada vez más rápidamente y que, por consiguiente, inventa nuevas palabras y expresiones todos los días. En esta lección, nos limitamos a presentar el vocabulario que se ha adoptado en la práctica cotidiana, dejando a los trabajos más especializados (y efímeros) la tarea de examinar ese fenómeno en profundidad.

(1) *Literate* = es un adjetivo que quiere decir a la vez letrado y alfabetizado. *Despite recent progress, many people remain illiterate, and the government is organizing adult literacy courses in certain areas* = A pesar de los progresos recientes, todavía hay muchos analfabetos, y el gobierno organiza cursos de alfabetización en ciertas regiones. *Numerate* se llama a una persona que tiene una comprensión de las cifras y de las matemáticas. *Computer literate* es un adjetivo socio-educativo que significa que alguien tiene conocimientos operacionales en informática (substantivo: *computer literacy*).

Quincuagésima quinta lección

¿ Conoce usted la lengua informática ?

1 ¿ Conoce usted la informática o tiene usted una memoria ROM = almacenamiento de sola lectura ?
2 Los enormes cambios que la información tecnológica ha aportado a nuestra vida cotidiana han influído en nuestra manera de hablar.
3 En el período de una generación, las palabras como « *chip* » (confetis) y « *menu* » se trasladaron desde la cocina al lugar de trabajo.
4 La rapidez y el alcance de los cambios dejan a muchas gentes confusas y con dificultad para comprender la nueva jerga.
5 El trabajo de los ordenadores que sirven de unidad principal, los cuales llenaron salones enteros, se realiza en la actualidad por minúsculos microcalculadores

NOTAS (continuación)

(**2**) Un ordenador posee una memoria llamada pasiva de almacenamiento de sola lectura (*a read-only memory* o *ROM*) y una memoria activa o memoria de acceso al azar (*random access memory* o *RAM*). Ciertos bromistas consideran que los que nos están al corriente de la informática tienen sólo *read-only memories* (o sea que no se puede añadir nada más).

(**3**) En efecto, ¡ los chicos del mañana tendrán una primera definición de ciertas palabras que será diferente de aquélla que tienen los jóvenes de hoy día ! asi, *a chip* es el nombre familiar que se le da a un microprocesador (ver confetis) mientras que en inglés GB *a chip* es patata frita, y en inglés EU es un « chip ». En informática, *a menu* es una serie de instrucciones o de opciones para utilizar las posibilidades de los programas y sistemas de programación.

(**4**) *He was at a loss to understand how his overdraft had gotten so large* = Le costaba trabajo comprender cómo su déficit se había hecho tan grande. *He's never at a loss for words* = Él no pierde jamás su latín.

6 that fit on a desk-top or into a briefcase. These machines can crunch numbers even faster than their huge ancestors. (**5**)

7 Computers are measured in terms of speed but also of memory, by how many bits and bytes they can store. (**6**)

8 Does your machine use floppy disks or hard disks? What about their peripherals? (**7**)

9 Yesterday's nouns have become today's verbs: to access information means to get at what the programmers have input! (**8**)

10 Systems interface with each other or are connected in local-area or wide-area networks to share data and peripherals. (**9**)

NOTAS (continuación)

(**5**) Una expresión metafórica (y poco técnica) que describe la potencia de cálculo de un ordenador : *number crunching* (cálculo) se ha hecho habitual. *The new Super V crunches numbers five times faster than its nearest competitor* = El nuevo Super-V tiene una potencia de cálculo cinco veces superior a la de su competidor más cercano.

(**6**) *A Bit* es una contracción de *Binary digit* (dígito binario) y significa la unidad de información más pequeña. Ocho *bits* corresponden a *a byte* (Octecto, Grupo de 8 *bits*). La potencia de memoria de los ordenadores se mide en millones de octetos (*megabytes* o *Mb*) e incluso en millares de millones (*gigabytes* o *Gb*).

(**7**) *Floppy* significa « flexible » (*a floppy hat* = un sombrero flexible, de ala ancha). *A floppy disk* (o *disc* en GB) no es rígido (algunos descubrimientos recientes podrían dar al traste con esta palabra y relegarla al olvido) es lo opuesto a un *hard disk* o disco duro. *Peripherals* es el nombre colectivo que se le da a los equipos accesorios tales como la impresora, el modulador/demodulador, etc. (periféricos en español).

6 que se colocan encima de la mesa de trabajo o dentro de un maletín. Estas máquinas pueden « triturar » las cifras aún más rápidamente que sus enormes predecesores.

7 Los ordenadores se miden en base a su velocidad aunque también por su capacidad de memoria segun el número de « bits » y de « octetos » que pueden almacenar.

8 ¿ Utiliza su máquina disquetes o discos duros ? ¿ Qué me dice de los periféricos ?

9 Los nombres de ayer se han convertido en verbos de hoy : ¡ acceder (a la información) quiere decir tener acceso a lo que los programadores han introducido (en el ordenador) !

10 Los sistemas se comunican entre sí (interface = acoplamiento mutuo, interfaz) o están conectados a las redes locales o a las grandes redes para compartir datos y periféricos.

NOTAS (continuación)

(**8**) En lugar de inventar nuevas palabras cada vez, el genio informático se divierte modificando la forma gramatical de ciertas palabras a fin de llegar más rápido con la explicación. Así, el verbo « acceder a » se dice *to gain/have access to*. Pero cuando un especialista en informática quiere acceder a datos, se dice *He accesses data*. De la misma forma, *an input* (entrada) es algo que uno introduce, pero para cuando se introducen nuevos datos, se ha creado un verbo transitivo *to input data*. Este fenómeno se va acentuando, por consiguiente es necesario ¡ acechar a los nuevos tránsfugas !

(**9**) ¡ Un tránsfuga más ! Originalmente *an interface* era un nombre para describir un punto donde habían sistemas independientes que se comunicaban entre sí. El nombre se ha hecho verbo (muy en voga) para trabajar juntos, comunicar. *The two packet switching systems cannot yet interface*. Las dos redes de conmutación de paquetes no pueden comunicarse entre sí. Una forma de obtener un *interface* es a través de una red de comunicación que enlaza los ordenadores. Si se trata de ordenadores dentro de un mismo edificio o complejo, se habla de un *local area network* o *LAN* (red local). Si la red es más extendida, y comunica máquinas que se hallan en ciudades o países diferentes, se habla de un *wide area network* o *WAN* (red amplia).

11 The computer industry (or information technology industry) is basically divided into suppliers of hardware and software.

12 Software packages can accomplish business tasks and scientific calculations millions of times faster than the human brain (**10**).

13 But the quality of the results depends on the quality of the initial information; this phenomenon is known as GIGO —

14 garbage in, garbage out! (i.e., if your basic information is bad, then the result cannot be any better). (**11**)

15 The development of artificial intelligence, or teaching computers how to think like human beings,

16 is a fast-evolving and, for some people, frightening concept. Put in other words,

17 we have spent years trying to perfect a machine that is ultimately capable of correcting our own imperfections!

18 The applications of electronic data processing (EDP) are virtually limitless and affect us all directly or indirectly,

19 from home banking to electronic publishing, from personalized health care records on a smart card to smart buildings, which regulate their own temperature. (**12**)

NOTAS (continuación)

(**10**) Los programas y sistemas de programación en general : *software* ; éstos (o los programas-producto) : *Software package* o *program*. Es frecuente igualmente el empleo de la palabra *solutions* para programas y sistemas de programación general que responden a problemas muy específicos.

11 La industria del ordenador (o de la informática) está dividida fundamentalmente entre los suministradores de « hardware » (componentes físicos, máquinas y equipo) y « software » (programas y sistemas de programación).

12 Los paquetes de programas y sistemas de programación pueden ejecutar tareas comerciales y cálculos científicos a una velocidad millones de veces mayor de lo que lo hace el cerebro humano.

13 Pero la calidad de los resultados depende de la calidad de la información inicial ; este fenómeno se denomina *GIGO* —

14 ¡ A datos inexactos ; resultados erróneos ! (o sea si su información básica es mala, el resultado no puede ser mejor).

15 El desarrollo de la inteligencia artificial, o cómo enseñar a los ordenadores a pensar como los seres humanos,

16 es un concepto que evoluciona rápidamente y, según algunos, de manera alarmante. En otras palabras,

17 ¡ hemos invertido años tratando de perfeccionar una máquina que termina siendo capaz de corregir nuestras propias imperfecciones !

18 Las aplicaciones del proceso electrónico de los datos (*EDP*) son ilimitadas y nos afectan a todos directa o indirectamente.

19 desde cómo efectuar sus operaciones bancarias desde casa hasta la « PAO » (organización de un procedimiento automatizado) para publicación ; desde el registro del historial clínico personalizado hasta los edificios inteligentes, que auto-regulan su temperatura.

(**11**) Sí, la informática también practica el humorismo (¡ a veces !) *Garbage*, lo hemos visto, son las basuras. Generalmente suele ser una palabra denigrante. *That's a load of garbage* = Son unas futesas. *GIGO* es la puesta en guardia contra las informaciones de base erróneas o incompletas.

(**12**) Nos hemos referido ya a algunos de esos adelantos (ver Lección 38 Nota 5 y Lección 39 Nota 10). *Electronic publishing* (o *desk-top publishing*) lo que llamamos la *PAO*, o la « publicación asistida por ordenador ». La utilización de tarjetas con microprocesadores se extiende a todos los campos imaginables. Aquí, hablamos de una tarjeta que contiene el historial médico individual.

20 Computer buffs love acronyms and bandy such arcane initials as CAD/CAM and CIM around quite nonchalantly. (**13**)

21 The prevalence of computers, and the ease with which children learn to operate new machines,

22 mean that what we call computer literacy will become a crucial factor for career success in the coming years.

23 With such developments as parallel processing in supercomputers, the machines are becoming unimaginably powerful. (**14**)

24 But, as a veteran hacker once said, computers are wonderful machines; (**15**)

25 there are as many mistakes as before, but now nobody is to blame!

NOTAS (continuación)

(**13**) Al español se le ha pegado el mismo defecto. He aquí la explicación de esas siglas : *CAD/CAM* (o *computer assisted design/manufacturing*) es el *CAO/FAO* (entiéndase diseño asistido por ordenador/fabricación asistida por ordenador). *CIM* o *computer integrated manufacturing*, administración del conjunto del proceso industrial (concepción, stocks, fabricación, man-

***

EXERCISES 1. Adult literacy is still a major problem in Europe, and governments are at a loss to know what to do. **2.** The work of two mainframes is now handled by a single microcomputer that fits into a briefcase. **3.** You can't access the database from that workstation. **4.** The systems interface through a wide area network. **5.** He bandies around words and expressions he doesn't really understand. **6.** A knowledge of computers will be a crucial factor in career success in the coming years.

20 Los fanáticos del ordenador adoran el sonido altisonante de las siglas y echan mano alegremente a las iniciales arcaicas como *CAD/CAM* y *CIM*.

21 La preeminencia del ordenador y la facilidad con que los niños aprenden a operar las nuevas máquinas,

22 significan que lo que denominamos « alfabetización informática » constituirá un factor decisivo para el éxito profesional en los años próximos.

23 Con progresos tales como el tratamiento paralelo en los superordenadores, las máquinas adquieren una potencia inimaginable.

24 Pero, como dijera una vez un veterano experimentado, los ordenadores son máquinas fantásticas ;

25 hay tantos errores como antes, ¡ pero ahora nadie se hace responsable !

NOTAS (continuación)

tenimiento). Por regla general, todos los meses se inventan nuevas siglas.

(**14**) *Parallel processing* es un procedimiento paralelo, un procedimiento en virtud del cual un mismo ordenador emplea varios microprocesadores, los cuales se dividen un trabajo tratando cada uno su parte para reconstituir el conjunto al final ; todo ello en un tiempo récord. Esta tecnología nos ha dado los superordenadores.

(**15**) *A hacker* es una palabra puramente informática que significa un amateur de informática, aquél que « se entretiene con un ordenador » por placer.

***

Ejercicios 1. El analfabetismo entre adultos sigue siendo un problema fundamental en Europa, y los gobiernos están desamparados porque no saben que hacer. **2.** El trabajo de dos grandes ordenadores es realizado ahora por un único microordenador que cabe en un maletín. **3.** Usted no puede acceder a la base de datos desde ese puesto de trabajo. **4.** Los sistemas se intercomunican a través de una gran red. **5.** Él echa mano a las palabras y expresiones que realmente no entiende. **6.** Un conocimiento de la informática será un factor determinante para tener éxito profesional en los años venideros.

Fill in the missing words

1. *Existen tantos errores (como antes) pero nadie es responsable de ellos.*

   .... but ....

2. *Ella jamás pierde su latín.*

   She's ....

3. *Funciona cinco veces más rápido que su competidor más cercano.*

   It operates ....
   ....

4. *Usted no puede acceder a la información sin autorización.*

   You cannot .... without authorization.

Fifty-sixth lesson

REVISION AND NOTES

Esta lección difiere de las otras **Revision and Notes**, porque hemos llegado a una fase de práctica donde muchas sutilezas y matices no pueden captarse sino en la lengua de origen, y nuestras traducciones y comentarios no pueden ir hasta el máximo sin convertir este libro en un mamotreto de 500 páginas ; así pues, le proponemos un ensayo, escrito en inglés americano, sobre la cuestión planteada en la Lección 51. Le facilitamos también algunas notas como simple formalidad, pero confiamos en que usted tratará de leer este documento de un tirón. Cuando haya leído el texto una vez, vuélvalo a leer y trate de entender cómo se las arreglaría un lector para establecer que está escrito en inglés americano.

5. *RAM significa « memoria activa » y ROM significa « memoria pasiva » (ver Nota 2).*

RAM means .... and ROM means ....-.... ......

The missing words

1. There are as many mistakes...nobody is to blame **2.** never at a loss for words **3.** five times faster than its nearest competitor **4.** gain (have) access to the information **5.** random access memory...read-only memory

---

1. When Paris was liberated by the Allies in 1945, a sign appeared in Paris shop windows: ENGLISH SPOKEN, AMERICAN UNDERSTOOD. Although the story may be apocryphal, it illustrates fairly well the popular attitudes to a question that still provokes enormous, if not always useful, debate.

2. A language is a social organism — the tool of the society that creates it; as society changes, so those changes are reflected in the language. When that language is applied to describing a totally new world, it is obvious that the changes will be radical. In his book « The American Language », H.L. Mencken declares: « The first American colonists had perforce to invent americanisms, if only to describe the unfamiliar landscape, weather, flora and fauna confronting them ».

3. Mencken's book was published in 1919 and by its very title proposed that America had its own, separate language (although the phrase « the American language » was first used by Congress in 1802). He also suggested that the language would, by a process of reverse osmosis, return to influence its creators, the British.

4. The Englishman, whether he knows it or not, is talking and writing more and more American... In a few years it will probably be impossible for an Englishman to speak, or even to write, without using americanisms, whether consciously or unconsciously. The influence of 125 million people, practically all headed in one direction, is simply too great to be resisted by any minority, however resolute.

5. (Those lines were written in 1930; the number of people mentioned by Mencken has since doubled!)
What Mencken calls the American approach is characterized by energy: the energy of a new people and a new society that is restless, inventive and also somewhat rootless. In the burst of energy that followed the creation of their Republic, the new Americans wanted to sever their links with Britain in every possible way. A new language was an obvious vehicle for declaring independence and shaping nationalism. Thomas Jefferson wrote about the vast differences between the two countries and said: « Judicious neology can alone give strength and copiousness to the language, and enable it to be the vehicle for new ideas ». It is important that the language be an expression of national identity.

6. As we mentioned in Lesson 52, the Americans considered a number of possible languages before choosing English as the most practical solution. (Some revolutionaries even considered adopting Greek; this idea was rejected because it was considered more convenient to keep the English language for the Americans and to force the English to speak Greek!)

7. The revolutionary energy has carried over — and continues today — in the form of « judicious neology »; in other words, the capacity of the American language to adopt or invent words at the drop of a hat. This is the feature that most strikes outside observers, and it tends to confuse the issue of whether there are two languages or two forms of the same language. Like with any transplanted language, the new tongue retains archaic forms and syntax, while creating and innovating in every possible domain (compare the French language in France and in Canada). In his book « American English », Albert H. Marckwardt says: « Innovation is stressed to the exclusion of other forces which are of equal significance but possibly somewhat less dramatic...and departures from British English are relatively few ».

8. So we have seen revolutionary energy, the desire to create new words and retain old structures, and a desire to see a separation between the old language and the language of the new country. However, the influence of the media and the desire to find a *lingua franca* are reducing these differences still further; and although it would be possible to fill lesson after lesson in this book with slang, dialect and cant usage, it would only serve to highlight the fact that such usage is becoming increasingly marginal and that American English has established its identity without breaking totally with its British counterpart.

9. Character differences between the two peoples remain (which is why a French visitor to the United States can often feel less « foreign » than a Briton despite — or because of — a common language). As Mr. Marckwardt says : « the most striking feature of American English innovations is their close correspondence to the temperament and life styles of those people who developed them ». American English, therefore, and not the American language.

NOTAS (los números se refieren a los párrafos)

2. Atención : *organism* sólo tiene el sentido de un conjunto de elementos vivientes ; la palabra no es sinónimo de organización.
1. *As society changes* = a medida que la sociedad cambia.
H.I. Mencken (1880-1956) ; periodista y mordaz crítico literario que influyó profundamente en la literatura americana durante los años 1920. Su *American Language* provocó una toma de conciencia tanto intelectual como popular acerca de la identidad linguística americana.
Perforce (literario) : por necesidad.

3. *Its very title* = su propio título.

4. *Whether he knows it*: sépalo o no.

5. *Rootless* : sin raíz, desarraigado.
To sever: cortar, desunir ; *to sever links* = desligarse, separarse, romper los vínculos.
To shape: dar forma a.
Thomas Jefferson (1743-1826) Estadista, filósofo, arquitecto ; Jefferson fué el principal redactor de la Declaración de Independencia (1776). Tercer presidente de los Estados Unidos, fué también el primer *Secretary of State* (Ministro de Relaciones Exteriores).

7. *Neology* = neología (la palabra es antigua en los dos idiomas).
Has carried over = ha continuado.
At the drop of a hat = de repente, de improviso.
El empleo de *tongue* para referirse a una lengua nacional tiene un carácter literario.
Departures (aquí) = diferencias.

8. *Lingua franca* (italiano para : la lengua de los Francos) : una lengua internacional común.
Cant = una forma de argot (originalmente, de los ladrones) ; aquí se utiliza para *cant phrases* ; frases hechas.

La respuesta a nuestra pregunta sobre cómo se puede determinar que este texto está escrito en americano es: ¡ difícilmente ! Como hemos venido indicando a lo largo de este libro, las diferencias se hacen más evidentes a nivel informal. Sin embargo, hay algunos rasgos que le permitirán darse cuenta :

1. El subjuntivo se utiliza más en americano (ver Lección 49). Lo encontramos de nuevo en el párrafo 5 : *It is important that the language be...* donde el inglés GB diría más bien : *it is important that the language should be...*

2. La costumbre de poner la inicial del segundo nombre (Albert H. Marckwardt) — Ver Lección 53.

3. *Like with any transplanted language*, donde el inglés británico diría *As with (Do like I say* = EU ; *Do as I say* = GB).

4. La regla para las abreviaturas (*Mr., Prof.*, etc.) indica que si la primera y la última letra de la abreviatura son las mismas que las letras inicial y final de la palabra entera, no se pone punto. Por lo tanto, se deberá escribir *Mr* pero *Prof.* Sin embargo, el americano escribe *Mr.* y *Mrs.*

5. *Characterize* (párrafo 5). Este último punto es el más discutido. Aquí la regla es que los verbos que terminan en *ise* en inglés se escriben *-ize* en americano. Sin embargo, el inglés GB adopta cada vez más la forma llamada americana (y el prestigioso *Oxford Dictionary for Writers and Editors* preconiza también esta forma). Sin embargo, los verbos siguientes se escriben *-ise* en las dos lenguas : *advertise*, *advise*, *arise*, *compromise*, *devise*, *disguise*, *promise*, *supervise*, *surprise* y *televise*.

Como usted puede ver, las diferencias son relativamente mínimas. Pero el debate continuará...
(Al final de esta obra, presentamos en forma esquemática las diferencias esenciales de ortografía y de vocabulario.)

Fifty-seventh lesson

The automobile (**1**)

1 There is one area where Britain and the USA differ greatly, both in terms of attitudes and vocabulary,

2 and that is the automobile (or motor car). The distances and the lifestyle in America are such

3 that it is almost unthinkable to live without a car. Cities such as Los Angeles are built around it,

4 and public transportation in many areas of the States lags far behind the needs of the population. (**2**)

5 The ultimate urban monument to the automobile is Detroit, known as Motor City, the center of the automotive industry.

6 Industrial mass production originated in the car industry with the birth of the Ford Model T. (**3**) (**4**)

NOTAS

(**1**) En los EU, se habla de *automobile* y de *car*, mientras que en GB, un coche se dice generalmente *a car* (*o motor car*). La industria automovilística : *the automotive industry* (más bien inglés EU ; en inglés GB : *the car industry*).

(**2**) *To lag behind* = dejar rezagado. *For many years, the Japanese car industry lagged far behind the British, but the situation has changed* = Durante años, la industria automovilística japonesa ha permanecido bien a la zaga de los ingleses, pero la situación ha cambiado. *A time lag* = un retraso. Se habla también de *jet lag*, que describe los efectos de la diferencia de horario en el cuerpo humano : *The problem with jet lag is that you can't sleep or eat properly for days* = El problema con la diferencia de horario es que no

Quincuagésima septima lección

El automóvil

1 Existe un campo en donde GB y US se diferencian enormemente, tanto en términos de actitudes como de vocabulario,

2 y es el del automóvil (o coche motorizado). Las distancias y el modo de vida en Norteamérica son tales

3 que es casi impensable vivir sin coche. Las ciudades como Los Angeles son construídas partiendo de (la existencia) de éste,

4 y los transportes públicos en muchas regiones de los Estados Unidos están lejos de cubrir las necesidades de la población.

5 El monumento urbano supremo a la gloria del automóvil es Detroit, conocido como la Ciudad del Motor, el centro de la industria del automóvil.

6 La producción industrial tuvo su origen en la industria del automóvil con el nacimiento del Ford Modelo T.

NOTAS (continuación)

se puede dormir o comer normalmente durante varios días.

(**3**) *Mass production*: la producción en serie. Por el contrario, en automóvil, se habla de *a production model* para un modelo de serie.

(**4**) El primer coche popular, el Ford Modelo T (del que se vendieron 15,8 millones de ejemplares entre 1908 y 1928) encarnaba los verdaderos inicios de la industria del automóvil. El precio en 1908 era $850. ¡ Revolucionario !

7 Since that time, the freedom of movement that a car offers has become the birthright of all Americans.

8 Highways thousands of miles long cut across the country from East to West and from North to South (**5**)

9 and the visitor has the impression of a society constantly on the move. (**6**)

10 It is difficult to gain an idea of the sheer scale of the country — people regularly travel 100 miles for a party, (**7**)

11 and to drive from one end of Los Angeles to the other can take over four hours!

12 The vocabulary connected with the automobile differs quite significantly from that in Britain.

13 Listen to these imaginary conversations; the British equivalents for the American words appear in the appendix.

14 — I need gas. Let's pull over. — This is the full service island. — I know, I need some lube. (**8**) (**9**)

NOTAS (continuación)

(**5**) El sistema de carreteras de los EU está compuesto de grandes autopistas que atraviesan varios Estados (*interstates*), y de autopistas en el interior de cada Estado y cuyos nombres varían. En California, donde no hay peaje, se les llama *freeways*. En el Estado de New Jersey, por ejemplo, se llaman *turnpikes* porque, en otros tiempos, el derecho de peaje era percibído por soldados alabarderos (*pike*). Cuando tenían el dinero en el bolsillo, los mencionados soldados daban vueltas a sus armas (*turnpike*). El nombre genérico para todas esas autopistas es *highway*.

7 Desde esa época, la libertad de movimiento que brinda un coche se ha convertido en el patrimonio de todos los americanos.
8 Autopistas de miles de kilómetros de largo atraviesan el país de Este a Oeste y de Norte a Sur
9 y el visitante tiene la impresión de una sociedad en movimiento constante.
10 Es difícil tener una idea de la verdadera extension del país — las gentes suelen viajar habitualmente 160 kms para asistir a una fiesta,
11 ¡ y conducir de un extremo al otro de Los Angeles puede tomar más de cuatro horas !
12 El vocabulario relacionado con el automóvil difiere considerablemente del utilizado en Gran Bretaña.
13 Escuche estas conversaciones imaginarias ; los equivalentes británicos para las palabras americanas figuran en los apéndices.
14 — Necesito gasolina ; Detengámonos. — Ésta es la sección de « servicio completo ». — Yo sé, necesito un poco de aceite.

NOTAS (continuación)

(**6**) *The're always on the move* = Ellos no paran de viajar. *A society on the move* = Una sociedad en movimiento.

(**7**) El sentido más corriente del adjetivo *sheer* es « verdadero ». *It's sheer robbery* = Es un verdadero robo. *You can't do that, it's sheer madness* = Tú no puedes hacer eso, es una verdadera locura.

(**8**) La gasolina se dice *petrol* en GB y *gasoline* en EU. Esta última palabra se recorta casi siempre y se dice *gas* (que quiere decir también el gas). *Step on the gas* ! = ¡ Pisar el acelerador ! Tenga en cuenta que : el aceite = *oil. Lube* es una abreviatura popular de *lubricant oil* (lubricante). En inglés GB, se dice simplemente *oil. An oil change* = un cambio de aceite.

(**9**) Cuando se echa gasolina en una estación de servicio en los EU (*gas station ; petrol station* o *garage* en GB), se puede servir uno mismo (*self-serve*) o se puede elegir que le sirvan, que le verifiquen los niveles, etc. Para esto, se escoge *the full-serve island* (inútil precisar que esta opción es más cara...).

15 — Hi there. What'll it be? — Fill the tank with regular, please. — Unleaded? — Of course. (**10**) (**11**)

16 — There you go. Want me to check the oil? — Yeah, I need at least a quart. (**12**)

17 — Let's see. What else? — Will you clean the windshield, please? And take a look at the shocks while you're at it. (**13**)

18 — Sure thing. There you go, that'll be fifteen dollars and forty cents. Thank you. Have a nice day! (**14**)

19 — Damn, I have a flat. — Hey, this is weird, there's no spare tire* in the trunk. (**15**) (**16**)

20 — Of course not, dummy. This is an imported car. The trunk's under the hood. — I wondered what the engine was doing at the back! (**17**) (**18**)

21 — 'Scuse me, how do I get downtown? — Take the San Bernadino Freeway and come off at the second off-ramp. (**19**)

NOTAS (continuación)

(**10**) Una vez más, la pretendida familiaridad de los americanos puede cogernos desprevenidos ; *What'll it be* ? = ¿ Qué desea ? (en vez de la manera formal *Can I help you ?*). Esto es más corriente en un restaurante como en las tiendas, gasolineras, etc.

(**11**) Atención a la pronunciación de la palabra *lead* (plomo) = *LED*. La gasolina sin plomo es casi la norma en los EU.

(**12**) Recuerde que hay una diferencia entre el galón inglés y el americano. *A quart* (contracción de *quarter*) equivale a 0,94 litros en los EU y 1,13 litros en GB.

(**13**) *The shocks* = *shock absorbers* (amortiguadores). *The oil shocks* = Las crisis petroleras.

15 — Hola. ¿ Qué desea ? — Llene el tanque de normal, por favor. — ¿ Sin plomo ? — Por supuesto.
16 — Ya está. ¿ Quiere que compruebe el aceite ? — Sí, necesito un cuarto (de galón) como mínimo.
17 — Veamos. ¿ Alguna otra cosa ? — Por favor ¿ quiere limpiar el parabrisas ? Y eche una ojeada a los amortiguadores mientras está en eso.
18 — Entendido. Aquí está, son quince dólares y cuarenta centavos. Gracias. ¡ Qué pase un buen día !
19 — Caramba, tengo un pinchazo. — Eh, esto si está raro, no hay rueda de repuesto en el maletero.
20 — Por supuesto que no, idiota. Este es un coche de importación, el maletero está debajo del capó. — ¡ Me preguntaba yo que hacía el motor en la parte de atrás !
21 — Perdone, ¿ Cómo puedo llegar hasta el centro de la ciudad ? — Tome la Autopista de San Bernardino y en la segunda rampa coja la salida.

NOTAS (continuación)

(**14**) Dos ejemplos más de la familiaridad americana : *Sure thing* (inglés GB : *Of course*) = Seguro. *Have a nice day* es utilizado al final de una conversación formal (sobre todo en la costa oeste). La expresión se emplea para todo, por ejemplo : *The train will be three hours late. Have a nice day* = El tren llegará con tres horas de retraso. Le deseo un buen día (!).

(**15**) *A flat* = *a flat tire*, un pinchazo. *I had a flat tire on the way home from the baseball game* = Tuve un pinchazo viniendo del juego de pelota. Un neumático se escribe *tire* en inglés EU y *tyre* en inglés GB (la pronunciación no cambia).

(**16**) *Weird* (pron. UI-erd ; en dos sílabas) = raro. La palabra es muy corriente en el uso familiar (aunque es muy antigua ; Shakespeare hablaba de *weird sisters* — las tres brujas — en Macbeth).

(**17**) Otras diferencias en el vocabulario del coche. El capot = *bonnet* (GB) y *hood* (US). El maletero = *boot* (GB) y *trunk* (US).

(**18**) *You dummy !* (argot US) = ¡ Especie de idiota ! La palabra puede ser amistosa o malintencionada según el tono. El adjetivo *dumb* (literal mudo) es muy corriente en americano para decir bruto, estúpido: *The movie was really dumb* = La película era realmente idiota.

(**19**) *An off-ramp* = salida de autopista. En inglés GB : *exit*.

22 Make a right at the lights and carry straight on. You can't miss it. Just follow the traffic jams. (**20**)

23 — Hey, slow down. You're doing sixty. Oh hell, the highway patrol. They're telling us to pull over. (**21**)

24 Good morning, officer. What can I do for you? — Sir, do you realize you were breaking the speed limit?

25 Let me see your driver's license*, please. Is this your car? — No, officer, it's a rental.

26 — Maybe that's why it has no turn signals. I'm going to give you a ticket for speeding, but do remember the highway code. (**22**)

NOTAS (continuación)

(**20**) Una pequeña diferencia más : *Turn right at the lights* (GB) = *Make a right at the lights* (EU). *Make a U-turn* (EU) = *Do a U-turn* (GB) : Haga una vuelta en U (media vuelta).

***

EXERCISES 1. There you go. That'll be twenty-five dollars. Have a nice day! **2.** The American automotive industry used to lag far behind its nearest competitors. **3.** — What a weird movie! — I thought it was really dumb. **4.** I was impressed by the sheer size of the project. **5.** Hi there! What'll it be? — I'm out of gas. **6.** Will you check the water and oil while you're at it?

22 Cuando llegue al semáforo doble a la derecha y siga recto. No puede equivocarse. Basta con que siga el atasco (del tráfico).

23 — ¡ Eh ! más despacio, vas a cien por hora. Oh, caramba, la policía de tráfico. Nos hacen señas para que nos detengamos.

24 Buenos días Sr. Agente. ¿ En qué puedo servirle ? — Señor, ¿ Sabe usted que conducía con exceso de velocidad ?

25 Muéstreme su licencia de conducción, por favor. ¿ Es su coche ? — No, Sr. Agente es alquilado.

26 — Quizás esa sea la razón por la que no le funcionan las luces de señalización. Le pondré una multa por exceso de velocidad, pero tenga en cuenta el código de la circulación.

NOTAS (continuación)

(**21**) Al igual que en GB, no hay policía nacional en EU, cada Estado es responsable de sus fuerzas del orden. Esos policías no tienen derecho de penetrar en otro Estado (*to cross the State line*). Pero, ¡ no os regocijéis ! locos del volante. En las autopistas hay una policía especial que tiene un derecho super-estatal : la célebre *Highway Patrol* (Hay igualmente una fuerza civil — *the Federal Bureau of Investigation* o *FBI* que tiene también derechos para actuar en todos los Estados).

(**22**) Las luces de señalización se dicen *turn signals* en EU e *indicators* en GB.

***

Ejercicios 1. — ¡ Ya está ! Son $25. ¡ Que pase un buen día ! **2.** La industria del automóvil en Norteamérica anduvo un tiempo muy a la zaga de sus más cercanos competidores. **3.** — ¡ Qué película tan rara ! — La encontré francamente idiota. **4.** Estaba impresionado por la inmensidad del proyecto. **5.** ¡ Hola ! ¿ Qué desea ? — No tengo gasolina. **6.** ¿ Quiere usted aprovechar mientras tanto para comprobar el agua y aceite ?

Fill in the missing words

1. *Los americanos dicen : « — » por maletero y : « — » por capó.*

   The Americans say ..... and .... for boot and bonnet.

2. *Tome la primera salida y doble a la derecha en el segundo semáforo.*

   ....-.... and .... at the second light.

3. *Es imposible localizarle : no para de moverse.*

   It's impossible to get in touch with him : ..'. ....

Fifty-eighth lesson

Scoop! (1)

1 FACT: The electronic and print media in the United States generate revenues of hundreds of billions of dollars (2)

2 and affect the lives of every man, woman and child throughout the nation (and often beyond).

3 Although American newspapers account for one-fourth of all the papers printed worldwide, (3)

NOTAS

(1) *A scoop* = un reportaje exclusivo (se ha creado además un verbo *to scoop a competitor*, etc., (ver esta utilización en la frase 6) ; *A scoop* es también una cuchara para servir helado ; cuando usted vaya a comprar sus *sundaes* y otros helados en NY, podrá decir que desea *two scoops*, o *three scoops* (ad infinitum !)

4. *El modo de vida en Norteamerica es tal que resulta impensable vivir sin coche.*

The .... that it is
.... without a car.

5. *Toma cuatro horas ir de un extremo a otro de la ciudad en coche.*

.. .. of the city .. ..
.... four hours !

The missing words

1. trunk...hood **2.** Take the first off-ramp...make a right **3.** he's constantly on the move **4.** lifestyle in America is such...unthinkable to live **5.** To drive from one end...to the other can take over

---

Quincuagésima octava lección

¡ Exclusiva !

1 Es un hecho : En los Estados Unidos los medios de comunicación electrónicos y los impresos generan ingresos de cientos de billones de dólares
2 y afectan la vida de cada hombre, mujer y niño en toda la nación (y algunas veces más allá).
3 Aunque los periódicos americanos constituyen un cuarto de todos los periódicos impresos en el mundo,

NOTAS (continuación)

(**2**) La expresión que abarca el conjunto de la prensa escrita y radio/teledifusión es *the electronic and print media*. Por otra parte, cuando un documento puede leerse utilizando un medio informático (fichero informatizado, código barra, etc.), se habla de un *machine-readable document*.

(**3**) Una pequeña diferencia es que el inglés EU hablaría más bien de *one-fourth* mientras que el inglés GB diría *one-quarter* (aunque no se trata de una regla absoluta).

4 there is no national daily newspaper — each city has one or more dailies as well as a dozen or so other publications.
5 However, prestigious papers such as *The New York Times* or *The Washington Post* have an influence similar to that of a national publication.
6 Such papers often scoop their competitors on major political and domestic stories (although international coverage is not generally extensive), (**4**)
7 and they regularly run off with the lion's share of the Pulitzers and other awards. (**5**)
8 At the other end of the scale, scandal sheets and other rags practice* the muckraking techniques of yellow journalism. (**6**)
9 But whatever the slant, the readership or the content of a paper, freedom of the press is guaranteed by the Constitution. (**7**) (**8**)

NOTAS (continuación)

(**4**) La palabra doméstico, además de su traducción literal, tiene también el sentido de todo aquello que es interior al país : *a domestic flight* = un vuelo interior ; *domestic demand* = la demanda interior, etc.

(**5**) *The Pulitzer prizes* : se trata de premios creados por Joseph Pulitzer (1847-1911) para recompensar el talento en las bellas artes, el periodismo y la música americana. Sin embargo, es interesante observar que Pulitzer adquirió fortuna con periódicos populares, que hicieron célebre la expresión *yellow journalism* (ver frase 8) — cuando ese tipo de periódico hablaba del « peligro amarillo » que habría representado el crecimiento demográfico del Asia.

4 no existe un diario nacional — cada ciudad posee uno o más diarios así como también una docena o más de otras publicaciones.
5 Sin embargo, periódicos prestigiosos como *The New York Times* o *The Washington Post* tienen una influencia similar a la de una publicación nacional.
6 Dichos periódicos obtienen las informaciones exclusivas sobre los grandes temas políticos y domésticos (internos) antes que sus competidores (aunque los asuntos internacionales no son tratados tan extensamente),
7 y generalmente se llevan la mejor tajada en los premios Pulitzers y otras distinciones.
8 En el otro extremo de la escala, los periódicos escandalosos y otros « pendencieros » practican las técnicas escabrosas (removedoras de basura) de un periodismo de noticias o sucesos diversos.
9 Pero independientemente de la orientación, de los lectores o del contenido del periódico, la libertad de prensa está garantizada por la Constitución.

NOTAS (continuación)

(**6**) *To rake*: rastrillar ; *muck*: basura, lodo. La expresión *muckrating* la inventó T. Roosevelt para calificar (y denunciar) a los periodistas que siempre andan buscando remover los asuntos para encontrar escándalos.

(**7**) *The slant* (aquí) : la orientación política. La expresión puede también designar una opinión que toma partido : *His articles are always slanted* = Sus artículos se declaran siempre a favor de algún bando.

(**8**) La primera enmienda a la Constitución de los EU dice : *Congress shall make no law prohibiting... the freedom of the press.* La enmienda cubre también la libertad de religión, de expresión, de reunión, etc.

10 Because of the logistical problems of newsgathering over such a vast area, most papers rely on the wire services of the major press agencies. (**9**)

11 (It is possible to tell whether a story has been written by a staff journalist or if it is a rewrite of agency reports by looking at the by-line.) (**10**)

12 On the whole, American newspapers tend to contain a high proportion of advertising (sometimes upwards of 60 %),

13 and the weight of some Sunday editions of the major papers can sometimes reach one-and-a-half pounds!

14 Nonetheless, the press has considerable power: it can help bring down a president or change foreign policy,

15 and for that reason it is sometimes referred to as the Fourth Estate. (**11**)

16 Not everyone reads a newspaper; however, almost every American watches (or is subjected to) the television, known popularly as the boob tube!

17 Among the first things that a visitor to the US notices are the omnipresent TV screens,

NOTAS (continuación)

(**9**) Las dos principales agencias de prensa en los EU son *Associated Press* (AP) y *United Press* (UP). Los servicios de actualidad se llaman *wire services* en remembranza del envío por cable de los despachos (*dispatches*). El acopio de informaciones se llama *newsgathering* (ENG = *electronic newsgathering*, es decir por satélite, etc.).

(**10**) *The by-line* es la línea al pie de un artículo de periódico en la que se menciona el nombre del periodista. En efecto, si un artículo es un resumen de despachos de agencia, se lee : « *From wire dispatches* ».

10 Debido a los problemas logísticos que plantea la recogida de información en una región tan vasta, la mayor parte de los periódicos dependen de los servicios de grandes agencias de prensa.

11 (Es posible saber si un artículo ha sido escrito por un periodista « de casa » o si se ha escrito a partir de despachos de agencia mirando al pie el nombre del autor.)

12 En su conjunto, los periódicos americanos contienen un gran porcentaje de publicidad (algunas veces más del 60 %),

13 y el peso de ciertas ediciones dominicales de los principales periódicos puede alcanzar a veces más de 750 gramos.

14 No obstante, la prensa tiene un poder considerable : puede contribuir a derrocar a un Presidente o a cambiar la política exterior,

15 y por esa razón se habla a veces del Cuarto Poder.

16 No todo el mundo lee el periódico ; sin embargo, casi todos los americanos miran (o están influenciados por) la televisión, conocida popularmente como ¡ « el tubo de los cretinos » !

17 Entre las primeras cosas que observa un visitante en los EU, figuran las pantallas catódicas omnipresentes,

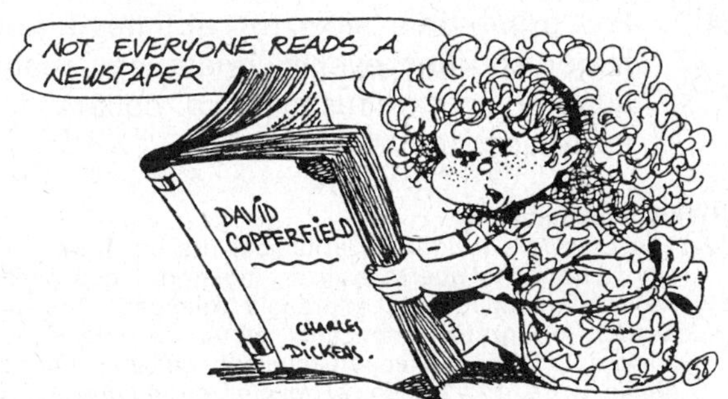

NOTAS (continuación)

(**11**) En la nueva república americana, además de los tres estados influyentes (la burguesía, la nobleza y el clero), había un cuarto poder : la prensa. Se le llama siempre *The Fourth Estate*. De la misma forma, en Francia, a menudo se califica a la prensa como « el cuarto poder ».

18 the multitude of channels and the sheer power of the medium as a social leveler*. (**12**)

19 Like with newspapers, there is no one national channel; instead, three major networks broadcast programs * to the four corners of the country, (**13**) (**14**)

20 while a host of local channels handle specifically regional issues and buy programs from the Big Three.

21 Cable TV is very widespread, and first-run movie pay-channels are highly popular. (**15**)

22 Since advertising is the lifeblood of TV, the networks and the advertisers keep an eagle eye on the Nielsen ratings, (**16**)

23 which determine the most popular TV shows and help set the rates for advertising.

24 For prime-time slots, or airtime during major sporting events, prices can reach hundreds of thousands of dollars for thirty seconds. (**17**)

NOTAS (continuación)

(**12**) *The Levellers* (ortografía británica) era un grupo surgido durante la guerra civil en Inglaterra, que predicaba la igualdad y la tolerancia religiosa. *A social leveler* (ortografía americana) es un fenómeno que pone a todo el mundo en igualdad de condiciones : *Jeans were a great social leveler during the 1960s, since everyone was dressed the same* = Los vaqueros fueron un « nivelador » social durante los años sesenta, porque todo el mundo estaba vestido de la misma forma.

(**13**) Una diferencia entre los dos inglés (ver Lección 56) : el inglés GB diría más bien *As with newspapers...*

(**14**) Existen tres grandes « redes » nacionales de televisión y de radio en los EU : *ABC* (*American Broadcasting*

18 la multitud de canales y el verdadero poder de la televisión como denominador común social.

19 Del mismo modo que con los periódicos, no existe un canal nacional ; en su lugar, existen tres grandes compañías que omiten los programas en las cuatro esquinas del país,

20 mientras que una multitud de cadenas locales tratan los asuntos puramente regionales y compran los programas de las « Tres Grandes ».

21 La televisión por cable está muy extendida y las cadenas por abono que proyectan las películas en exclusiva son muy populares.

22 Ya que la publicidad es la columna vertebral de la televisión, las redes y los anunciantes posan sus ojos de lince en los resultados de las encuentas de audiencia,

23 que determinan las emisiones más populares de TV y ayudan a fijar las tarifas publicitarias.

24 Para los spots en las horas de gran audiencia o para los tiempos en entena pendientes de las grandes manifestaciones deportivas, los precios pueden alcanzar los cientos de miles de dólares durante treinta segundos.

NOTAS (continuación)

Company),. *CBS (Columbia Broadcasting System*) y *NBC (National Broadcasting Company*). Se les llama a veces *the Big Three*. Una cuarta red — una especie de servicio público — es la *PBS (Public Broadcasting Service*).

(**15**) Observe bien el encadenamiento de los adjetivos. *A first-run movie* = una película en exclusiva ; *a pay-channel* = una cadena de abonados. Así *a first-run movie pay-channel*. *Cable TV* ha comenzado su andadura al final de los años cincuenta como la *CATV (Community Antenna Television*). Observe que, cuando no hay riesgo de confusión con el conjunto de adjetivos, se tiende cada vez más a omitir el guión ; pero esto aún queda como cuestión de estilo... y de debate.

(**16**) *The Nielsen ratings* es el equivalente de nuestra METRA 6 — la sociedad que está encargada de estudiar los hábitos de los telespectadores. Debido a los precios enormes de la publicidad televisada, los resultados Nielsen son escrutados *with an eagle eye* (ojo de lince, o de águila).

(**17**) *A slot* = un espacio. En el lenguaje « medio de comunicación », esto quiere decir un espacio (*the ten o'clock slot*: el espacio de las 22 h). Estar en antena

25 Program content varies enormously, with a consistent diet of Westerns, soaps and game shows, (**18**)

26 leavened with serious documentaries, investigative reporting and news coverage. (**19**)

27 Sport plays a major role in television (and vice versa): major games are watched by hundreds of millions of viewers. (**20**)

28 In fact, TV is so ubiquitous that some dentists have taken to using it in their surgeries —

29 as an anesthetic*.

NOTAS (continuación)

= *to be on the air*, por consiguiente *airtime* = el tiempo de antena ; *prime time* = las horas de gran escucha.

(**18**) *A soap* (contracción de *a soap opera*) significa un serial « popular ». El nombre viene del hecho de que esas emisiones eran originalmente retransmitidas para las amas de casa, y eran financiadas (*sponsored*) por los fabricantes de detergentes. Se habla también de *horse operas*, es decir de las series de telefilmes del Oeste, de muy poca calidad.

***

EXERCISES 1. Our company generates revenues of $ 70 million in the consumer electronics sector alone. **2.** The Washington Post scooped its rivals with the story of the President's impeachment. **3.** Although the front page leader was just a rewrite of wire reports, Carl Woodstein still got a by-line. **4.** A host of local channels handle regional affairs. **5.** Advertisers keep an eagle eye on readership figures. **6.** Prime-time advertising rates can reach astronomical sums.

25 El contenido de los programas varía enormemente, con un régimen básico de series del Oeste, seriales y juegos,

26 entreverados con los documentales serios, los grandes reportajes y los boletines de noticias.

27 Los deportes juegan un papel importante en la televisión (y vice versa) : los grandes partidos son vistos por cientos de millones de telespectadores.

28 De hecho, la televisión está tan absolutamente omnipresente que algunos dentistas la utilizan en sus gabinetes quirúrgicos —

29 como anestésico.

NOTAS (continuación)

(**19**) *Leaven* viene directamente del francés : levain. En efecto, se habla primero de *yeast* (levadura) para ese producto que hace « crecer » el pan y reservamos el verbo *to leaven* para el uso en sentido figurado : *The play was not even leavened with humor** = La obra ni siquiera estaba aliñada con humor.

(**20**) Pequeña diferencia entre el inglés GB y el inglés EU : un encuentro deportivo se llama *a match* en GB *a game* en EU. Recuerde que *game* significa juego y que también esta palabra es un partido, una partida (ej. *Chess is the most skillful* of all games* — El juego de ajedrez es el más hábil* de todos — y *Let's have a game of chess* — cuando proponga una partida de ajedrez).

***

Ejercicios 1. Nuestra compañía genera ingresos por valor de $70 millones en el sector electrónico de consumo. **2.** « El Washington Post » obtuvo la exclusividad sobre sus competidores con la noticia de la acusación del Presidente. **3.** Aunque el artículo de la primera plana no era más que un resumen de despachos de agencia, Carl Woodstein tuvo derecho a una mención como autor. **4.** Una multitud de canales locales se ocupa de los asuntos regionales. **5.** Los anunciantes vigilan de cerca el número de lectores. **6.** Las tarifas publicitarias en las horas de gran audiencia pueden alcanzar sumas astronómicas.

Fill in the missing words

1. *Él arrastró con la mayoría de los premios.*

   He ... ... ' ...... of the awards.

2. *Algunos periódicos siguen practicando todavía las técnicas escabrosas del periodismo de sucesos.*

   Some newspapers still ....
   ....

3. *Usted puede comprar toda clase de periódicos, cualesquiera que sean su orientación o su contenido.*

   You can buy any type of newspaper, ...
   ....

Fifty-ninth lesson

Politics

1 Politics has given American English many weird and wonderful words and expressions, from *pressing the flesh* to *mugwumpery*. (**1**)

2 There are two major parties that dominate the political scene:

3 the Democratic Party and the Republican Party (or Grand Old Party). Despite the splendid names, the two parties' symbols are rather less flattering.

NOTAS

(**1**) Imagen tremendamente evocadora, *to press the flesh* (literal : oprimir la carne) es una expresión un poco sarcástica para « estrechar la mano », y describe muy bien « lo que hace un hombre político cuando se mete

4. *En su conjunto, los periódicos tienen tendencia a estar repletos de publicidad.*

.. .., the papers .... a lot of advertising.

5. *Al igual que en los periódicos, la televisión tiene un poder considerable como nivelador social.*

...., television has great power as a ....

The missing words

1. ran off with the lion's share **2.** practice (y no *practise*) the muckraking techniques of yellow journalism **3.** whatever their slant or content **4.** On the whole...tend to contain **5.** Like with newspapers...social leveler (y no *leveller*)

Quincuagésima novena lección

La política

1 La política ha dado al inglés EU muchas palabras y expresiones raras y magníficas como « dar la mano » y « política no conformista ».

2 Existen dos partidos importantes que dominan la escena política :

3 el partido demócrata y el partido republicano (o el Grande Viejo Partido). A pesar de los nombres espléndidos, los símbolos de los dos partidos son algo menos halagadores.

NOTAS (continuación)

dentro de la multitud ». *A mugwump* designa a una persona que es independiente politicamente (la expresión, que proviene de la tribu india de los Natick y que significa literalmente « capitán », designaba originalmente a un disidente del partido republicano). Un sinónimo, también muy corriente, es *a maverick* que proviene del nombre de un criador de ganado que se negó a marcar a sus animales con su hierro. Ese tipo de expresión se utiliza diariamente en la prensa y en la televisión americanas.

4 The Democrats rally round a donkey, while the Republicans have chosen to be represented by an elephant!
5 Public officials throughout the land — from sheriffs to the President — are elected by popular vote. (**2**)
6 Since the President is elected every four years, and the number of terms he can serve is limited to two, politics is a full-time activity. (**3**)
7 (If an official remains in office after defeat and has no effective power, we use another animal simile and call him a lame duck!) (**4**)
8 The USA has a tradition of supporting the underdog, and legislation is aimed at ensuring equal rights for all. (**5**)
9 Candidates for office know the importance of obtaining the votes of different social groups (**6**)
10 and spend much time and energy wooing different ethnic groups or trying to win the labor* vote. **(N1)** (**7**)

NOTAS (continuación)

(**2**) ¡ Olvide los *westerns* ! *a sheriff* es lo que se llama *the chief executive officer* de una región o *county*. En efecto es el jefe de la policía. (En Inglaterra, el mismo título se aplica a un responsable de un condado cuyo trabajo es más bien administrativo, mientras que en Escocia, el *sheriff* es el magistrado principal de un condado. La antigua palabra para *county* es *shire* — que encontramos en Hampshire, Yorkshire, etc. — y el magistrado de esa región se llamaba el « *reeve* », de ahí *sheriff*.) Observemos que el *chief executive officer* de una sociedad mercantil americana es el director general.

(**3**) ¡ Atención ! : *politics* es singular (ver Lección 17).

(**4**) *Lame* = cojo, estropeado. *The accident left him lame*

4 ¡ Los Demócratas se reúnen en torno a un asno, mientras que los Republicanos han escogido hacerse representar por un elefante !

5 Los funcionarios públicos a través del país — desde los « sheriffs » hasta el Presidente — son elegidos mediante sufragio universal.

6 Puesto que el Presidente es elegido cada cuatro años, y el número de mandatos que puede ejercer está limitado a dos, la política es una actividad a tiempo completo.

7 (Si un funcionario permanece en su puesto después de una derrota sin tener poder real, se acude a un animal y se le llama « patito feo ».)

8 Los EU tienen una tradición que es la de proteger a los menos favorecidos, y la legislación está orientada a asegurar a todos los mismos derechos.

9 Los candidatos a los puestos públicos conocen la importancia que tiene el obtener los votos de los distintos grupos sociales,

10 y dedican mucho tiempo y energía a captar la simpatía de los distintos grupos étnicos y a tratar de obtener el voto de los sindicatos.

NOTAS (continuación)

in one leg = Después del accidente, se quedó cojo. Se utiliza lame de forma figurada : *What a lame excuse* ! = ¡ Que mísera excusa ! Se habla también de un « patito feo » — una empresa en dificultad. *The government refused to help lame duck firms.* Observemos la pronunciación del final de la palabra *simile* (Si-mi-li). Sentido de la palabra : comparación, imagen, símil.

(5) Literalmente « el perro abajo », el *underdog* es el oprimido, el desfavorecido de la sociedad. *She always defends the cause of the underdog* = Ella defiende siempre la causa de los oprimidos.

(6) *Public office* : La función pública. *People with criminal records cannot run for public office* = Las gentes con antecedentes penales no pueden aspirar a la función pública. *Franklin D. Roosevelt is the only US President to have served three terms of office* = FDR es el único Presidente de los EU que ejerció tres mandatos.

(7) *To woo* : hacer la corte. La expresión es muy antigua, y se emplea en la actualidad de forma figurada en el sentido de captar la opinión : *He tried to woo voters with promises of increased family allowances* = Él ha tratado de conquistar a los electores prometiéndoles aumentos en los subsidios familiares.

11 But politics is politics all over the world and politicians can't stop politicking! (**8**)

12 Gerrymandering, pork barrel policies, filibusters: all is fair in love, war...and elections. (**9**)

13 A journalist one asked a veteran Republican congressman — What do you think of politics as a career?

14 To which the old warhorse replied — Well, I guess it's better than working. (**10**)

15 Seriously though, the history of the United States — from the Declaration of Independence to the present day —

16 is the story of determination and achievement, studded with such famous names as Thomas Jefferson, George Washington and Abraham Lincoln.

17 But while Franklin D. Roosevelt may be remembered for the New Deal and John F. Kennedy for the New Frontier, (**11**)

NOTAS (continuación)

(**8**) *To politick* es un neologismo (enraizado), y se emplea de forma peyorativa para describir las actividades que definimos como « politiquería ». *The Democrats accused the GOP of politicking* = Los Demócratas han acusado a los Republicanos de hacer de la política una actividad de pura politiquería.

(**9**) Hemos visto ya *gerrymandering* (Lección 32). He aquí otros términos del argot político : *a pork barrel policy* es una política gubernamental que autoriza determinados gastos públicos a cuenta del beneficio político que pueda obtener el gobierno : *The decision to build a new hospital was typical of the Republicans' pork barrel style* = La decisión de construir un nuevo hospital era típica del tráfico de influencia de los R. *A filibuster* es un ejercicio (o un hombre) político obstruccionista. *The Congressman of Delaware made*

11 Pero la política sigue siendo la misma en todo el mundo y los políticos no pueden dejar de hacer politiquería :

12 el reparto de las circunscripciones, las prebendas, las maniobras obstruccionistas : todo es bueno tratándose de amor, de guerra... y de las elecciones.

13 Un periodista preguntó un día a un veterano congresista republicano — ¿ Qué piensa usted de la política como profesión ?

14 A lo que el viejo zorro respondió — Pues bien, pienso que es mejor que trabajar.

15 Pero seamos serios, la historia de los Estados Unidos — desde la Declaración de Independencia hasta el presente —

16 es una historia de tesón y de logros, jalonada de nombres célebres tales como Thomas Jefferson, George Washington y Abraham Lincoln.

17 Ahora bien, mientras que a Franklin D. Roosevelt se le recordará por el *New Deal* (Nuevo Trato) y a John F. Kennedy por la Nueva Frontera,

NOTAS (continuación)

an eighteen-hour speech, a real filibuster. La palabra ha recorrido un largo camino desde su origen holandés de « vrijbuiter », pasando por el francés (« filibustier »), hasta el inglés — donde se ha separado en dos : *filibuster* y *freebooter* (que mantiene el sentido original de pirata). Como usted puede comprobar, ¡ la práctica puede llegar lejos !

(**10**) Inglés US *I guess...* Inglés GB *I think/suppose... I guess I'd better be going* = Supongo que sería mejor marcharme.

(**11**) Otras dos expresiones, dos acontecimientos célebres. *The New Deal* (literal El Nuevo Pacto) fué la política económica, llevada a cabo entre 1933 y 1939 por el Demócrata Roosevelt, que acrecentó considerablemente el papel del gobierno para hacer frente a los problemas de paro, reformas agrícolas, etc. El título del programa proviene del discurso del Presidente, que habló de *a new deal for the forgotten man.* Treinta años más tarde, y haciéndose eco de la misma política, Kennedy utiliza la expresión *the new frontier* (antiguamente correspondía a la conquista del Oeste) para evocar los desafios que los americanos debían afrontar durante los años sesenta. Esos dos conceptos tienen mucha fuerza en la historia política americana.

18 other Presidents have gone down in history for more idiosyncratic reasons. (**12**)

19 Martin Van Buren gave the world the most famous and durable of American exports, the word *OK*. **(N2)**

20 Theodore Roosevelt was a real frontiersman and a popular reformer, but will be best remembered for giving us the teddy bear. (**13**)

21 Calvin Coolidge was famous for his taciturnity rather than for his policies. When a woman at a party said to him:

22 — Mr. Coolidge, I bet I can make you say three words!, the President's reply was — You lose.

23 At the end of his first term, he refused renomination with the famous phrase — I do not choose to run. (**14**)

24 When asked why, he supposedly replied — No room for advancement.

NOTAS (continuación)

(**12**) No le tema a la palabra (existe también en español aunque suele ser menos utilizada) : *an idiosyncracy* es un rasgo de comportamiento que es propio de un individuo (algunos llaman así a las manías...). *The editor has a very idiosyncratic viewpoint* = El redactor en jefe tiene un punto de vista muy particular.

(**13**) *A teddy bear* = un oso de peluche. En effecto, Theodore Roosevelt, primo de Franklin D. Roosevelt, era un hombre que amaba la naturaleza. Un día, en la montaña, salvó de la muerte a un pequeño oso y se hizo fotografiar con el animal en sus brazos (¡ la demagogia no data de nuestros días !). El efecto deseado se produce : todo el mundo hablaba de *Teddy's bear* (Teddy es un diminutivo de Edward o de Theodore). Gracias a un fenómeno bien experimentado en nuestros días, el marketing siguió la pauta ¡ el *teddy bear* nació de este modo !

18 otros presidentes han dejado sus huellas en la historia por razones muy particulares.

19 Martin van Buren dió al mundo la más célebre y la más duradera de las exportaciones americanas, la palabra *OK*.

20 Theodore Roosevelt, fué un verdadero pionero y un reformador popular, pero se le recuerda más que nada porque le dió su nombre al oso de peluche (*teddy bear*).

21 Calvin Coolidge, se hizo célebre por su comportamiento taciturno más que por su política. Cuando una mujer le dijo en una fiesta :

22 — Sr. Coolidge, ¡ apuesto a que le hago decir tres palabras ! La réplica del Presidente fué — Usted pierde.

23 Al final de su primer mandato, se negó a ser nominado nuevamente con la frase célebre — No quiero aspirar a la presidencia.

24 Cuando se le preguntó porqué, cuéntase que respondió — No hay posibilidad de progresar.

NOTAS (continuación)

(**14**) Y en efecto es con esas palabras con las que los políticos americanos de nuestros días declaran su intención de no presentarse (o presentarse de nuevo) a las elecciones.

25 His reputation as a man of few words was such that, when he died, Dorothy Parker said: (**15**)

26 — Oh really? How can they tell?

27 Humor* in politics is vital, and fortunately relatively common (some of it cruel and some of it kind).

28 For example, when an aide remarked to President Carter that Gerald Ford was a modest man,

29 Carter reportedly replied — He has a lot to be modest about!

30 Politics is a serious business, but when they're not out kissing babies, even politicians can enjoy a joke at their own expense! (**16**)

***

EXERCISES 1. In terms of a career, I guess that politics is better than working. **2.** « Pork barrel policies »...that's a weird simile; what does it mean? **3.** The film features a star-studded cast and spectacular special effects. **4.** He's a wonderful husband...if you can live with his idiosyncracies. **5.** — Why did you leave your last job? — There was no room for promotion. **6.** — Why's he so gloomy? — He has a lot to be gloomy about; he's just announced that he won't stand for re-election.

25 Su fama de hombre taciturno era tal que, cuando murió, Dorothy Parker dijo :

26 — ¿ De verdad ? ¿ Cómo pueden saberlo ?

27 El humor es esencial en la política y afortunadamente es bastante corriente (algunas veces cruel y otras generoso).

28 Por ejemplo, cuando un edecán apuntó al Presidente Carter que Gerald Ford era un hombre modesto,

29 Carter, dícese, respondió — ¡ Motivos tiene para sentir modestia !

30 La política es un asunto serio, pero cuando no están haciendo campaña, hasta los políticos pueden disfrutar de un chiste aunque sea a costa de sí mismos.

NOTAS (continuación)

(**15**) Dorothy Parker (1893-1967) periodista y escritora de nacionalidad americana, conocida sobre todo por su humor acerbo. Durante los años treinta, formó parte de un grupo de críticos que se reunían alrededor de la famosa *Round Table* en el hotel Algonquin de New York para despellejar a los actores y escritores con sus comentarios malignos.

(**16**) La expresión to *kiss babies* se usa como *to press the flesh* para despreciar las actividades « populistas » de nuestros hombres políticos. Observe también cómo se dice : Bromear a costa de alguien : *He's always joking at my expense* ; y a su propia costa : *She can always laugh at her own expense.*

***

Ejercicios 1. Tratándose de una profesión, supongo que es preferible dedicarse a hacer política que trabajar. **2.** « La política de untar la mano »... qué comparación tan rara ; ¿ qué quiere decir eso ? **3.** En la película hay un gran número de estrellas y algunos efectos especiales espectaculares. **4.** Es un esposo maravilloso... si se le pueden suportar sus pequeñas manías. **5.** ¿ Por qué has dejado tu último empleo ? — no había posibilidad de ascenso. **6.** ¿ Por qué está él tan moroso ? — Tiene razón para estarlo ; acaba de anunciar que no se presentará por segunda vez a las elecciones.

Fill in the missing words

1. *« — » y « — » son dos palabras para describir un pensador político independiente.*

   .... and .... are .... words to describe an independent political thinker.

2. *En el último año de su mandato, se le denomina al Presidente « pato tocado del ala ».*

   In the last year of his ...., the President is called « a .... » president.

3. *Jamás puede reirse a su propia costa.*

   He can never ....

Sixtieth lesson

Sport

1 Politics and sport have much in common. For a start, both are forms of popular entertainment,
2 and many people think that being involved in politics is like being a football coach: (**1**)
3 you have to be smart enough to understand the game and dumb enough to think that it's important.
4 Millions upon millions of people take a keen interest in sport — the favorite* sporting pastime in the US is watching athletics on TV! (**2**)

NOTAS

(**1**) *A coach* = un entrenador, generalmente deportivo. *To coach* = preparar a alguien para una prueba. Atención : el inglés de GB hace la distinción entre *a bus* (público) y *a coach* (un coche privado) ; para el inglés

4. *Él es demasiado viejo para aspirar a la función pública.*

He's too old . . ..

5. *La legislación está dirigida a garantizar la igualdad de derecho para los negros.*

The legislation .. .. equal rights for Blacks.

The missing words

1. Mugwump...maverick...both **2.** term of office...lame duck **3.** laugh at his own expense **4.** to run for public office **5.** is aimed at ensuring

---

Sexagésima lección

El deporte

1 La política y el deporte tienen mucho en común. Para comenzar, son ambas dos formas de distracción popular,

2 y muchas gentes piensan que el meterse en política, es como ser un entrenador de « football » :

3 tienes que ser bastante listo para comprender el juego y bastante bestia para pensar que es importante.

4 Millones de gentes sienten un vivo interés por el deporte — el pasatiempo deportivo favorito en los EU es ¡ mirar los deportes en la televisión !

NOTAS (continuación)

EU los dos son *bus*. (No olvide que en esta lección se habla de football americano ; ver línea 16 y siguientes.)

(**2**) *Athletics* tiene un sentido más amplio en americano, donde se refiere a toda actividad deportiva, mientras que en inglés GB se refiere estrictamente a las disciplinas del atletismo. Esas disciplinas, los americanos las dividen en dos : *track sports* (carreras) y *field sports* (lanzamiento, salto, etc.). Una competición atlética se llama *a track meet.* (Como muchas palabras que se terminan en *s, athletics* va seguida de un verbo en singular.)

5 When a major event like the Super Bowl or the World Series is televised live, the country grinds to a standstill and traffic fatalities plummet. (**3**) (**4**)

6 The language of the ballpark (and sometimes the locker room) has become common currency, even among those whom sport leaves cold. (**5**)

7 — Come and see the movie with us. — No thanks, I'll take a rain check on that. I'm too busy. (**6**)

8 — All this new technology is changing the face of the labor* market so quickly. It's a completely new ball game. (**7**)

9 — That's the third contract I've lost in three days. I'm really on a losing streak. (**8**)

NOTAS (continuación)

(**3**) *The Super Bowl (bowl* porque los estadios tienen forma de tazón) es el final del campeonato americano de football y la *World Series* es una serie de encuentros para el campeonato de base-ball. Está claro que esos acontecimientos son retransmitidos por la televisión : observe el verbo *to televise* (forma parte de los verbos que no terminan en *-ize*, mencionados en la Lección 56). *Live* (pron : laïv) = en directo.

(**4**) *To grind to a stanstill* (o *a halt*) es una imagen mecánica — una máquina que se sofoca y se apaga (con un ruido rechinante porque *to grind* = moler, triturar) *All the transportation unions came out on strike and economic activity ground to a standstill in two days* = Los sindicatos del transporte se han declarado en huelga y la economía se ha paralizado al cabo de dos días. Se podría cambiar la frase... y decir *and economic activity came to a grinding halt.*

(**5**) *A ballpark* = un estadio (ver *bowl* más arriba). La palabra es más bien familiar. Es muy difícil saber el número de personas que asisten a un encuentro, pero se puede calcular de forma aproximada ; se da pues *a ballpark figure. I need a rough estimate on that job. Nothing too precise, just a ballpark figure* = Necesito

5 Cuando un acontecimiento importante, como la *Super Bowl* o la *World Series*, es retransmitido en directo por la televisión, el país se inmoviliza y el número de accidentes de tráfico cae en picado.

6 El lenguaje del estadio (y algunas veces de los vestuarios) se ha convertido en moneda corriente, aún entre aquellos a los que el deporte deja frío.

7 — Venga y vea la película con nosotros. — No gracias, otro día. Estoy demasiado ocupado.

8 — Toda esta nueva tecnología cambia rápidamente la visión del mercado del trabajo. Eso es otro cantar.

9 — Es el tercer contrato que he perdido en tres días. Estoy en un mal trance.

NOTAS (continuación)

un presupuesto aproximado para ese trabajo. No muy preciso, una cifra aproximada basta.

(**6**) Si usted ha pagado su entrada para ir a ver un encuentro que se pospone a causa del mal tiempo (o más frecuentemente debido a las exigencias de la televisión), — se le da un bono para asistir a un próximo encuentro — se le llama a esto *a rain check*. En el lenguaje de todos los días *I'll take a rain check* quiere decir = Yo pospondré eso para otro día.

(**7**) *A whole new ball game* = harina de otro costal. El inglés GB tiene una expresión bastante curiosa para decir la misma cosa : *It's another kettle of fish* (¡ hervido de pescado !).

(**8**) *A losing/winning streak* = una serie de ganancias o de pérdidas.

10 But you seem to be on a home run. — Yeah, the cards are stacked in my favor* this month. (**9**) (**10**)

11 — He's been offered a new job at twice the salary, but six hundred miles away. He's at sixes and sevens to decide what to do. (**11**)

12 — It's gonna be a tough fight, especially since the kid's never faced a southpaw before. — Nah, he's a real bush leaguer. (**12**) (**13**)

13 The influence of sport is such that when a schoolteacher asked one of her tenth-graders how many seasons there were in a year, **(N3)**

14 the child replied — Two. The football season and the baseball season. (**14**)

NOTAS (continuación)

(**9**) *A home run* : la jugada más codiciada en el baseball : el bateador golpea la pelota y recorre las cuatro « bases » de una sola vez. *Babe Ruth hit 714 home runs in the course of his career.* En el lenguaje corriente, *I'm on a home run* significa que el éxito es seguro.

(**10**) La expresión viene del Far-West y de los *saloons* donde los tramposos profesionales « preparaban » los juegos de cartas antes de « desplumar a sus palomas ». Se decía que las cartas estaban *stacked* (es decir marcadas). Se les podía preparar para que el adversario perdiera *(the cards are stacked against you)* o para que un cómplice ganara *(the cards are stacked in your favor*).*

(**11**) *To be at sixes and sevens* = no saber qué hacer. Un tipo de juego de dados que se llama ahora *craps*, jugar el seis o el siete crea « puntos críticos » : ¿ Cuál vas a escoger ? *What shall I do ? I'm at sixes and sevens !* El juego de *craps* fue introducido en Nueva Orleans por un francés, Marigny. En aquella época,

10 Pero tú pareces tener una suerte del diablo.
— Sí, todo va sobre ruedas para mí este mes.
11 — Le han propuesto a él un trabajo nuevo con doble salario, pero a seiscientas millas. No sabe qué hacer.
12 — Va a ser un combate rudo, sobre todo porque el chaval no se ha enfrentado a un lanzador zurdo nunca antes. — No, él es una verdadera calamidad.
13 La influencia del deporte es tal que cuando una mestra de escuela le preguntó a uno de sus alumnos cuántas estaciones (temporadas) habían en un año,
14 el niño respondió : — Dos. La temporada del football y la temporada de base-ball.

NOTAS (continuación)

Johnny Crapaud era un apodo corriente para los franceses, inventado por Nostradamus en el siglo XVI. En efecto, es necesario remontarse hasta Clovis quien, como consecuencia de una visión, decidió adoptar el apodo como emblema. Siglos más tarde, cuando los cortesanos de Versalles quisieron recordar las glorias del pasado, comenzaron a llamarse « crapauds » y trataban a los parisinos más insignificantes, de « ranas ». El hecho de que en nuestros días el sobrenombre de los franceses se haya convertido en *frogs* podría en cierta forma representar una lección, además del hecho de que ¡ son los propios franceses los que se han inventado su propio mote !

(**12**) *A southpaw*: un zurdo, sobre todo en boxeo. Pero la expresión nos viene del *base-ball*: la disposición del estadio de Chicago hacía que los bateadores zurdos estuvieran de cara al sur.

(**13**) *A bush* = un arbusto ; *the bush* = la maleza. *The bush league* (literal la liga de la maleza) : todo aquello que no está en primera fila.

(**14**) La « temporada » (o el período) durante la cual se juega al *football* corresponde al otoño y al invierno, y el *base-ball* se juega en primavera y en verano. En GB, los mismos períodos corresponden a la « temporada » del *football* y del *cricket*. Observe que el inglés EU posee dos palabras para otoño : *autumn* (escuche bien la pronunciación de *autumn* en los ejercicios — no tiene n final) y *fall* — que es más corrientemente utilizada en la lengua hablada. El inglés GB no utiliza esta última.

15 Baseball derives from the English game of rounders, and is played from April through October. (**15**)

16 Football — which is not to be confused with the European game that the Americans call soccer — is played in the winter months.

17 The game bears some resemblance to rugby insofar as the players can pick up the ball, but the similarities stop there. (**16**)

18 The game is very physical and injuries are not uncommon. One writer compared football to nuclear war,

19 because in both there are no winners, only survivors. (President Roosevelt nearly banned college football because of the number of injuries.)

20 The players wear protective clothing — shoulder pads, knee guards and a protective helmet

21 (a result of university research into why woodpeckers don't suffer from headaches!), which gives them the air of hi-tech giants.

22 In addition to football and baseball, other favorite* sports are basketball — a pure American invention — boxing, golf and horse racing.

23 When not playing or watching sport, Americans love reading about it, and most newspapers have a comprehensive sports section.

15 El base-ball tiene sus orígenes en el juego inglés de « rounders », y se juega de abril a octubre.

16 El football — que no se debe confundir con el juego europeo que los americanos llaman « soccer » — se juega en los meses de invierno.

17 El juego se parece ligeramente al « rugby » ya que los jugadores pueden coger el balón con la mano, pero las similitudes terminan ahí.

18 El juego supone mucho forcejeo físico y las lesiones no son raras. Un escritor comparó el football con la guerra nuclear,

19 ya que en ambos casos no existen ganadores, sólo supervivientes. (El presidente Roosevelt pensó en prohibir el football universitario debido al número de accidentes.)

20 Los jugadores llevan uniformes con protección — almohadillas protectoras de hombros, rodilleras y un casco protector

21 (¡ un « resultado » de las investigaciones universitarias para saber porqué los pájaros carpinteros no sufren de dolores de cabeza !), que les confiere un aire de gigantes de alta tecnología.

22 Además del football y el base-ball, otros deportes favoritos son el baloncesto — una invención puramente americana — el boxeo, el golf y las carreras de caballos.

23 Cuando no están practicando o viendo un deporte, a los americanos les encanta leer lo que se refiere al deporte y la mayoría de los periódicos tienen una sección deportiva muy completa.

NOTAS (continuación)

(**15**) Una pequeña diferencia entre las dos formas de inglés : *from April through October* (EU) ; *from April to October* (GB). *The store is open from nine through five* (a menudo se escribe fonéticamente : *thru*, ya lo hemos visto).

(**16**) En la medida en que : *insofar as* (es decir *in so far*). *English and American are almost identical insofar as they have the same grammar* = El inglés GB y el inglés EU son casi idénticos, en la medida en que comparten la misma gramática.

24 It would be fair to say that the Americans legitimized sportswriting as a form of journalism. (**17**)

25 These journalists blend lyricism, enthusiasm and cynicism into a peculiarly American style.

26 The doyen of sportswriters summed up that attitude in a paraphrase of a quotation from the Bible:

27 It is not always the fastest who win the race, nor the strongest who win the fight,

28 but that's the way you have to bet!

***

EXERCISES 1. In America, we say « a fall fashion collection » but « autumn leaves »: there is no real rule. **2.** You and I have much in common. **3.** Sport leaves me totally cold. — Me too. I'm a skier! **4.** I don't need the exact total, just give me a ballpark figure. **5.** Let's go to the movies. — I'll take a rain check; I have to work tonight. **6.** — The cards are really stacked against me; that's the third time I've lost.

***

Fill in the missing words

1. *Yo sólo me había interesado en el partido en la medida en que correspondía a la final.*

I was .... interested in the game .... the final.

2. *El juego se parece un poco al rugby pero las similitudes terminan ahí.*

The game .... rugby but ... .

24 Sería justo decir que los americanos han legitimado el reportaje deportivo como una forma de periodismo.
25 Estos periodistas mezclan el lirismo, el entusiasmo y el cinismo creando un estilo particularmente americano.
26 El decano de los periodistas deportivos resumió esa actitud parafraseando una cita de la Biblia :
27 No es siempre el más rápido el que gana la carrera, ni el más fuerte el que gana el combate,
28 ¡ pero así es como hay que apostar !

NOTAS (continuación)

(**17**) Hemos dicho que el inglés EU es más conservador, y muy a menudo escribe en dos palabras lo que el inglés GB escribe en una sola. Ejemplo : *data base/database* (base de datos), *motor sports/motorsports* (las carreras de automóviles). Aquí tenemos el caso contrario : el americano ha hecho una palabra de *sportswriting*, pero el inglés GB la escribe en dos (o diría *sports journalism*). Como siempre, esas « reglas » son bastante elásticas porque los diferentes periódicos tienen su propio estilo (*house style*) y ¡ admiten alguna que otra innovación !

***

Ejercicios 1. En Norteamérica, decimos fall en el caso de una colección de moda de otoño pero autumn para las hojas : no existe realmente una regla. **2.** Usted y yo tenemos mucho en común. **3.** — El deporte me deja completamente frío — A mí también. ¡ Yo practico el ski ! **4.** No necesito el total exacto, deme simplemente una cifra aproximada. **5.** Vamos al cine — Yo pospondré eso para otro día ; tengo que trabajar esta tarde. **6.** La suerte me ha sido verdaderamente desfavorable ; es la tercera vez que pierdo.

***

3. *Esa actitud fué resumida por un célebre periodista deportivo.*

That attitude . . . .

4. *El partido era retransmitido en directo por la televisión por los tres canales de transmisión.*

The . . . . was . . . . by . . . .

5. *La fábrica está paralizada por la huelga.*

The factory .... because of the strike.

Sixty-first lesson

The silver screen

1 In the early 1900s, movie-making pioneers discovered in the lush orange groves of Southern California
2 the ideal combination of a varied terrain, mild climate and plentiful sunshine in which to practice* their art.
3 One small town was to become synonymous throughout the world with movie magic: Hollywood. (**1**)
4 The motion picture industry thrived and created its own living legends of glamorous stars and powerful studio moguls, (**2**)
5 and even its own glittering prizes: the Academy of Motion Pictures Arts and Sciences awards, better known as the Oscars (**3**)

NOTAS

(**1**) Encontramos en esta lección la mayor parte de las palabras que se refieren al cine. La expresión formal es *the motion picture industry*, cuya forma usual abreviada es *the movies*. Se habla también de *pictures* (lo que equivale también en GB *a movies*). *The cinema* es una expresión más intelectualizada en inglés EU, y corresponde a nuestro « séptimo arte ». Aquí encontramos de nuevo la diferencia entre el inglés de EU y GB cuando se habla de una sala de cine : *A cinema*

The missing words

1. only...insofar as it was **2.** bears some resemblance to...the similarities stop there **3.** was summed up by a famous sportswriter **4.** game...televised live...all three networks **5.** ground to a standstill

---

Sexagésima primera lección

La pantalla plateada

1 Al principio de los años 1900, los pioneros del cine descubrieron en los fastuosos naranjales del sur de California
2 la combinación ideal de un terreno variado, de un clima suave y abundante sol donde poner en práctica su arte.
3 Una pequeña ciudad se convertiría en el sinónimo universal de la magia cinematográfica : Hollywood.
4 La industria del cine floreció y creó sus propias leyendas de estrellas glamorosas y poderosos magnates de los estudios,
5 e incluso sus propios premios deslumbrantes : los premios de la AMPAS, más comúnmente conocidos como los *Oscars*

NOTAS (continuación)

(GB) y *a movie theater* (US). *The silver screen* corresponde a una imagen más literaria.

(**2**) *To thrive* = prosperar (en principio, el participio pasado es *thriven* — compare con *to drive* — pero se dice casi siempre... *has thrived*). *His business is thriving* = Su empresa es floreciente. *A mogul* es literalmente un musulmán hindú, pero la expresión ha pasado en la lengua corriente a significar un « pez gordo », sobre todo en la industria del cine. En el mundo industrial se habla de *a magnate. Aristotle Onassis, the Greek shipping magnate* (AO, el gran armador griego).

(**3**) El título oficial de los *Oscars* es *the Academy Awards.*

6 (so-called because a young lady remarked that the golden statuettes reminded her of her Uncle Oscar!).

7 Up until the 1960s, the Dream Factory fascinated the world, and attracted some of the greatest talents of the age (and some lesser talents as well).

8 Moviegoers thrilled at the on-screen and off-screen exploits of their favorite* stars, and the world found the ideal form of escapism. (**4**)

9 Young hopefuls flocked to the studios to work as extras in the hope of making the big time, (**5**)

10 nourished by the dream that they would be discovered by Hollywood talent scouts while drinking an ice-cream soda

11 at a drugstore and would be signed up for movie stardom. Most were disappointed! (**6**)

12 In more recent years, the popularity of television and the impact of home video recorders have changed the face of the industry.

13 Money became increasingly important as the power of the major studios and the influence of the star system declined, (**7**)

NOTAS (continuación)

(**4**) Todos conocemos *a thriller* (una novela/película policíaca). Observe las diferentes formas del verbo *to thrill : We were thrilled by the news* o también *The news thrilled us* = La noticia nos ha estremecido de gozo. El verbo *to thrill at* es más literario. *He thrilled at the prospect of working with a movie star* = Estaba conmovido con la idea de trabajar con una gran estrella del cine.

6 (¡ llamados así debido a que una damisela comentó que las estatuillas doradas le recordaban a su tío Oscar !).

7 Hasta los años sesenta, la Fábrica de Sueños fascinó al mundo, y atrajo a algunos de los más grandes talentos de la época (y a algunos menos talentosos también).

8 Los amantes del cine vibraban de emoción cuando contemplaban las hazañas (en la pantalla y fuera de ella) de sus estrellas favoritas, y el mundo encontró la forma ideal de escapar de la realidad.

9 Jóvenes llenos de esperanza se precipitaban hacia los estudios para trabajar como extras con la esperanza de llegar a la cúspide,

10 soñando con ser descubiertos por los « cazadores de talentos » de Hollywood mientras tomaban un helado con soda

11 en un « drugstore » y que éstos les propondrían firmar un contrato que les convertiría en una estrella del cine. ¡ La mayor parte terminaron decepcionados !

12 En años más recientes, la popularidad de la televisión y el impacto de los magnetoscopios han transformado la imagen de la industria.

13 El dinero ha pasado a ser cada vez más importante a medida que el poder de los principales estudios y la influencia del sistema de estrellas disminuía,

NOTAS (continuación)

(**5**) *To make it big* o *to make the big time*: tener éxito, estar con los grandes. *He's only an extra but his real ambition is to make the big time* = No es más que un extra, pero su verdadera ambición es llegar al estrellato junto a los grandes. (*An extra* = un extra en el cine).

(**6**) *Lana Turner was discovered in Schwab's drugstore and went on to earn movie stardom* = LT fué « descubierta » en un drugstore de S., y se convirtió en una gran estrella. El neologismo *stardom* (estrellato) ha nacido en Hollywood. De hecho, la anécdota es histórica : la joven Turner comenzó su carrera cuando un *talent scout* (buscador de talento) la divisó comiendo un helado en el *drugstore*. La anédocta forma parte del folklore hollywoodense.

(**7**) *The star system* es el nombre dado a la política aplicada por los grandes estudios, y que consistía en construir una película alrededor de una o dos grandes estrellas, antes que de ocuparse de la calidad del

14 and movie makers searched for box-office success with huge blockbusters. (**8**)

15 (One director described film-making as the art of turning money into light then back into money again.)

16 Long-established stars found themselves hopelessly miscast in terrible films (or turkeys), while others disappeared for ever. (**9**) (**10**)

17 One fan said to Gloria Swanson — You used to be in pictures. You used to be big.

18 To which the star replied — I am big. The films have gotten* small. (**11**)

19 Stars became « bankable » and accountants began to appear in the credits at the end of the movie. (**12**)

20 As one star said in his autobiography — The only thing that will kill the Movies is education.

NOTAS (continuación)

escenario. Se decía entonces que las películas servían de vehículo. *The film was a vehicle for John Wayne.*

(**8**) La guerra de las galaxias no tiene nada que envidiar a la guerra de los ditirambos que acompañan el estreno de una película. *A blockbuster* (literalmente una bomba pesada pero se utiliza con frecuencia para designar ¡ una superproducción !) viene precedida de adjetivos tales como *riveting** (apasionante) *spellbinding* (hechizante) o también *earthshattering* (apocalíptico) y *heart-stopping* (« ¡ de infarto ! »). Décididamente, leer los carteles de las películas requiere un buen conocimiento de los superlativos...

(**9**) *The cast of a film* = el reparto de papeles. *A star-studded cast* = con muchas estrellas. *To cast an actor in a role* = escoger un actor para un papel. Si se selecciona mal el papel, se dice que *the actor was miscast.*

14 y los productores buscaron el éxito con las superproducciones.
15 (Un director describió la filmación de películas como el arte de transformar el dinero en luz y luego reconvertirlo en dinero.)
16 Las estrellas ya reconocidas eran seleccionadas para papeles desesperadamente inadecuados y para películas terribles (o tostones), mientras que otras desaparecieron para siempre.
17 Un admirador entusiasta le dijo a Gloria Swanson — Usted aparecía en las películas. Usted era grande.
18 A lo que la estrella respondió — Pero yo soy grande. Son las películas las que se han hecho pequeñas.
19 Las estrellas se convirtieron en « valores asegurados » y los contables comenzaron a figurar en los créditos al final de la película.
20 Como dijera una estrella en su autobiografía — Lo único que matará al Cine, es la educación.

NOTAS (continuación)

(**10**) *A turkey* = un pavo. Sin embargo, la palabra se aplica a una película muy mala (decimos ¡ « un tostón » !). La palabra se dice también, más o menos afectuosamente con referencia a una persona que comete una estupidez. *You turkey, I told you not to ask him!* = ¡ Imbécil, te dije que no le preguntaras ! Aunque la utilización sea bastante « correcta » le aconsejamos que no se aventure a utilizarla.

(**11**) Un superviviente del viejo inglés : el americano conserva el antiguo participio pasado del verbo *to get* : *has gotten* (el inglés GB dice, *has got*), lo que es lógico cuando se compara con el verbo *to forget* (*has forgotten* en las dos lenguas). *My, you have gotten fat. Too much good cooking!* = Dios mío, lo que has engordado. ¡ Demasiada buena cocina !

(**12**) No confundir el sentido de *credits* cuando se habla del cine (siempre plural) ; se trata del reparto de una película. *His name doesn't appear in the credits* = Su nombre no aparece en el reparto. La palabra *bankable* ha pasado a las costumbres cinematográficas : se trata de una estrella que garantizará el éxito comercial de una película, por lo que puede servir de argumento con los bancos a los que se les ha solicitado crédito. *There are only a handful of bankable stars in Hollywood* = En H. sólo hay un puñado de estrellas que puede garantizar el éxito comercial de una película.

21 But as Mark Twain would have put it — The report of the death of Hollywood is an exaggeration. (**13**)
22 The orange groves have disappeared beneath the concrete freeways, but the town is still the entertainment capital of the world.
23 Films regularly gross millions of dollars; and new, more independent talent is moving in to replace the old system. (**14**)
24 All over the world, film buffs watch more American-produced films than any others,
25 prompting one writer to observe that the immense popularity of American movies
26 is a sure sign that Europe is the unfinished negative of which America is the proof!
27 But whether your tastes run to costume dramas, oaters, space odysseys or serious films, (**15**)
28 it is impossible to forget the words of the old 1930's song *Hooray for Hollywood!*

NOTAS (continuación)

(**13**) Quizás el más grande humorista americano de todos los tiempos, Mark Twain (1835-1910) su verdadero nombre era Samuel Clemens — es un personaje casi legendario que merece ser descubierto. Forma parte de esos autores a quien se les atribuye gustosamente observaciones humorísticas ¡que jamás han hecho! Aquí se trata de una verdadera cita: su nombre apareció por error en la rúbrica necrológica de un periódico. Cuando le preguntaron su reacción, respondió: *The report of my death is an exaggeration.*

(**14**) *A gross figure* = una cifra en bruto (referirse a: *a net figure*) *To gross* se dice para ganar dinero (no se trata de una palabra técnica financiera). *The film grossed ten million at the box-office* = La película reportó

21 Pero, como habría dicho Mark Twain — La noticia de la muerte de Hollywood es una exageración.
22 Los naranjales han desaparecido bajo las autopistas de hormigón, pero la ciudad sigue siendo la capital mundial de la distracción.
23 Las películas recaudan regularmente millones de dólares ; y surge un nuevo talento más independiente destinado a reemplazar el antiguo sistema.
24 En todo el mundo, los amateurs del cine ven más las películas producidas en EU que de cualquier otro lugar,
25 lo que ha llevado a un escritor a plantear que la inmensa popularidad de las películas americanas
26 es una firme muestra de que Europa es un negativo sin terminar ¡ del cual América es la prueba !
27 Pero que vuestros gustos vayan dirigidos hacia las películas de época, los westerns, las odiseas del espacio o las películas serias,
28 es imposible olvidar la letra de la vieja canción de los años treinta « ¡ Hurra Hollywood ! »

HIS TASTES ARE FAIRLY CONSERVATIVE
TIMES
61

NOTAS (continuación)

10 millones en recaudación. *The box-office* = la taquilla de las entradas ; se habla también de una película como *a box-office success*.

(**15**) *My tastes run to* = Mis gustos van hacia... *Don't ask his opinion, his tastes only run to westerns* (a él sólo le gustan los *westerns*). Hemos visto los *horse operas* (Lección 58, nota 18). *An oater* es una palabra del argot del cine para un western (*oats* : avena... ¿ y qué come un caballo ?) Expresión muy imaginativa, ¿ no es cierto ?

EXERCISES 1. She was hopelessly miscast as an old lady: she's only twenty-three. **2.** The movie moguls thrived in the forties and fifties. **3.** She thrilled at the idea of starring in a movie. **4.** Despite a star-studded cast, the movie was a box-office disaster, grossing less than a million dollars. **5.** His tastes are fairly conservative: they run to westerns and thrillers. **6.** You turkey! I told you to turn left, not right!

Fill in the missing words

1. *Él practica su arte desde hace más de treinta años.*

.. .. for over thirty years.

2. *Grecia se convertiría para todo el mundo en sinónimo de grandes armadores.*

Greece ... .
..... with ....

3. *Las películas se han hecho cada vez más caras de producir.*

.... increasingly expensive to produce.

Sixty-second lesson

Into the future

1 And what of tomorrow? How will British and American English develop over the coming quarter-century? (**1**)

NOTAS

(**1**) *And what of the future?* es un giro elegante que reemplaza el *And what about the future?* de la lengua hablada. Asi se diría más bien *What about your father?* en lugar de *What of your father?* para evitar parecer demasiado afectado.

Ejercicios 1. Ella resultó muy mal elegida para representar el papel de una vieja dama : sólo tiene veintitrés años. **2.** Los magnates del cine prosperaron durante los años cuarenta y cincuenta. **3.** A ella le estremece la idea de ser la estrella de una película. **4.** A pesar de contar con un reparto brillante, la película fué un desastre comercial y ha producido menos de un millón de dólares. **5.** Sus gustos son bastante conservadores : prefiere los westerns y las películas policíacas. **6.** ¡ Imbécil ! ¡ Te dije que doblaras a la izquierda, no a la derecha !

4. *Su salario bruto es enorme pero la cantidad neta es muy inferior.*

... . is enormous but the ... . is much lower.

5. *Jóvenes « esperanzados » se dirigieron a California con la esperanza de tener éxito.*

Young .... California .. ..
.. ..

The missing words

1. He has been practicing (no *practising*) his art **2.** was to become synonymous throughout the world...shipping magnates **3.** Motion pictures have gotten (y no *got*) **4.** His/Her gross salary...net figure **5.** hopefuls flocked to...in the hope of making the big time

---

Sexagésima segunda lección

Hacia el futuro

1 ¿ Y qué nos reserva el mañana ? ¿ Cómo evolucionarán el inglés británico y el inglés americano durante el próximo cuarto de siglo ?

2 In fact, we are witnessing something very interesting — the gradual emergence of a language we can call « international English ». (**2**)

3 This language is neither British nor American, but a *pot pourri* of a number of major influences.

4 Apart from the major English-speaking countries: Australia, Canada, New Zealand, South Africa —

5 each of which has had its own particular impact on the language — many other countries are also making their mark.

6 India, Jamaica, Singapore, and at least thirty other countries where English is an official language,

7 have all made their own individual contributions and have pushed English firmly to the center of the international stage. (**3**)

8 One unfortunate result of this evolution is that the press in Britain and America is flooded with letters of complaint (**4**)

NOTAS (continuación)

(**2**) Atención al verbo *to witness*. Aunque un testigo sea *a witness*, el verbo no se utiliza siempre de la misma manera. En un documento legal, se lee *witness my signature* = certificar mi firma. A menudo, el español utiliza el verbo « testimoniar » en el sentido de : expresar, manifestar y mostrar : M. Durand nos ha atestiguado su interés, etc. Aquí el inglés diría *expressed his interest*. Por el contrario (nuestra frase), cuando decimos « Asistimos a un gran cambio », el inglés utilizará el verbo *to witness : We are witnessing major changes*. ¡ Desconfíe de las traducciones simplistas !

2 De hecho, estamos asistiendo a un acontecimiento muy interesante — la aparición gradual de una lengua a la que podemos llamar « inglés internacional ».
3 Esta lengua no es ni británica ni norteamericana, sino un popurrí cargado de una cantidad de influencias diversas.
4 Aparte de los grandes países de habla inglesa: Australia, Canadá, Nueva Zelandia, África del Sur
5 cada uno de los cuales ha tenido su impacto particular en la lengua — muchos otros países están dejando su huella.
6 India, Jamaica, Singapur, y al menos otros treinta países más donde el inglés es un idioma oficial,
7 han contribuído de manera específica y han empujado firmemente al inglés al centro de la escena internacional.
8 Un resultado lamentable de esta evolución es que la prensa en GB y en EU es inundada con cartas de protestas

NOTAS (continuación)

(3) *A scene* (pronuncie sin) = una escena de una película; *a stage*: un escenario sobre el cual actúan los actores de teatro. *Our company occupies the center stage of the world microchip market* = Nuestra sociedad ocupa el centro del escenario internacional de los microprocesadores.

(4) Otra palabra más que parece fácil de traducir a primera vista. La evolución es un proceso lento, así podemos hablar de *The evolution of the societies in West Africa*; pero si se utiliza « evolución » para referirse a un desarrollo rápido, el inglés prefiere *develop*: La situación ha evolucionado rápidamente desde que las tropas se marcharon = *The situation has developed rapidly since the troops withdrew*. Desconfiemos también de la utilización del verbo « evolucionar » para expresar la idea de movimiento: El navío evoluciona = *The ship changes course*. No nos movemos en el mismo medio = *We don't move in the same circles* (*Darwin's theory of evolution* = la teoría de la evolución). Analice bien el sentido antes de hacer una traducción.

9 from people who are worried that the language is going to the dogs, and that no-one speaks correct English any more. (**5**)

10 Indeed, in a world that is largely bilingual, native English-speakers are having a harder time than most!

11 One (rather unfair) anecdote tells us that someone who speaks three languages is trilingual, someone with two is bilingual,

12 but someone who only speaks one language is most definitely an Englishman!

13 But it is true that language is constantly evolving and that English is better equipped than most to integrate change.

14 As people live new experiences, so they invent new words and expressions to describe their discoveries (and we are not just talking about science).

15 As the American settlers pushed their way further West in the 19th century, so their language reflected their everyday preoccupations.

NOTAS (continuación)

(**5**) Una expresión cargada de imágenes, *to go to the dogs* = degradarse, ir a la ruina. *When his father died, the business really went to the dogs* = Cuando su padre murió, la empresa se fué a la ruina. *When his wife died, he just went to the dogs* = Cuando su mujer murió, él se abandonó. Hay muchas expresiones con *dog* en inglés (ya se sabe cómo los anglosajones adoran a los animales). Una expresión que vuelve de nuevo a la idea expresada más arriba es *It's a dog's life !* = ¡ Qué vida de perros ! Otra, también divertida, es *to take a hair of the dog that bit you* : beber una copa para sentirse mejor « cuando se tiene resaca ». La idea nos viene del tiempo de los romanos, cuando

9 de gentes que se inquietan de la degradación de la lengua, y de que ya nadie habla un inglés correcto.
10 En efecto, en un mundo que es ampliamente bilingüe, los anglófonos autóctonos tienen más dificultades que otros.
11 Una anécdota (algo injusta) nos demuestra que el que habla tres idiomas es trilingüe, el que habla dos es bilingüe,
12 ¡pero el que sólo habla una lengua es seguramente un inglés!

13 Pero es cierto que los idiomas evolucionan constantemente y que el inglés está mejor equipado que otras lenguas para asimilar los cambios.
14 A medida que las gentes confrontan nuevas experiencias, inventan nuevas palabras y expresiones para hablar de sus descubrimientos (y no hablamos únicamente de la ciencia).
15 A medida que los colonos americanos se abrían camino hacia el Oeste, su lengua comenzaba a reflejar sus preocupaciones cotidianas.

NOTAS (continuación)
si nos mordía un perro, se prevenía la rabia bebiendo un pelo del animal en una copa de vino. La historia no nos dice si el remedio era eficaz...

16 The Gold Rush gave us words like *bonanza, panhandler* and *prospector,* (**6**)
17 while settlers talked of *staking a claim* or *striking it rich* (if things went wrong they *bit the dust!*) (**7**)
18 Relaxation mainly took the form of gambling, where players had to *put up or shut up.* (**8**)
19 Gamblers would *call your bluff* if they didn't believe you were holding a good hand, but you could still *hit the jackpot.* (**9**)

NOTAS (continuación)

(**6**) *The Gold Rush* comenzó en 1848 después del descubrimiento del oro en Sutter's Mill en California y alcanzó su apogeo durante los años siguientes. (El equipo de football de San Francisco se llama hoy *The « Forty-Niners »*, que fué el nombre que se le dió a aquellos que vinieron a hacer fortuna en 1849.)
A bonanza : tomado del español de América latina, significaba al principio : filón rico ; hoy es todo lo que produce mucho dinero : *a bonanza year* = un año de abundancia ; *His invention proved to be a bonanza* = Su invento demostró ser una mina de oro.
A panhandler era originalmente alguien que manejaba el pan es decir el recipiente, el plato con el cual se buscaba el oro. Cuando éste se acababa, era necesario mendigar para ganar su vida... y ése es el sentido actual (pero familiar) de la palabra : Le han arrestado por mendigar = *He was arrested for panhandling* (el término exacto es *begging*).
A prospector era aquél que « participaba en la prospección » para encontrar el oro. El sentido se ha extendido a la prospección petrolífera (*an oil prospector*). Atención, la prospección comercial se llama *canvassing.*

16 La Fiebre del Oro nos dió palabras como *bonanza* (filón rico en oro), *panhandler* (mendigo) y *prospector* (buscador de oro),

17 mientras que los colonos hablaban de jalonar una concesión o de hacerse ricos (si las cosas iban mal, « mordían el polvo »).

18 Las diversiones consistían principalmente en una forma de juegos de azar, en donde los jugadores tenían que apostar o callarse.

19 Era necesario poner las cartas sobre la mesa si los jugadores pensaban que usted no tenía una buena mano de cartas, no obstante aún así podía alcanzar el premio mayor.

NOTAS (continuación)

(**7**) *To stake a claim* = jalonar la concesión. El sentido actual es : hacer valer sus derechos. *He staked a claim for ten percent of his son's earning* = Él ha reclamado 10 % de las ganancias de su hijo.
To strike it rich : el dichoso *prospector* que encuentra su filón (de un golpe de pala) ; se dice también a *lucky strike. After playing the lottery for twenty years, he finally struck it rich/made a lucky strike.*
To bite the dust : « morder el polvo » (al caer del caballo, por ejemplo). Hoy, su utilización es más bien humorística, se emplea corrientemente.

(**8**) La expresión viene del póquer, el jugador que farolea se le requiere para que muestre su dinero o se retire del juego. *I've had enough of your promises, you either put up or shut up* = Bastante con sus promesas, o hay resultados o se larga.

(**9**) Otra expresión de póquer. Un jugador intenta tirarse faroles, los otros solicitan ver sus cartas. Nuestra expresión : ¡ Dejarse de cliché ! es equivalente. *He claimed to be the heir to the family fortune, but the others called him bluff* = Él pretendía haber heredado la fortuna familiar, pero los otros han aceptado el desafío (le han pedido que lo pruebe).

20 The railroad stretched further and further across the country, and people *got side-tracked* or worse, they *went off the rails*. (**10**)

21 The wiser among them preferred to *back-track* rather than find themselves in a difficult situation. (**11**)

22 All of these words and phrases (and many more) remain part of our everyday speech.

23 Given the impact of science, technology, global finance and worldwide communications,

24 English will continue to eagerly create new words — rather than just borrow from other languages as it did in the past, (**12**)

25 and to become a real second language for the rest of the world.

26 The reasons for the spread of this new world language — which is no longer culturally based — are debatable.

27 Some experts talk about the flexibility of English, while others cite the post-war influence of the U.S.

NOTAS (continuación)

(**10**) El ferrocarril = *The railroad* (inglés EU) *the railway* (inglés GB). *A sidetrack* = una vía de servicio. *To sidetrack someone*: desviar la atención de alguien: *She tried to stick to the subject but quickly got side-tracked* = Ella intentó explicar claramente el asunto pero pronto se desvió. *To go off the rails* es más nefasto: uno se « desvía del camino » es decir, abandona el camino recto, se deja llevar (*to go to the dogs* en la nota 5). *He let himself be influenced by his friends and very quickly went off the rails* = Él se dejó influenciar por sus amigos y se ha apartado del buen camino.

20 El ferrocarril se extendía cada vez más a través del país y las gentes se dejaron apartar o peor aún, se desviaron del (buen) camino.
21 Los más sabios prefirieron dar marcha atrás en lugar de meterse en una situación difícil.
22 Todas estas palabras y expresiones (como otras tantas) siguen formando parte de nuestro lenguaje cotidiano.
23 Dado el impacto de la ciencia, de la tecnología, de la situación financiera internacional y de las comunicaciones mundiales,
24 el inglés continuará creando afanosamente nuevas palabras — en lugar de tomar prestado simplemente de otros idiomas como lo hiciera en el pasado —
25 y se convertirá en un verdadero segundo idioma para el resto del mundo.
26 Las razones de la propagación de esta nueva lengua mundial — la cual no está enraizada en una sola cultura — son discutibles.
27 Algunos expertos se refieren a la flexibilidad del inglés, mientras que otros aluden a la influencia de los EU después de la guerra.

NOTAS (continuación)

(**11**) *A (railroad) track* = una vía de ferrocarril. *To back-track*; dar marcha atrás (en sentido figurado). *When he saw the problems involved, he very quickly back tracked* = Cuando se ha percatado de los problemas a los cuales se exponía ha dado marcha atrás.

(**12**) Un tema muy polémico que data de varias generaciones es lo que llamamos *the split infinitive*, es decir intercalar una palabra (normalmente un adverbio) después del *to* de un infinitivo (aquí *to eagerly create*). Según las « reglas » es una práctica que se debe abolir (se debería decir, por ejemplo *eagerly to create*, o *to create eagerly*, de forma que no se tenga que « dividir » el infinitivo). En efecto, se trata más bien de una cuestión de estilo que de gramática, y a veces los esfuerzos desplegados para evitar el *split infinitive* hacen que la frase resulte pesada y artificiosa. Si tomamos como ejemplo lo que hacen la mayoría de los escritores (sobre todo americanos) de hoy en día, se puede decir que esa práctica se ha convertido en un hábito para aquellos que no tienen tiempo de perfilar su estilo. Pero en ningún caso deberíamos dejarnos influenciar por los puristas que insisten en decir *boldly to go* en lugar de la expresión más natural

28 Be that as it may, « correct English » may soon be judged on the basis of international utility (**13**)

29 rather than on the ability to speak or pronounce the language like a native speaker.

30 The idea, however, is not new. Back in the 19th century, a famous writer said that so-called « correct » English was nothing but the slang of pedants! (**14**)

31 We hope you will enjoy speaking English throughout the world and that your knowledge and understanding have been increased by studying this book.

***

EXERCISES 1. We are currently witnessing an extremely interesting development. **2.** She made her mark with her first novel, written under the nom de plume of George Eliot. **3.** Unless something is done to remedy the situation, the firm will very quickly go to the dogs. **4.** Despite his education, he's having a harder time than most. **5.** He promised to put up the money, but very quickly backtracked when he realized how much was needed. **6.** You must be careful to never split an infinitive. — That's typical of a pedant: to never let other people do what they secretly want to do themselves.

***

Fill in the missing words

1. *Sea como sea, la situación sigue siendo todavía muy delicada.*

.. .., the situation is still very delicate.

2. *Estoy harto : o haces algo, o te callas.*

I've had enough : either ... ...

28 Sea como sea, « el inglés correcto » puede que pronto sea juzgado sobre la base de la utilidad internacional más

29 que por la habilidad de hablar o de pronunciar la lengua como un nativo.

30 La idea, sin embargo, no es nueva. Ya en el siglo 19, un escritor célebre dijo que el llamado inglés « correcto » ¡ no era sino el argot de los pedantes !

31 Esperamos que usted disfrute hablando inglés adonde quiera que vaya, y que su conocimiento y su comprensión se hayan visto incrementados con el estudio de este libro.

NOTAS (continuación)

to boldly go! O, como decía ese gramático distraído : *Take care to never split an infinitive...*

(**13**) *Be that as it may* = Así las cosas, es un ejemplo corriente de empleo del subjuntivo (ver Lección 49, N3). La expresión es utilizada siempre al comienzo de una locución : *The financial situation is healthier than last year; be that as it may, there is no room for extravagance* = La situación financiera es más sana que el año pasado ; así las cosas, no hay motivo para caer en extravagancias.

(**14**) El autor era George Eliot — el nombre es prestado, es decir es el seudónimo de una mujer, Marion Evans (1819-1880).

***

Ejercicios 1. En la actualidad estamos presenciando una evolución apasionante. **2.** Ella conquistó su reputación con su primera novela, escrita bajo el seudónimo de George Eliot. **3.** Si no se hace algo para remediar la situación, la firma se irá a la ruina. **4.** A pesar de sus diplomas, él está peor que la mayoría. **5.** Él prometió aportar el capital, pero rápidamente dió marcha atrás cuando se dió cuenta de cuánto hacía falta. **6.** Es necesario prestar atención para no « escindir » un infinitivo. — Eso es típico de un pedante : jamás dejar que otras personas hagan lo que ellos secretamente desean hacer.

***

3. *Uno de estos días, alguien lo tratará de farolero/a.*

One of these days, ...

4. *He tratado de concentrarme, pero rápidamente me he dejado distraer.*

I tried to concentrate, but I ....

5. *Sin la influencia de su mujer, él se habría dejado llevar por mal camino.*

....'. influence he soon ....

Sixty-third lesson

REVISION AND NOTES

1. Antiguamente se hablaba de los Estados Unidos como de un *melting pot* (crisol), donde las gentes de diversos orígenes se « fundían » para formar un pueblo homogéneo. Ese concepto ha caído en desuso, porque los nuevos inmigrantes aspiran simultáneamente a ser americanos y a mantener sus orígenes. Así, se ha pasado del concepto del *melting pot* al de *salad bowl*, es decir una mezcla coherente donde cada « ingrediente » mantiene su identidad pero contribuye al conjunto. Hablamos pues de *Chinese Americans*, *Polish Americans, Mexican Americans*, etc.
Un grupo que ha resultado perjudicado por el desarrollo de la nación es el de los habitantes aborígenes, los que llamamos indios. Se conocen actualmente bajo el nombre de *Native Americans.*
Al cabo de treinta años, gracias al *equal rights movement* (movimiento para la igualdad de derechos entre Negros y Blancos), los Negros americanos han adquirido una identidad y una influencia como grupo étnico : Antes se hablaba de *Negroes*, ahora se habla de *Black Americans* o *Blacks.*
Sin embargo, se trata todavía de denominaciones « oficiales » y los nombres de antes, a menudo peyorativos subsisten. La importancia política de cada uno de esos grupos es percibida con vivo interés, y las elecciones son siempre una ocasión para que los candidatos de los partidos traten de conquistar the *Jewish vote, the Black vote*, etc.

The missing words

1. Be that as it may **2.** you put up or shut up **3.** someone will call his/her bluff **4.** very quickly got sidetracked **5.** Without his wife's...went off the rails (la expresión went to the dogs sería tambien sinónimo aqui)

Ahora bien, no se trata solamente de la política « politiquera » : muchas de las minorías — minusválidos, homosexuales, mujeres (aunque no convenga verdaderamente hablar de una minoría...) — han intentado hacer valer sus derechos como ciudadanos. La prueba de un cierto éxito se ve en los anuncios de contratación, al pie de los cuales pueda leerse *We are an affirmative action employer* (práctica voluntaria de contratar a la gente de los diferentes grupos étnicos) o también *an equal opportunities employer* (que contrata sin distinción de raza, religión, minusvalía, etc.). La segunda fórmula, lo hemos visto en la Lección 42, ha ganado popularidad también en Gran Bretaña.

2. *OK* (se escribe a veces *okay*) : el debate sigue en pie (intenso pero con buen humor) a propósito del origen de esa expresión, que H.L. Mencken (ver la Lección 56) ha calificado de *« the most shining and successful Americanism ever invented »*, y que se ha hecho mundialmente célebre. Con el fin de no alimentar esa controversia, sino de inculcarles el deseo de que elijan ustedes mismos, he aquí algunas de las explicaciones más plausibles (¡ o extravagantes !).
Orl krekt, una deformación de *all correct*, atribuída al Presidente Andrew Jackson, que trataba de imitar una forma de hablar popular (la demagogia no data del presente) ;

Otto Krist, un riquísimo mercader de madera que no tenía más que rubricar un papel comercial para garantizar su valor ;
H.G. (pron. *ha gué* en danés), una expresión corriente entre los marinos daneses y noruegos para significar que todo estaba en orden ;
Oh qu'oui (bien) — de nuevo en el argot marinero, francés esta vez, de Nueva Orleans ;
Aux quais (¡ décididamente seguimos con el francés !), lugar de cita (donde se presume que todo iba a las mil maravillas...) las señoritas americanas y los bravos marineros franceses durante la Guerra de Independencia ;
Old Kinderhook, el sobrenombre de Martín Van Buren (según el nombre de su ciudad natal) ; durante la campaña presidencial de 1840, los que apoyaban a Van Buren acompasaban sus dos iniciales a modo de slogan, durante los mítines políticos.
En ningún caso nos atreveremos a decidir sobre los verdaderos orígines, pero es seguro que la última hipótesis ¡ es la explicación correcta de la propagación de ese notable vocablo !

3. Los sistemas educativos evolucionan rápidamente, por lo que nosotros no intentaremos presentarle una explicación detallada que corra el peligro de quedarse atrás en poco tiempo. Sin embargo, a grandes rasgos existen semejanzas ; aquí le damos algunas equivalencias sobre la escolaridad de los ingleses y de los americanos para que pueda comprender cuando le explican que un chaval es *tenth-grader* o *fifth-former*.
En el sistema inglés después del *primary school*, el chaval entra al *secondary school*. Comienza a los 11 años, en el *first form* (se dice así que es *first-former*). Continúa su escolaridad hasta *sixth form* (16 años). Después, puede ingresar en la universidad, donde la duración media de los estudios es de tres años. Durante ese tiempo, a los estudiantes se les llama *undergraduates*. Cuando obtienen su título de fin de estudios, se utiliza el verbo *to graduate*.

El sistema americano es un poco más complejo : el *primary school* abarca del primero al sexto grado (se habla de un *first-grader*). Después, a la edad de 11 años, se entra en *Junior High* (en el lenguaje corriente, no se añade la palabra *school*), desde donde se está del 7° al 9° grado ; finalmente se termina el *Senior High* (del 10° al 12° grado). Después con el título de estudios secundarios (*graduation*, no se debe confundir con el diploma universitario británico), se puede ir a la universidad. Aunque se habla de *university* (*UCLA*, por ejemplo, es *the University of California at Los Angeles*), se dice más corrientemente *to go to college*. Allí los estudios duran como promedio cuatro años, y los estudiantes de cada año tienen un nombre especial : 1er año = *freshman*, 2° año = *sophomore*, 3er año = *junior*, 4° año = senior.
Tendríamos mucho que decir sobre los dos sistemas, pero esperamos haberles facilitado suficiente información para permitirle que usted mismo se interese.

Hemos llegado al final de este libro, ¡ pero no acaba aquí vuestro estudio ! Usted tiene ahora suficiente cultura anglo-americana para apreciar plenamente todo lo que se relacione con esa lengua. Le invitamos a continuar leyendo lo más posible (y recuerde que a veces un anuncio publicitario dice más sobre la evolución de la lengua ¡ que un discurso académico !), yendo al teatro, al cine, y sobre todo a seguir hablando con la gentes que le rodean.
Confiamos sobre todo en que hemos sabido destacar el desarrollo de la lengua inglesa en tanto que lengua internacional, que debe por igual a las aportaciones de las personas cuya primera lengua de expresión no es la inglesa como a la cultura de las dos grandes sociedades que hemos podido observar en este *Inglés Perfeccionamiento*.

APPENDICES

APPENDIX ONE

Diferencias de Gramática y de Ortografía

Hemos dicho que por regla general el inglés americano tiene una tendencia bastante conservadora en cuanto a la gramática tratándose de una lengua que, por otra parte, es extremadamente innovadora y dinámica. Resumimos aquí algunas diferencias fundamentales que hemos mencionado en el transcurso de nuestro estudio, pero precisamos inmediatamente que es raro que esas variantes (que más bien se refieren a la lengua hablada) dificulten la comprensión entre ingleses y americanos.

Gramática

— El americano mantiene ciertas formas antiguas del pasado de los verbos, el más conocido es *to get/got/gotten* (GB : *got/got*).
— Además, algunos verbos que son regulares en inglés EU son *irregulares* en inglés GB. Observe bien la tabla siguiente :

Verbo	Inglés EU	Inglés GB
To burn	*burned*	*burnt*
To dream	*dreamed*	*dreamt*
To lean	*leaned*	*leant*
To light	*lighted*	*lit*
To smell	*smelled*	*smelt*
To spill	*spilled*	*pilt*
To spoil	*spoiled*	*spoilt*

Hay algunos verbos *regulares* en inglés GB que son *irregulares* en inglés EU (principalmente *to dive/dived/dived*, que los americanos conjugan *to dive/dove/dove*).

— El americano utiliza fácilmente un pasado simple allí donde el inglés prefiere un *present perfect*: (GB) *Have you seen the new film*? (EU) *Did you see the new movie?* (GB) *Has she heard from her husband yet*? (EU) *Did she hear from her husband yet*?

— El americano utiliza el verbo *to have* más « correctamente » que el inglés. (GB) *Have you got a car?* (EU) *Do you have a car?* Además, si un inglés le pregunta a un americano *Have you got a car?* La respuesta automática será probablemente *yes, I do* (es decir, *Yes, I do have a car*).

— El subjuntivo es utilizado más corrientemente por los americanos (ver Lección 49 Nota 3) : (EU) *It is important that the meeting be held on Tuesday*; (GB) *It is important that the meeting should be held on Tuesday.*— El americano prefiere *like* allí donde el inglés utiliza *as* (ver Lección 56) : (EU) *You should have done like I said*; (GB) *You should have done as I said.*

— A veces, el americano utiliza indiferentemente adjetivo o adverbio : (EU) *He acted real strange*; (GB) *He acted really strangely.* Aquí se trata de un verdadero error gramatical.

— Al responder al teléfono, hay a veces diferencias : (EU) *Is this Michael?*; (GB) *Is that Michael*? o también (EU) *May I speak with Sarah? — This is she*; (GB) — *May I speak to Sarah? — Speaking.* Repetimos la conclusión de nuestras últimas lecciones : la utilización universal del inglés define cada vez más lo que es « correcto » ; usted se adaptará a la forma que sea más utilizada en su medio teniendo en cuenta sus propios objetivos.

Diferencias de Ortografía

Hemos visto cómo la ortografía americana — bajo la influencia de Noah Webster — tiende a acercarse a la pronunciación y a eliminar letras « inútiles » : particularmente en el caso de las terminaciones de las palabras. Es importante observar, sin embargo, que esas divergencias no alteran la pronunciación (ver *Apéndice 2*).

— Los nombres que terminan en *-re* y *-our* en inglés GB se escriben *-er* y *-or* en inglés EU. Ejemplos : *centre/center, theatre/theater ; fibre/fiber ; neighbour/neighboor ; colour/color ; favour/favor* (el cambio se efectúa sistemáticamente, aunque se añadan otras sílabas : *neighbourhood/neighborhood ; colourful/colorful ; favourite/favorite*).

— Los verbos que terminan en *-al/el* o *-er* duplican la consonante sistemáticamente en inglés GB cuando se añade otra sílaba (ejemplo : *to travel — I travelled*). El inglés EU no efectúa ese cambio sino cuando *LA ULTIMA SILABA DEL INFINITIVO ESTÁ ACENTUADA* (el famoso *stress*). Por lo tanto :

To TRAvel = he traveled ; a traveler ; traveling
to TOtal = it totaled ; totaling ; totalizer (**1**)
pero :

(1) Esta regla no se aplica a la formación del adverbio, donde no se añade solamente *-y* sino *-ly : totally.*

to preFER = *he preferred* (GB & EU)
to ocCUR = *it occurred* (GB & EU)
(Un verbo con problemas debido a un cambio de acento tónico en el substantivo, es *to CANcel*. Se escribe *We canceled* pero *a cancellation*, el acento tónico recae sobre la penúltima sílaba.)

Por otra parte, el inglés EU duplica una consonante en ciertas palabras donde el inglés no tiene sino una sola : *to fulfil/to fullfil ; skilful/skillful* ;

— Determinadas terminaciones (que provienen del francés) han sido abreviadas o emparentadas a la pronunciación : *programme/program ; cheque/check ; dialogue/dialog* (aunque no todos los norteamericanos acepten esta última variación). Otras palabras se han simplificado realmente quitando letras inútiles *axe/ax ; waggon/wagon ; storey/story* (planta de un edificio).

— el inglés GB posee una forma nominal y una forma verbal para ciertas palabras ; así los ingleses escriben *practice* pero *to practise*, o también *a licence* pero *to license*. El inglés EU utiliza la forma *-se* en ambos casos.

— Las terminaciones *-ise/-ize* (ver Lección 56).

APPENDIX TWO

Pronunciación

Nos limitaremos aquí a presentarle las principales diferencias « clasificables », habida cuenta que el acento de cada persona o región es diferente. Digamos de inmediato que el Americano expresa más que el Inglés — una supervivencia de la pronunciación del Norte de Inglaterra — y que escamotea menos las sílabas (así la palabra *secretary* se pronuncia *SEK-re-tri* en GB y *SEK-re-ta-ri* en EU). La mayor parte de las características que enumeramos más abajo son también « restos » de la pronunciación de los primeros americanos (por lo tanto ingleses). Por el contrario, la « música » de la frase americana es más monocorde que la de la frase inglesa : pero esto puede ser una ventaja para aquéllos que se pierden a veces ¡ en las excelencias de la enunciación inglesa ! Por regla general, la pronunciación americana es más nasal que la inglesa.

— **La vocal *a***
La pronunciación de esta vocal es casi igual a la de los ingleses del Norte de Inglaterra. El inglés GB la convierte en una vocal larga : *bath (bahf)* mientras que el inglés EU la abrevia *(baf)* ; o también *laugh* (*lahf* en GB) contra *(laf)*. Sin embargo, en Nueva Inglaterra (y sobre todo en Boston) encontramos esa *a* larga, ¡ nobleza obliga !

— **La vocal *o***
En muchas regiones, esta vocal se pronuncia entre una *o* y una *a* ; así *pot* se pronuncia como *(pat)*.

— **La consonante *t***
Se pronuncia a medio camino entre una *t* y una *d* por lo tanto *later* se pronuncia más bien (*le-de*) que (*le-te*).
— **La consonante *r***
La consonante *r* se pronuncia de forma netamente perceptible en inglés americano. En la palabras como *farm* o *car*, la *r* es muda en inglés GB (*fahm*) o (*Kah*) mientras que es audible en inglés EU (no se trata, sin embargo, de una *r* con pronunciación fuerte).
— **El acento tónico**
Hemos dicho anteriormente que los americanos tienden a pronunciar todas las sílabas en palabras polisilábicas, es decir que añaden un acento tónico secundario sobre el penúltimo fonema. *Dormitory* o *necessary* serán pronunciadas (*DOH-mi-tri*) y (*NE-sesri*) en GB y (*DOR-mi-ter-ri*) y (*NE-se-ser-ri*) en EU.
También hay algunas diferencias en cuanto a la colocación del acento tónico entre los dos inglés. He aquí algunos ejemplos (el inglés GB es el primero) :

AdDRESS/ADdress
adVERtisement/ADvertisement
BALLet/baLLET
cigaRETTE/CIgarette
DEtail/deTAIL
DEbris/deBRIS
FRONtier/fronTIER
reSEARCH/REsearch
ROmance/roMANCE

Insistimos en que no olvide que el acento de cada uno es diferente ; aquí le presentamos lo que podría llamarse la pronunciación « standard », ¡ pero ese standard se mide a menudo en terminos de diferencias !

APPENDIX THREE

Vocabulario

Hay un gran número de palabras que son diferentes en los dos países ; sin embargo, normalmente encontramos sólo unas sesenta que le presentamos más abajo, con el equivalente español. (n = nombre ; v = verbo). Igualmente hemos indicado en negrilla el acento tónico ; cuando se trata de un par de palabra monosílabas, hemos señalado aquélla que se pronuncia más fuerte.

**

Además, hemos pensado que sería útil grabar esas dos listas de forma que usted pueda captar las diferencias de pronunciación, acentuación, etc. Puede también entretenerse deteniendo la grabación en una palabra inglesa (sin mirar el texto, por supuesto...) y dando el equivalente americano, y viceversa. Sobre todo, ¡ no se contente con escuchar pasivamente !

Inglés	Americano	Español
al**sa**tian	**Ger**man **shep**herd	pastor alemán
anorak	**par**ka	anorak
aubergine	**egg**plant	berenjena
bank **hol**iday	**leg**al holiday	día festivo
bath (n)	**bat**htub	bañera
bath (v)	to bathe	bañarse
biscuit	**coo**kie	galleta
block of flats	a**par**tment block	edificio
bonnet	hood	capó
book (v)	make a reser**va**tion	reservar
bowler hat	**der**by	sombrero hongo,
braces	sus**pen**ders	tirantes
blind alley	dead **end**	callejón sin salida
caravan	**trai**ler	caravana
caretaker	**ja**nitor	conserje
chemist's	**drug**store	farmacia
chicory	**en**dive	endibia
chips	**french** fries	patatas fritas
cinema	movie **thea**ter	cine (sala)
city **cen**tre	**down**town	centro ciudad
cooker	stove	cocina
cotton	thread	hilo de coser
cotton **wool**	ab**sor**bent **cot**ton	algodón absorbente
crisps	po**ta**to chips	chips
cul de sac	dead **end**	callejón sin salida
di**rec**tory	di**rec**tory	directorio
en**qui**ries	as**sis**tance	guía (telefóncia)
di**ver**sion	**de**tour	desvío
duvet	**com**forter	edredón
earth wire	**ground** wire	cable de tierra
estate agent	**real**tor	agente inmobiliario
es**ta**te car	**sta**tion **wag**on	furgoneta
football	**so**ccer	fútbol
form	grade	clase
fortnight	two **weeks**	quincena
full **stop**	**pe**riod	punto
garden	yard	jardín
gear lever	**gear** shift	palanca de cambios
goods waggon	**freight** car	furgoneta
hire	rent	alquilar (coche)
hire **pur**chase	in**stall**ment plan	venta a plazos
holiday	va**ca**tion	vacaciones
jug	**pit**cher	jarra
let (v)	rent	alquilar (propiedad)

Inglés	Americano	Español
lorry	truck	camión
motorway	**free**way	autopista
nappy	**di**aper	braguita
number plate	**li**cense plate	placa de matrícula
petrol	gas/**gas**oline	gasolina
phone box	**phone** booth	cabina telefónica
post	mail	correo
post code	**zip** code	código postal
public con**ven**ience	rest room	aseos públicos
queue (n)	line	cola
queue (v)	stand in line	hacer cola
railway	**rail**road	ferrocarril
re**turn** **tick**et	**round** trip **tick**et	billete de ida y vuelta
re**verse** **char**ges	call col**lect**	cobro revertido*
roundabout	**tra**ffic circle	glorieta
sa**loon** car	se**dan**	berlina
single **tick**et	one-way **tick**et	billete de ida
so**li**citor	at**tor**ney/**law**yer	abogado
spanner	wrench	llave inglesa
stock	**in**ventory	mercancías en depósito
stone	pit	nuez hueso (fruta)
subway	**un**derpass	túnel
su**spen**ders	**gar**ter belt	jarretera
sweets	**can**dy	caramelos
tin	can	lata de conservas
transport	transpor**ta**tion	transorte
underground	**sub**way	metro
wardrobe	**clo**set	armario
windscreen	**wind**shield	parabrisas
wing	**fen**der	guarda-barro (coche)

(*) (Llamada telefónica pagada for el que la recibe)

Aubin Imprimeur
LIGUGÉ, POITIERS

Photocomposition et montage
Chirat Imprimeur
42540 Saint-Just-la-Pendue
reliure par la S.I.R.C. à Marigny-le-Châtel

Achevé d'imprimer en octobre 2005
N° d'édition 2297 / N° d'impression P 69160
Dépôt légal, octobre 2005
Imprimé en France